谭姗姗 ———— 编著

创造性学习的
愉悦与深度

华东师范大学出版社
·上海·

图书在版编目(CIP)数据

创造性学习的愉悦与深度/谭姗姗编著. —上海：
华东师范大学出版社,2025. —ISBN 978 − 7 − 5760 − 6132
− 1

Ⅰ. G629.21

中国国家版本馆 CIP 数据核字第 2025CT7987 号

创造性学习的愉悦与深度

编　　著　谭姗姗
责任编辑　刘　佳
项目编辑　林青荻
特约审读　陈成江
责任校对　王丽平　　时东明
装帧设计　卢晓红

出版发行　华东师范大学出版社
社　　址　上海市中山北路 3663 号　邮编 200062
网　　址　www.ecnupress.com.cn
电　　话　021 − 60821666　行政传真 021 − 62572105
客服电话　021 − 62865537　门市(邮购)电话 021 − 62869887
地　　址　上海市中山北路 3663 号华东师范大学校内先锋路口
网　　店　http://hdsdcbs.tmall.com

印 刷 者　上海龙腾印务有限公司
开　　本　787 毫米×1092 毫米　1/16
印　　张　18.75
字　　数　183 千字
版　　次　2025 年 7 月第 1 版
印　　次　2025 年 7 月第 1 次
书　　号　ISBN 978 − 7 − 5760 − 6132 − 1
定　　价　58.00 元

出 版 人　王　焰

编委会

编　著

谭姗姗

编　委

（按姓氏笔画排序）

王燕婷　叶天萍　单　晓　郑一春

姚月玥　贾为卿

序

在 21 世纪的今天,教育的目标早已不再仅仅是知识的传递,而是重在培养学生的创造力、批判性思维和解决问题的能力。上海市第一师范学校附属小学(以下简称"一师附小")作为全国愉快教育的发源地,多年来始终锐意进取,敢于作为,坚持走在教育改革的最前沿,积极探索创造性学习的教学模式,努力为学生的全面发展提供广阔的舞台。《创造性学习的愉悦与深度》一书,正是对一师附小愉快教育以及创造性学习实践的系统总结与深刻反思,是一部充满实践智慧的教育总结,能为教育研究者与实践者提供丰富的参考。

愉快教育:理念的种子与时代的交响

愉快教育这一理念的种子,自 1945 年由教育家陈鹤琴先丝在一师附小播下以来,便在这片沃土上生根发芽、茁壮成长。陈鹤琴先生提出的"一切为了孩子"的"活教育"思想,奠定了学校的办学理念,影响了一代又一代师生。从"教育要面向现代化,面向世界,面向未来"的宏愿出发,一师附小自 19 世纪 80 年代初便开始了长达 40 多年的愉快教育探索实践,其核心要素为"爱、美、趣、创",曾在当时被国家教委誉为实施素质教育的一种比较成功的模式,作为第一批教改经验向全国推广。愉快教育不仅是对学生学业能力的培养,更是对学生综合素质的全面提升。它如同一股清新的春风,吹拂过教育的田野,其倡导的"让每一个孩子都能在轻松愉快的氛围中自由探索、快乐成长"的理念迅速传遍大地。

《创造性学习的愉悦与深度》一书详细阐述了一师附小在现代教育背景下,如何将愉快教育理念与时代要求紧密结合,形成具有鲜明特色的教育模式。书中通过生动的案例、翔实的数据、深入的分析,充分展现了一师附小在教育创新道路上的坚定步伐和丰硕成果。

创造性学习:愉快教育的进阶与深化

创造性学习,作为愉快教育的深层次延伸,是一师附小教育实践中的又一亮点。愉快教育下的学生以更加积极、自由的心态投入学习中。这种氛围不仅激发了学生高度的学习兴趣和积极的探索精神,更为创造性学习提供了必要的情感支撑。创造性学习的核心,正是通过实践探索、跨学科融合、问题解决等方式,培养学生的创新思维和解决复杂问题的能力。

这本书详细阐述了一师附小在创造性学习方面的探索与实践。从构建现代学习方式、提高自主学习能力,到研究探索"为学而教,以学设教"的"学习设计";从探索愉快课程、支持学生个性化发展,到提炼基于"儿童立场"的学校德育主题活动增效模型,一师附小在创造性学习的道路上越走越深,越走越宽。这些实践不仅提升了学生的综合素质和创新能力,更为未来教育的发展提供了宝贵的经验与启示。

尤为值得一提的是,一师附小在创造性学习的实践过程中,始终强调以学生为中心,尊重每个学生的兴趣和需求,关注学生的情感发展和个性化成长。这种对学生个体差异的尊重与包容,构成了一师附小创造性学习实践的鲜明特色。在这样的教育环境下,学生们的学习不再是单向的知识传递,而是多向的互动过程;学生不再是知识的被动接受者,而是知识的主动建构者。这种转变不仅提升了学生的学习效率和创新能力,更为他们的终身发展奠定了坚实的基础。

教学变革:理念与实践的深度融合

本书揭示了一师附小在教学方式变革上的探索与实践。在愉快教育和创造性学习的理念引领下,一师附小不断探索适应新时代要求的教学模式和方法。书中通过多个案例,生动展现了一师附小教师如何设计高质量问题及问题链,触发学生高阶思维;如何通过富有挑战性和趣味性的学习任务,激发学生的学习兴趣和想象力;如何关注学生在学习过程中遇到的困难与瓶颈,给予及时的支持与帮助;如何通过大单元设计、主题式学习、项目化学习和跨学科学习等方式重构教学内容,创新教学方法;如何融入现代学习理论,通过技术赋能,提升学习效能,引导深度探究;如何通过创新愉快课程、愉快活动等方式,支持学生的个性化发展和全面成长……

这些教学变革的实践,不仅提升了一师附小的教育质量和教学水平,更为未来教育的发展提供了有益的借鉴和参考。它告诉我们,教育不仅仅是知识的传授,更是情感的交流、思维的碰撞、创新的激发。只有在这样的教育环境中,学生们才能真正成为学习的主人,享受学习的乐趣,实现自我价值的最大化。

展望未来:以创造性学习引领教育新时代

随着时代的不断发展,未来教育对人才的需求将更加多元化和个性化。在这样的背景下,创造性学习将成为引领教育新时代的重要趋势。本书在总结一师附小在愉快教育和创造性学习方面的实践经验的同时,也为未来教育的发展提供了思考和前瞻性的建议。

书中指出,创造性学习需要立足于教育目标的明确性,关注学生的个体差异,强调探究与实践的有机结合。这些观点不仅符合新时代教育的要求,也体现了未来教育发展的方向。在未来的教育中,我们需要更加注重培养学生的创新思维和创造能力,引导他们通过发现问题、构思创意、形成解决方案等过程,不断提升自己的综合素质和创新能力。同时,我们还需要更加关注学生的情感发展和个性化成长,为他们提供丰富的学习资源和灵活的学习方式,让学生在轻松愉悦的氛围中自由探索、快乐成长。

《创造性学习的愉悦与深度》一书不仅展现了一师附小在教育创新道路上的坚定步伐和丰硕成果,更为未来教育的发展提供了宝贵的经验与启示。相信本书能够启发更多教育工作者思考教育的本质,探索适合学生发展的教育路径,让更多学生在愉悦的学习氛围中实现创造性学习,成长为具有创新精神和实践能力的新时代人才。

2025 年 6 月

目录

愉快教育与创造性学习的交响曲是一种深刻的教育理念融合，它不仅仅是对学生学业能力的培养，更是对学生综合素质的全面提升。通过愉快的学习方式激发学生的创造力，通过创造性学习的实践提升学生的创新能力，二者相辅相成，共同为 21 世纪教育的发展提供了新的方向。在这场教育的交响乐中，每一个教育参与者都应成为乐章中的重要音符，携手奏响教育创新与发展的伟大乐章。

教师的指导作用是激发学生思维活力、促进创造性学习的核心要素，而问题及问题链的设计则是引导学生进行创造性学习的有效手段。通过精心设计的问题及问题链来引导学生逐层深入，不仅有助于他们构建知识体系框架，更能引导学生在解决问题的过程中积极思考、勇于探究，体验从无知到有知的转变过程，培养他们的批判性思维与创新能力，为其未来成为独立思考者、终身学习者奠定坚实的基础。

第二章　创造性学习的任务编制　/ 23

　　学习不应只是被动接受知识，而应是主动构建知识体系。创造性学习的任务编制，核心在于将复杂的学习目标拆解为一系列富有创意和关联性的小任务，就像精心编织一张知识网。这些任务引导学习者打破常规思维，在探索中发现新的知识连接点，激发创新意识。学习者通过完成任务，学会自主思考、解决问题，将理论知识与实际应用紧密结合。在学习过程中，每一次任务的完成都是一次成长，从而逐步提升综合能力和综合素养，让学习成为一场充满惊喜与收获的创造之旅。

第三章　创造性学习的教学智慧　/ 57

　　创造性学习是一种旨在培养和发展学习者创新思维与创造能力的学习设计，侧重引导学习者通过问题的发现，进行创意构思，形成解决方案，在达成教学目标的同时，充分激发学习者的创造力。它提倡学习者在真实或模拟的情境中探索未知，强调跨学科知识的融合与应用，通过大单元学习、主题式学习、跨学科学习等多元化学习方式予以实施。创造力的培养体现在课程目标的设定、教学内容的重构以及教学方法的创新等方面。

第四章 创造性学习的多元方式 / 81

创造性学习是拓展、探索和实践的过程。拓展性学习强调教育教学的开放性,让学生从已有的生活经验出发,亲身经历发现和解决实际问题的过程;跨学科学习是结合不同学科的知识和方法来解决问题或探索新的概念,鼓励学生从不同的角度思考问题,能够激发创新和创造的想法;项目化学习通过项目来探索复杂的问题或挑战,鼓励主动学习、团队合作和应用迁移。通过这样多元的方式,有效激发学生的学习热情,激发学生的创造力和批判性思维,提升学习的效率与品质。

第五章 创造性学习的技术赋能 / 147

技术赋能教育的核心在于打破地域和时间的限制,重塑学习模式,让儿童的学习体验更加丰富、灵活和高效。创造性学习的技术赋能包含三个方面:学习策略指导、学习支架运用和数字技术运用。通过学习策略的课前、课中、课后设计,结合多样化资源和个性化路径,可以很好地提升学习效能。学习支架通过知识连接、思维进阶和巩固拓展,引导学生深入探索。数字技术作为新伙伴,以丰富资源、思维可视化任务、深度操作体验和精准数据分析,辅助学生深度学习,促进内化理解和创造力发展,为教育带来全新可能。

第六章　创造性学习的评价艺术　／167

创造性学习的评价艺术，它不再满足于仅仅对学习成果的衡量、对标准答案的复现，而是更加关注于对学习过程的深入理解、关注于学习者在创造性思维中的探索和创新。创造性学习评价，努力让儿童有机会展示知识建构过程，教师的价值在于将教学与评价有机结合，引进研究性思维和开放性问题，促进学生高层次思维与创新能力发展。创造性学习的评价强调质性指标与量化维度的结合，以及过程性、形成性和终结性评价的融合。创造性学习的评价要注重激励性、发展性和综合性相结合的深度学习系统支持，以更好地促进学生的全面发展与创造力培养。

第七章　创造性学习的共生空间　／205

愉快教育为创造性学习提供了良好的共生空间。我们倡导"儿童愉快发展"的理念，以"乐于读书，勤奋为乐；乐于服务，助人为乐；乐于锻炼，健体为乐；乐于交往，合作为乐；乐于参与，实践为乐；乐于开拓，创新为乐"为培养目标，让学生"在愉快中求发展，在发展中求愉快"。这种教育模式不仅关注学生知识的积累，更注重学生创造力的培养，使学生在轻松愉快的氛围中主动学习、积极探索。

第八章 创造性学习的主体境界 / 229

教育关系是师生关系的核心。在教育活动中,教师是促进者、组织者和研究者,学生是参与者、学习者,同时又是学习的主人和主体。教育关系的建立,首先取决于教师的教育水平,直接受制于教师的专业知识、教育技能和人格力量等。创造性学习的主体境界体现了特定的教育关系,这种关系既能为师生双方提供最大的发挥主体力量的空间,又能使双方的力量形成有效合力。创造性学习致力通过平等对话、角色互换和情感共鸣,构建新型师生关系,激发学生创造力,努力以合作式问题解决、交互式知识构建和体验式学习引导等学习模式推动教学相长,通过深度教研、行动研究和共情修炼,助力教师专业与情感的蜕变,营造活力课堂,增进教学效果,为教育创新注入新动力。

第九章 创造性学习的生长旨趣 / 255

在创造性学习过程中,学生的蜕变,集中体现在从知识接受者迈向智慧创造者。高阶思维在批判性、创造性和元认知中升华;项目式学习、科技创新与艺术创作成为挑战与成长的舞台,学生展现出适应性、创新性和独立性。情感智力与自我效能感的提升,为全面发展筑牢根基;学习历程可视化、创造力量化追踪和个性化学习促进,助力学生实现从知识到智慧的飞跃,激发个体潜能,培养创新精神与实践能力。

前言

愉快教育与创造性学习的交响曲

愉快教育与创造性学习的交响曲是一种深刻的教育理念融合,它不仅仅是对学生学业能力的培养,更是对学生综合素质的全面提升。通过愉快的学习方式激发学生的创造力,通过创造性学习的实践提升学生的创新能力,二者相辅相成,共同为 21 世纪教育的发展提供了新的方向。在这场教育的交响乐中,每一个教育参与者都应成为乐章中的重要音符,携手奏响教育创新与发展的伟大乐章。

愉快教育与创造性学习的交响曲,仿佛是一场精彩的音乐演出,其中每一个教育环节都像乐章一般紧密配合、相互呼应,奏响属于时代的创新之音。愉快教育作为教育领域中的一种独特理念,注重在轻松愉快的氛围中激发学生的兴趣,挖掘其潜能,进而促使其在自由探索与思考中获取深刻的知识。而创造性学习作为愉快教育的进阶追求,更是在此基础上寻求突破传统教育模式的局限,强调学生主动参与、批判性思维和跨学科的整合。二者的结合,犹如两种不同的乐器在同一个乐章中交织演奏,既各自独立又相互融合,共同推动着教育的创新与发展。

愉快教育与创造性学习的交响曲,不仅仅是一种教育理念的结合,它更是一种实践的互动。在教学过程中,教师不仅是知识的传授者,更是学生创造性思维的引导者和激发者。教师需要通过设计富有挑战性和趣味性的学习任务,激发学生的兴趣和想象力。同时,教师还应关注学生在学习过程中遇到的困难与瓶颈,给予及时的支持与帮助,帮助他们从问题的困境中找到解决的路径。在这一过程中,愉快教育为学生提供了一个宽松的学习环境,鼓励学生在不断尝试和失败中获得成长,从而增强他们的创造性学习能力。

在愉快教育与创造性学习的互动关系中,最重要的是如何实现"愉快"与"创造性"之间的有机融合。愉快并非意味着教育的轻松和肤浅,而是通过创造性的方式激发学生的兴趣和探索欲望,使学习成为一种积极的、主动的活动。这种愉快的学习氛围,能够激发学生内心深处的创造性潜能,促使他们在面对复杂问题时,能够独立思考并提出创新的解决方案。创造性学习则强调学生在学习过程中应保持开放的心态,勇于质疑现有的知识体系,敢于突破传统的思维框架,探索未知的领域。在这种氛围中,学生不仅仅是在"学"知识,更是在"做"创新,在参与中获得学习的深度。

　　总之,愉快教育与创造性学习的交响曲是一种深刻的教育理念融合,它不仅仅是对学生学业能力的培养,更是对学生综合素质的全面提升。通过愉快的学习方式激发学生的创造力,通过创造性学习的实践增强学生的创新能力,二者相辅相成,共同为 21 世纪教育的发展提供了新的方向。在这场教育的交响乐中,每一个教育参与者都应成为乐章中的重要音符,携手奏响教育创新与发展的伟大乐章。

一、愉快教育的历史发展

　　1945 年,教育家陈鹤琴先生创办了上海市第一师范学校附属小学(以下简称"一师附小"),也把教育改革的种子播撒在这片土壤中。"一切为了孩子"的"活教育"思想奠定了一师附小的办学理念,影响着一代又一代的师生。1980 年代初,邓小平同志提出了"教育要面向现代化,面向世界,面向未来",也就从这个时候开始,一师附小的愉快教育开始了 40 多年的探索实践。可以说,愉快教育是一师附小教育思想、办学特色和教改方向的概括。我们倡导愉快教育就是要从情感教育入手,给孩子们爱和美,激发孩子们的兴趣和创造,实施智能教育、情感教育、意志教育并重的整体性人格教育。让孩子们愉快地学习与思考、愉快地活动和创造、愉快地生活与成长,在德智体美和知情意行各个方面得到全面的、和谐的发展。[①]

---

① 倪谷音,史惠芳,张声远. 论愉快教育[J]. 上海教育科研,2010(S1):33—38.

（一）第一个十年：为办学奠定基础，愉快教育作为教改主题

学校在时任校长倪谷音的带领下，按照邓小平"三个面向"的精神，发展"活教育"的思想，针对当时学生学习负担较重的社会状况，开展了以愉快教育作为主题的整体性改革实验，实施智能教育、情感教育、意志教育并重的人格教育，努力探索符合当时社会发展要求的新教育模式，提出了让孩子拥有愉快的童年。

1985 年 9 月江泽民同志到一师附小参加开学典礼，欣然为孩子们题词：你们是祖国的明天，民族的希望。学校根据江泽民题词的精神，明确地把"教孩子五年，为孩子想五十年，为国家民族想五百年"作为愉快教育的办学思想，把"让每个学生都有美好的心灵、健康的体魄、创造的才干、活泼的个性"作为培养目标。在研究实践的基础上，集专家和一线教师的智慧，提炼了愉快教育的核心四要素"爱、美、趣、创"，以及"实、广、活、新"的教学原则①，撰写了《愉快教育》一书，在上海市第二届科研成果评选中，"愉快教育"的研究成果被评为一等奖。愉快教育的改革实践，给当时沉闷的小学教育带来了一派生机。

1990 年 5 月，国家领导人听取了全国进行愉快教育实验的汇报。在北京召开的全国愉快教育报告会上，国家教委领导称赞"愉快教育"是基础教育改革中一种比较成功的模式，并把它作为第一批教改的成功经验向全国推广。

（二）第二个十年：实现理论到实践的探索，愉快教育进行全面推进

1990 年以后，学校先后在上海、北京、南京等地参加了 6 次全国愉快教育的研讨会，柳斌同志在给上海召开的愉快教育研讨会的贺信中指出："愉快教育是近年来我国教改实践中的一种新探索，实践表明，实施愉快教育减轻了孩子们的过重课业负担，促进了孩子们德智体诸方面全面主动的、生动活泼的发展，它是面向 21 世纪，为造就一代高素质人才进行的基础性工作，值得大力提倡。"

1995 年后，全国七所愉快教育实验学校组成了合作体，就"愉快教育的意义与实质""愉快教育的办学目标及内涵""愉快教育与课堂教学"等课题开展了深一步的研究与实践。

---

① 倪谷音. 让孩子们都有幸福的童年——上海一师附小的愉快教育[J]. 宁夏教育，1993（10）：15—17.

在深入的研究中,我们概括了愉快教育的本质特征——"愉快发展",即"在愉快中求发展,在发展中求愉快"。① 这使"愉快教育"不仅在实践探索中,而且在理论研究上,又跨上一个新台阶。

我们感到,过去教育的目标只有认知目标,没有情感目标。愉快教育把情感引入教育目标,也就是在重视认知发展的同时,强调情感的发展。愉快教育要使学生获得积极的情感体验,通过激发学生的学习兴趣,让学生投入学习、努力学习,享受学习成长的愉快,从而促使学生整体素质和个性特长的发展。愉快既是目标,也是手段。

这期间,宋珠凤校长带领教师与上海师范大学教学科研中心合作,听了上百节课,组织召开一线教师的座谈,骨干教师的研讨,在广泛实践的基础上,对十多年的教学改革进行了总结提炼,提出了充分体现愉快教学基本精神的愉快教学模式,形成情知双线并举、相互交织、前后呼应的教学模式结构。② 我们由此进一步完善丰富,出版了《愉快教学法》一书,这项成果获得了全国第二届科研成果的二等奖。

愉快教育得到各级领导的关心,上海市教委、静安区教育局都非常重视愉快教育的推广和对推广规律的研究,在区域内先后搞了三轮推广活动,成为全国推广愉快教育大潮中的浪花。

(三) 近二十年:以学生快乐学习为基点,深化愉快教育实践

本世纪以来,上海市整体推进以学生发展为本的课程教学改革。一师附小积极将愉快教育融入其中。为此,在现任校长鲁慧茹的引领下,学校赋予愉快教育新的内涵:愉快教育是体现以学生发展为本、以学生快乐学习为基点、以学生充分发展为特征的实施素质教育的过程。③ 学校在以下三方面进行深化研究和实践。

1. 融入现代学习理论,探索愉快学习

市级一般课题"构建现代学习方式,提高自主学习能力——小学生愉快学习的研究",构建学生主动探究的学习方式,提炼以学生为主的愉快学习策略,获上

---

① 卢家楣,陈焕章,王维臣,等. 论"愉快教育"的基本特征[J]. 教育研究,1994(9):49—53,63.
② 倪谷音,宋珠凤,卢家楣. 愉快教学的基本模式[J]. 上海教育,1997(1):47—51.
③ 鲁慧茹. 愉快教育的传承和发展[J]. 素质教育大参考,2004(9):20—24.

海市第八届教科研成果三等奖。作为上海市愉快教育研究所主持的教育部规划课题"新课程背景下，小学学科学习设计的研究与实践"的核心研究校，一师附小着力研究探索"为学而教，以学设教"的"学习设计"，并对"愉快学习"进行了新的诠释：喜欢学习，学生有浓厚的兴趣和学习意识；主动学习，学生主动思维和参与活动交流；学会学习，学生学习适切方法且能力提高。

"愉快学习"就是在重视学生认知发展的同时，强调情感的发展，倡导在学习过程中使学生获得积极的情感体验，从而激发起学生的学习兴趣，主动地投入学习、努力学习，享受学习成长的愉快，从而促使学生整体素质和个性特长的发展。简而言之，"愉快学习"就是在学习过程中达成引发学的趣，激起学的情，满足学的需，达成学的度。

学校还由此确立起"愉快学习"的操作要点，归纳出支持学生主动愉快学习的策略。"为了学生的愉快学习，变革课堂教学——愉快教育实验的深化发展"先后获得上海市首届教学成果奖特等奖、全国首届教学成果奖一等奖。

2. 聚焦个性化发展，探索愉快课程

学校围绕市级一般课题"让选择成就学有发展的快乐——突破拓展型课程发展瓶颈的实践研究"，将学生个性化发展作为拓展型课程的终极追求，并匹配系统的规划、良性的长效机制保障拓展型课程的可持续发展。"愉快教育理念下学生'345'自主课程的创新"获得上海市首届教学成果奖一等奖。

3. 基于儿童立场，探索愉快活动

学校围绕市级一般课题"儿童立场下学校德育主题活动的整体优化研究"，提炼出基于"儿童立场"的学校德育主题活动增效模型，构建起一师附小德育年段主题序列活动的整体运作框架，归纳出开发实施的操作要点，并量身定制了学生自主活动能力的培养序列。"基于'儿童立场'，小学愉快德育课程的构建"获得上海市2021基础教育优秀教学成果二等奖。

4. 拓展研究领域，创新校本研修

学校围绕市级重点课题"现代学校教研活动的形态与功能研究"，把"愉快教育"研究作为校本研修的重要内容，目的是把教研组建设成为一个充满思维活力的学习组织，一个解决教学问题的研究团队，一个提高学习有效性的培训基地，一个教师专业成长的孵化器。该成果获上海市第九届教科研成果一等奖。"以实践为根,现代学校教研活动铸就教师精品团队"获得上海市第二届教学成果一等奖。

愉快教育的研究和实践是有着无限生命力的科研课题。一师附小人从没有裹足于昨日的辉煌,而是与时俱进,不断迸发出新的生机和活力。研究从课上的愉快教学法,延伸拓展到课前的学习设计研究,以及单元纸笔测试的调控研究;研究从基于学生选择的拓展型课程发展到构建 H-PISA 拓展型课程,促进学生个性化学习;研究从基于儿童立场的德育主题活动整体优化到愉快德育课程的构建。一师附小人始终高举愉快教育这面旗帜,坚定地走在教育改革的前列①,以改革求质量,以改革促发展,为办成一流的现代化优质品牌学校而努力。

鲁慧茹校长指出:展望未来,我们必须很好地践行陈鹤琴先生的"活教育"目的论,回答好"培养什么人,为谁培养人,怎样培养人"的时代追问,写好培育"爱党爱国,立德树人"这篇大文章;必须进一步深化愉快教育,使陈鹤琴教育思想以更加契合时代要求、学校发展、学生实际的方式,在创造性实践中得以发展,夯实文化底蕴,落实学生核心素养培育。②

二、愉快教育的时代主题

在现代教育背景下,愉快教育的时代主题不仅体现在它对学生学习体验的重视,也体现了它对教育质量提升和教育公平的深刻影响。愉快教育的时代主题可以从多个层面进行解读,其中尤为突出的是对创造力培养的关注、对个性化学习路径的支持,以及对教育全球化背景下人文关怀的重视。

(一) 创造力: 21 世纪教育的灵魂

倪谷音校长认为,创造是儿童自我发展的一种需要,每个儿童都有创造的欲望、创造力是蕴藏在每一个儿童身上的最宝贵的资源。通过教育使儿童创造性地学习、创造性地活动,这是教育成功的标志,同时儿童在这些学习和活动过程中也能体验到在任何其他活动中所无法领略的最高层次的欢乐——创造的愉快与欢

---

① 鲁慧茹. 一师附小始终走在教育改革前列[J]. 上海课程教学研究,2018(Z1):16—18.
② 鲁慧茹. 承儿童为先办学思想创育人为魂时代新业[J]. 上海教育,2022(33):27.

乐。愉快教育就是要使每个学生都能意识到自己的创造力和智慧,并在其天赋所及的一切领域愉快地进行创造。①

在 21 世纪,创造力不仅是个人才华的彰显,更成为推动社会与时代前进的关键力量。科技的日新月异和全球化的迅猛发展,促使教育目标与任务经历深刻变革。传统教育模式侧重于知识的传授,强调学生的记忆与理解能力;然而,在现代社会背景下,教育的核心转向了培养学生的创造性思维与解决问题的能力。因此,创造力被视作 21 世纪教育的灵魂所在,成为评价教育质量及成效的重要指标。

1. 创造力本质:个体潜能的深层维度

作为人类智慧的巅峰展现,创造力揭示了个体潜能最为重要的方面。它不仅涉及知识的积累与技能的应用,更深入地关联到个人内在潜能。现代教育学的研究指出,创造力并非仅仅是天赋的体现,而是在系统性的培养与激发下,使个体在面对复杂挑战时能够提出独特解法的一种能力。

创造力的本质在于它是个人潜能的最深层次表达,这表明了创造力与个体内部驱动力、情感体验以及思维方式之间的紧密联系。心理学视角下,创造力是一种综合的认知与情感能力,既取决于个体在解决问题时展现出的认知灵活性,也受到其情感投入度的影响。简而言之,创造力不仅是智力水平的表现,更是情感、动机与认知结构三者交织作用的结果。

在认知层面上,创造力的基础建立在个体的思维方式、问题解决策略及其对知识的灵活运用之上。认知的开放性与灵活性构成了创造力的核心要素,允许人们突破常规思维的限制,发掘出意想不到的解决方案。

在情感层面上,情感体验与动机是激发创造力的关键因素之一。当一个人对其研究领域或特定问题充满热情时,往往能在学习与探索过程中表现出更高的创造性。这种情感上的投入激励着个体持续追求创新,克服重重障碍,实现自我超越。

在社会层面上,创造力的发展还受到外部社会文化环境的影响。社会文化为个体提供了知识交流的平台,并塑造了人们对创造力的理解框架和价值取向。不

---

① 倪谷音,史惠芳,张声远. 论愉快教育[J]. 上海教育科研,2010(S1):33—38.

同文化背景下的社会期待影响着个体对创造力的诠释方式。例如,在某些文化中,创造力可能被视为个人成就的象征;而在其他文化里,团队合作与集体智慧可能是创造力的主要表现形式。由此可见,创造力不仅仅反映了个人内在潜能,同时也是社会文化和结构影响下的产物。

总之,创造力的本质是个体潜能最深邃的表现形式。它不仅仅是智力的体现,更是认知、情感和社会交往能力综合作用的结果,构成了 21 世纪教育不可或缺的灵魂部分。

2. 创造性思维:教育变革的核心动能

在 21 世纪,教育的核心任务已从传统的知识传授逐渐转向培养学生的创新能力与适应能力。创造性思维不仅是个人创新潜力的体现,更是社会进步和科技发展的基石。

首先,创造性思维的培养有助于显著提升个体解决问题的能力。传统教育模式中,学生的学习多局限于对已有知识的记忆和复述,强调知识的传授而忽视了问题解决能力的锻炼。然而,在现代社会中,面对复杂且充满不确定性的挑战,个体需要具备灵活应变和创新思维的能力。创造性思维鼓励打破常规思维框架,通过联想、归纳、演绎等思维方式发现新的解决方案。因此,培养学生创造性思维,不仅为他们提供了扎实的知识基础,还赋予了他们在未知挑战面前寻求多维解决方案的能力。

其次,创造性思维有利于催生增强跨学科整合能力。当今社会,许多前沿问题无法仅靠单一学科的知识来解决。例如,气候变化、人工智能、公共卫生等领域的问题,往往涉及多个学科的交叉与整合。传统的学科教学模式往往是割裂的,限制了学生跨学科思维和实践的能力。创造性思维则致力于在不同领域之间架起桥梁,通过跨学科整合,催生新的思想和方法。比如,在环境保护问题上,既需要环境科学的知识,也离不开经济学、政治学、社会学等多方面视角的支持。创造性思维促使学生打破学科界限,综合运用多元化的知识体系应对复杂的社会问题,实现真正的跨学科合作与创新。

再次,创造性思维有利于学生保持开放的心态,促进终身学习。在快速发展的时代背景下,技术和知识的更新换代速度加快,传统的教育模式难以充分满足学生适应变化的需求。创造性思维的培养使学生能够保持开放的心态,主动探索新知识、新技术。这不仅帮助他们超越现有的认知框架,还能激发他们提出新问题并找到新答案的兴趣。这种不断自我更新的能力,将在未来的职业生涯和个人发展中成为他们应对各种挑战的重要武器,也是实现终身学习的关键因素。

最后,创造性思维情感和社会互动。创造性思维不仅仅是一种认知能力,它还涉及情感投入和社会互动。团队合作中的创造性思维能够促进成员之间的思想碰撞,激发出更多创意和灵感,带来更深刻和有意义的成果。通过团队合作、讨论和辩论等形式进行创造性思维的交流,不仅能增强学生的集体协作能力,还能帮助他们在社会中更好地理解他人观点,形成广泛的社会网络。这种创造性的社交互动有助于提高学生的情感和社会智能,使其在未来的职业和社会生活中更具竞争力。

综上所述,创造性思维是教育变革的核心动能,对于推动学生个人能力和社会科技进步具有重要意义。它不仅是个人成长的动力源泉,也是社会和科技发展不可或缺的驱动力。作为教育者,我们应当积极探索创新的教学方法,将创造性思维的培养融入教育改革的核心内容,推动教育体系的深度变革,以培养出能够适应未来社会发展需求的新一代人才。

3. 创造力培育:全球教育的战略选择

在全球教育的舞台上,创造力的培育已成为各国教育政策的重要核心。知识经济的蓬勃发展与人工智能等高科技的日新月异,使传统教育模式显得捉襟见肘,难以全面支撑社会与经济的进步需求。因此,如何在教育体系中有效激发学生的创造力,成为国际教育界亟待解决的关键议题。各国虽采取了不同的策略,但普遍认同的是,创造力是学生未来竞争力不可或缺的一部分。

例如,芬兰的教育体系便强调"以学生为中心",提供灵活多样的课程内容和个性化学习路径,助力学生激发自我兴趣和挖掘潜力。特别值得注意的是,芬兰教育高度重视自主学习能力和问题导向的学习方法,这有助于学生在实践中锻炼创造性思维,而非单纯依赖教师的知识传递。

又如,英国教育体系近来推崇基于"探究学习"和"项目学习"的课程设计,鼓励学生通过动手实践和团队协作来解决问题。这种方式不仅强化了学生的批判性思维,还加深了他们对社会议题的理解,从而培养出具备创新精神的未来公民。

中国近年来提出"创新是引领发展的第一动力"的口号,在教育政策中也加强了对创新型人才的培养要求,并逐步推动 STEAM(科学、技术、工程、艺术和数学)教育的普及,这一政策导向为学校提供了更多的创意空间和资源保障。在这种政策框架下,学校和教师能够有更多的自由度和支持去进行跨学科的教学实践,培养学生的创造力和批判性思维。

美国一些创新学校还在教学过程中融入社会情感学习(SEL),通过培养学生的情感管理和人际交往能力,进一步激发他们的创新潜力。这样的综合素质培养,使学生在面对未来的不确定性时,能够保持创新的思维和灵活的应对能力。

不仅如此,越来越多的教育机构开始尝试过程性评价、项目评价和展示性评价等形式,以便更加全面地考查学生的创新能力、合作精神和实际操作能力。这些新的评价方式不仅能够减轻学生的考试压力,还能够激发学生在学习过程中的主动性和创造性。

以上种种趋势表明,创造力已经成为全球教育竞争的一个重要指标,不仅仅是在国家层面,更是在地区、学校乃至个人层面上都有着深远的影响。创造力的培养已不再仅仅是一个教育理论问题,而是全球教育体系必须作出的战略抉择。

(二) 激活创造力的教育密码

创造力是 21 世纪教育的核心要素,也是推动社会进步和科技创新的原动力。激活创造力的教育密码不仅仅是依靠传统的教学模式,更需要通过深入的理论探索与创新的教育方法,创造一个充满挑战和启发的学习环境,培养学生的创新思维和解决问题的能力。

1. 深度学习:打开创造力的内在通道

深度学习是理解和激发创造力的关键,它不仅仅局限于知识的积累,更在于对知识的深度加工和内化。通过主动参与、反思和探索,学生能够从表层的知识理解进入到更为复杂和多维的思维模式中。这种深入的学习过程,使得学生能够打破常规的思维框架,打开创造力的内在通道,进而激发他们独特的创新潜力。

深度学习强调的是一个从感知到理解再到创造的渐进过程。在这个过程中,学生不仅仅停留在信息的表面,而是能够运用批判性思维进行深入分析、连接与综合。通过这种方式,学生能够突破现有的知识结构,发现新的联系,进而形成独立的见解和创新的解决方案,真正体验到创造力的激发和潜力的释放。

深度学习所激发的创造力并非是单纯的灵感迸发,而是一种综合性、持续性的思维发展过程。学生通过不断地挑战自己的认知边界,反思自身的思维模式,逐步实现对问题的多角度分析。这种深度学习不仅增强了他们的认知能力,也为创造性思维提供了广阔的土壤,从而培养出更具创新性的思维模式和行为方式。

为了实现深度学习,教师需要为学生提供足够的思考空间和挑战性的任务,鼓励学生主动参与,提出问题并寻找答案。在这种学习环境中,学生不仅能自由探索自己的兴趣和问题,还能在遇到难题时通过反思和合作获得突破。这种自主性和创造性结合的学习模式,将深度学习与创造力的培育有机结合。

2. 学习路径:表层到本质的认知跨越

学习路径的构建往往从表层的知识学习开始,逐步深入到更高层次的认知。表层学习侧重于知识的积累与记忆,但随着学习的深入,学生需要突破简单的记忆和理解,向更加复杂的思维和创造性解答迈进。通过表层到本质的跨越,学生逐步建立对知识的深刻理解,为后续的创新与问题解决打下基础。

在表层到本质的认知跨越过程中,学生不仅仅是知识的接收者,更是知识的建构者。这一转变要求学生具备批判性思维和创造性思维能力。通过实践中的探索与反思,学生能够突破表层的框架,进入更具深度和内涵的理解阶段。这一过程强调学生主动学习、批判性反思和跨学科整合。

认知的深度跨越并非一蹴而就,而是需要通过多层次的学习活动逐步推进。从具体的事实和概念开始,学生首先需要理解这些知识的基本内容及其之间的关系。随着思维的深化,学生会开始探索这些知识背后的本质原理,并能够将其应用于实际问题中,形成自己的独立见解。

要实现认知的深度跨越,教师的引导与反馈显得尤为重要。教师不仅要帮助学生理解表层知识,更要激发他们思考知识背后的规律与本质。在教学过程中,教师应创造条件让学生进行探索与合作,鼓励他们提出问题、进行实验与讨论,从而培养学生的批判性思维和创新能力。

最终,从表层到本质的认知跨越不仅仅是学习路径的一部分,更是创造性学习的重要基石。在这一过程中,学生逐渐形成对世界的多维度理解,能够在复杂的情境中运用所学知识解决实际问题。这种深入的学习不仅促进了学生个人的成长,也为他们未来的创新与社会贡献奠定了坚实的基础。

3. 学习生态:创造力孵化的智慧场域

学习生态系统是一个动态、复杂的环境,既包含教师与学生之间的互动,也涉及物理空间、社会文化以及技术工具的融合。在这种生态系统中,创造性学习得以孕育和发展。教师不仅仅是知识的传递者,更是学生创新思维的引导者。通过构建一个富有启发性的学习环境,学生可以在其中不断尝试、碰撞和调整,从而激发创造力的潜力。

创造力的孵化需要一个支持多样性和包容性的学习生态。学习空间的设计至关重要,它应当突破传统的课堂模式,创造出开放、灵活、互动的环境。无论是虚拟空间还是物理空间,设计应当能够激发学生的好奇心和探索欲。通过多样化的教学活动和资源,学生可以在自由探索中找到属于自己的创新路径。

在这一生态中,学习不仅仅局限于知识的吸收,更是认知、情感和社会交往的共同过程。教师通过激励、反馈和互动,鼓励学生挑战固有的思维模式,培养他们解决问题的能力。在与他人合作与分享的过程中,学生能够从不同的视角理解问题,从而拓宽思维的边界,增强其创造性解决问题的能力。

技术工具的使用也是创造力孵化的重要因素。在数字化时代,虚拟现实、人工智能、数据分析等技术的融入使学习更加个性化与智能化。教师和学生可以通过这些工具打破传统学习的限制,进行实时反馈和创造性的模拟实验。这种技术与人文相结合的方式,不仅提升了学习效率,也为创新思维提供了更为广阔的舞台。

当然,学习生态要成功孵化创造力,还离不开良好的社会支持体系。家庭、社区和学校应当形成合力,共同构建支持创造力发展的社会文化氛围。通过强化社会各方面的合作与交流,学生能够在多元化的资源与支持下,更好地发挥自己的创造潜力,成为具有创新思维和行动力的未来人才。

三、愉快教育的学习进阶

愉快教育的学习进阶是一个不断深化与完善的过程,它不仅仅是对传统教育模式的补充,更是对教育理念、教育方法、教育目标的创新与探索。在这一进阶过程中,愉快教育的核心价值观——促进学生的全面发展、激发学生的内在潜能、培养学生的创造性思维等,都得到了更为丰富和系统的阐释与实践。要深入理解愉快教育的学习进阶,我们将从理论探索到模型建构进行探讨。

(一) 创造性学习的理论探索

创造性学习作为一种全新的教育理念,已逐渐成为当代教育研究和实践的重要课题。创造性学习不仅关乎学生如何掌握知识和技能,更关乎学生在学习过程中如何激发自身的创造潜能,发展出独立的思维模式、创新的能力和解决问题的智慧。创造性学习的理论探索涵盖了教育学、心理学、认知科学等多个领域的交叉研究,其核心在于揭示和推动学生创造性思维的发展,尤其是如何在教学中通过合理的设计和策略来促进学生的创造性思维与学习能力。

创造性学习的理论探索起始于 20 世纪初的心理学研究。早期的心理学家,如华生、斯金纳和皮亚杰,关注的是儿童智力的增长和知识的传递。皮亚杰提出了儿童认知发展阶段理论,强调了儿童思维的逐步发展过程,这为后来的创造性学习理论奠定了基础。皮亚杰的认知发展理论指出,儿童在不同的认知阶段表现出不同的思维能力,而创造性思维的培养则需要在特定的认知阶段得到支持和激发。

到了 20 世纪中期,创造性思维开始作为独立的研究领域受到关注。吉尔福特(Guilford)提出了"智力结构模型",并提出了"创造力"这一概念,主张创造力是一种可以通过训练和教育促进的认知能力。吉尔福特认为,创造性思维并非单一的能力,而是多维度的,包括流畅性、灵活性、独特性和精确性等不同的维度。基于这一理论,创造性学习的研究逐渐转向如何在教学中整合这些维度,通过多元化的学习方式激发学生的创造潜能。

此外,托兰斯(Torrance)的研究对创造性学习的理论构建也有重要影响。他提出了"托兰斯创造力测试",该测试侧重于评估个体在解决问题时的独创性、灵活性和想象力。托兰斯的工作进一步证明了创造性思维是可以通过有目的的教学活动和训练来培养的,而这种培养应当注重学生的情感体验和思维的自由度。

随着对创造力认识的深入,教育学界逐渐意识到,创造性学习不仅仅是个体能力的增强,更是学习过程的一种综合性表现。大卫·高尔曼(David Goleman)的情商理论也为创造性学习提供了新的视角。他认为,创造力的培养不仅仅是智力的提升,还需要情感和社会技能的支持。高尔曼的情商理论强调情感的管理与认知功能的结合,认为情感智能的高低直接影响到个体的创造力水平。在这一框架下,教育者在促进创造性学习时,需特别关注学生的情感发展,通过激发学生的兴趣、保持积极的情感态度,来进一步推动其创造性思维的发展。

随着全球化和信息时代的到来,创造性学习的理论也不断与新的社会需求相适应。在信息技术高速发展的今天,创造性学习不仅仅是个体学习的需求,更是社会发展的必然要求。全球教育改革和创新教育理念的提出,要求教育系统不仅培养学生的基本学科知识,更要培养他们解决复杂问题的能力。创造性学习理论因此逐渐从个体发展转向系统设计,关注如何通过教育体系、学校文化和教师角色等多方面的协同作用,构建一个支持创新和创造力培养的教育环境。

现今,创造性学习的理论探索呈现出多元化的特点。一方面,认知科学与教育学的结合促进了我们对学生创造性思维过程的深入理解。例如,构建主义理论强调学生在学习过程中通过主动探索和与他人合作来建构自己的知识体系,这与创造性学习的理念高度契合。另一方面,教育心理学的研究也强调了学习动机、情感、个性等心理因素在创造性学习中的重要作用。例如,内在动机理论认为,只有当学生对学习活动具有高度的内在兴趣时,他们才能展现出创造性的学习行为。

从整体上看,创造性学习的理论探索已逐渐形成了一个多维度的研究框架,其中包括认知理论、情感理论、社会文化理论等多个层面的交织与融合。这些理论不仅强调学生个体的认知和情感因素,还着重关注社会文化和教育环境对创造性学习的影响。当前的研究逐渐转向如何通过整合这些理论,为实践提供更具操作性和实效性的教育策略与方法。

总的来说,创造性学习的理论探索正在逐步深化。通过对历史背景的回顾、相关理论的构建以及多领域的交叉融合,教育者和学者们不断完善对创造性学习的理解,并逐步提出适应当代社会发展的创新教育模式。

(二)愉快教育与创造性学习的关系互构

愉快教育与创造性学习的关系互构,是教育实践中的一项重要议题,它不仅揭示了教育的内在动力机制,也指向了未来教育发展的方向。愉快教育强调通过愉悦的学习氛围激发学生的兴趣和参与感,而创造性学习则关注如何在此基础上促进学生创造力的全面发展,二者在教育实践中实现统一。

第一,体现了"教育即生活"的理念。愉快教育源于对学生主体性和情感体验的高度重视,倡导让学生在轻松愉快的氛围中自主探索知识,培养独立思考的能力。在这种教育环境中,学生不再是被动的知识接受者,而是主动的学习者,他们通过与外界的互动、与同伴的合作,不断激发自己的创造潜能。而创造性学习则是愉快教育的深层次延伸,它不仅要求学生在愉悦的学习过程中获取知识,更要通过对已有知识的重新组织与再创造,形成新的认知结构和思维方式。可以说,愉快教育为创造性学习提供了情感基础和动机驱动,而创造性学习则为愉快教育注入了更高的认知深度和实践价值。

第二,反映了"学习是一个生动的、动态的过程"的教育观。愉快教育通过营造一种积极、自由的学习氛围,使学生能够摆脱传统教育模式中压抑的情感体验,减少来自成绩和压力的负担。这种氛围促使学生在愉快的情绪中保持高度的学习兴趣和探索精神,为创造性学习提供了必要的情感支撑。而创造性学习的核心在于通过实践探索、跨学科融合、问题解决等方式,培养学生的创新思维和解决复杂问题的能力。在这一过程中,愉快教育的情感氛围与创造性学习的认知要求相得益彰,构成了一个不断反馈、不断提升的互动关系。

第三,体现了对学生个体差异的尊重与包容。愉快教育强调以学生为中心,倡导尊重每个学生的兴趣和需求,关注学生的情感发展和个性化成长。在这一框架下,学生的学习不仅仅是知识的积累,更是对自我潜力的不断发现与挖掘。而创造性学习同样强调学生个体的独立性和创造性,它鼓励学生以独特的视角和方法去探索问题、解决问题,强调个性化的创新路径。二者共同的目标是促进学生个体的全面发展,使学生在愉快的学习体验中获得深度的认知成长和创新能力。因此,愉快教育与创造性学习的关系并非简单的互动,而是一种深度的内在联系,它为学生提供了更广阔的学习空间和更丰富的发展机会。

第四,体现在教师角色的转变上。在传统教育模式中,教师通常是知识的传授者和课堂的主导者,而在愉快教育与创造性学习的结合中,教师更多的是引导者和促进者。教师不仅需要创造一个轻松、愉快的学习环境,还需要设计富有挑战性的任务和问题,引导学生在探究过程中激发自己的兴趣,挖掘其潜力。在这一过程中,教师的角色更加注重与学生的互动与合作,强调师生之间的共同成长和发展。通过这样的互动,教师不仅能帮助学生激发创造力,还能不断调整教学策略,以更好地适应学生的需求与发展。

总的来说,愉快教育与创造性学习的关系互构,体现了教育的深度与广度。愉快教育为创造性学习提供了情感基础和动力支持,而创造性学习则通过其对创新能力的培养,为愉快教育的实践增添了更高的教育价值。二者在教育过程中相互渗透、相互支持,形成了一种互动共生的教育生态。

(三) 创造性学习的模型建构

创造性学习的模型建构是探索如何有效促进学生创造力发展的关键步骤。在此部分,我们将构建一个适用于愉快教育背景的创造性学习模型,通过理论与实践的结合,为创造性学习提供科学的框架和操作路径。这一模型的构建不仅关乎教育理论的应用落地,也直接影响教学实践的改进和优化。

1. 模型建构的基础

首先,创造性学习的模型建构必须立足于教育目标的明确性。愉快教育强调的是通过轻松愉悦的学习氛围激发学生的兴趣和创造力,而创造性学习模型的目标则是在此基础上,通过培养学生的思维方式、创新意识和实际能力,最终实现个人和社会发展的双重目标。因此,创造性学习的模型建构应当围绕"激发创造力"这一核心目标展开,兼顾学生的心理发展、认知发展和社会适应性。

其次,模型建构必须关注学习者个体的差异性。在愉快教育的背景下,教育不再是单向的知识传递,而是多向互动的过程,强调学生在自主学习中的主动性与主体性。个体差异的存在要求我们在模型构建中融入差异化教学理念,即根据学生的兴趣、能力、认知风格等特征,制定个性化的学习路径和方法。不同学生在创造性学习中可能面临不同的挑战,因此需要根据个体需求调整教学策略,以便激发每个学生的独特创造潜力。

再次,模型建构的关键之一是探究与实践的有机结合。在传统的教育模式中,学生通常处于被动接受知识的状态,而在创造性学习中,学生应当成为知识的主动建构者。因此,模型需要强调探究性学习与实际操作相结合的特点。探究性学习通过问题导向的方式,引导学生进行独立思考和探索,帮助学生在实践中发现问题、提出假设并进行验证。而实践则是将理论知识转化为行动的过程,是检验创造性思维成果的重要途径。探究与实践的结合不仅能够提升学生的思维深度,还能锻炼学生的创新能力和问题解决能力。

最后,模型中的另一个重要元素是协作与交流。在愉快教育理念的推动下,创造性学习不仅仅是个人的思维挑战,更是群体智慧的碰撞。创造力往往不是孤立产生的,而是通过与他人的互动和合作得以激发的。因此,在模型构建过程中,应当重视团队合作和集体智慧的作用。通过小组合作、团队讨论、跨学科协作等形式,学生能够在互动中获得不同视角,激发灵感,并共同解决复杂问题。此外,学生的交流与表达能力也将在这一过程中得到显著增强。

2. 多维度的系统框架

在模型的具体操作层面,我们可以构建一个包含多个维度的系统框架。例如,首先是"激发兴趣与动机"维度,这一维度强调如何通过设计富有挑战性和吸引力的学习任务,激发学生的内在动机,并促使其积极参与到学习过程中来。其次是"知识建构与思维训练"维度,强调通过探索性和反思性学习,帮助学生深化对知识的理解,并培养其批判性思维和创新性思维能力。第三是"实践应用与问题解决"维度,这一维度关注如何通过具体的实践活动,帮助学生将学到的知识应用于实际问题的解决,从而增强其创造性解决问题的能力。当然,教师在创造性学习模型中的作用也是不可忽视的。教师不仅是知识的传递者,更是学习活动的设计者和引导者。在模型的构建中,教师的角色应当从传统的知识传授者转变为学习过程的促进者和支持者。教师需要为学生创造一个宽松的学习环境,提供适时的反馈,帮助学生在学习中发现问题并进行自我修正。同时,教师还应当根据学生的表现和需求调整教学策略,确保每个学生都能在个性化的学习路径上获得最大程度的发展。(见图0-1)

这个"创造性学习教学框架"强调学生创新思维和实践能力的培养,通过任务驱动和实践导向激发创造力。框架设计了正反两条循环路径,涵盖了素养性学习

创造性学习教学框架

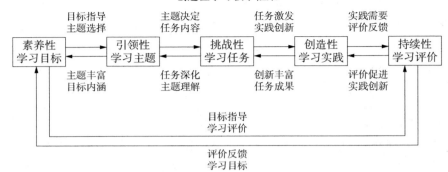

图 0-1　上海市第一师范学校附属小学创造性学习教学框架

目标、引领性学习主题、挑战性学习任务、创造性学习实践和持续性学习评价五个
环节,形成了一个完整的闭环系统。这确保了从目标设定到评价反馈的全过程管
理,通过不断优化学习目标、主题、任务和实践,以适应学生个性化发展需求,促进
其全面发展。

　　综上所述,创造性学习的模型建构不仅是对教育理论的深刻反思,也是对教
育实践的有力指导。通过激发学生的兴趣与动机、促进思维训练与知识建构、加
强协作与交流以及强调实践应用,创造性学习的模型能够在愉快教育的背景下,
为学生提供一个全方位、多维度的学习体验,从而有效地增强其创造力,培养具有
创新精神和实践能力的未来人才。

第一章

创造性学习的问题设计

　　教师的指导作用是激发学生思维活力、促进创造性学习的核心要素,而问题及问题链的设计则是引导学生进行创造性学习的有效手段。通过精心设计的问题及问题链来引导学生逐层深入,不仅有助于他们构建知识体系框架,更能引导学生在解决问题的过程中积极思考、勇于探究,体验从无知到有知的转变过程,培养他们的批判性思维与创新能力,为其未来成为独立思考者、终身学习者奠定坚实的基础。

第一节　高阶思维的触发：高质量问题的设计原则与技巧

高阶思维的触发依赖于高质量问题的精心设计，其原则与技巧在于深挖本质、激发批判与创造。设计问题时，既要关注明确性与开放性的并重，同时也要注重挑战性与适宜性相结合。通过情境模拟、思维引导等方法的运用，激发学生的好奇心与探索欲，从而在解决问题的过程中培养分析、评价、创造等高阶思维能力。高质量问题的设计要求教师既要有深厚的学科素养，又要具备创新思维，以问题为引领，引导学生走进创造性学习的过程中。

一、高质量问题的设计原则

我们认为，高质量问题设计遵循以下两个原则。

（一）明确性与开放性并重

在构建高质量问题的过程中，明确性与开放性的并重是至关重要的。明确性确保了问题的指向清晰，让学习者能够迅速把握问题的核心所在，避免因模糊表述而产生的误解和偏离主题的讨论，引导他们聚焦于问题的关键，进行有针对性的探索和思考。然而，仅有明确性不足以激发学习者的高阶思维，开放性的融入，使问题不再拘泥于固定的答案和思维模式，而是鼓励学习者跳出框架，从多角度、多层次进行探索和创新，引导他们在解决问题的过程中，自由发挥想象，进行批判性分析和创造性思考。因此，高质量问题的设计应当巧妙平衡明确性与开放性，既为学习者提供清晰的思考路径，又给予他们充分的探索空间和自由。这样的设计，不仅能够促进学习者对知识的深入理解和掌握，更能够激发他们的创新思维和问题解决能力，为他们的终身学习和发展奠定坚实的基础。

例如，在学习《春晓》这首古诗时，教师设计了这样一个问题：想象自己置身于诗中所描绘的春日早晨，你看到了什么？听到了什么？感受到了什么？

如果让你用一幅画或一首诗来表达你对这个春日早晨的感受,你会进行怎样的创作?

通过这个问题,引导学生在读通读懂诗歌的基础上深入理解诗歌所表达的意境以及诗人的情感,问题指向明确。在此基础上,鼓励学生根据自己的理解和感受进行创作,体现他们对诗歌内容的个性化解读和创造性转化,不仅激发了学生的想象力和创造力,还促进了他们对诗歌情感和主题更深层次的理解和感悟。通过这样的设计,问题既明确又开放,既确保了学生对诗歌内容的准确理解,又鼓励了他们的创造性思考和个性化表达,触发高阶思维,实现深度学习的目标。

(二) 挑战性与适宜性结合

高质量的问题设计应当巧妙地结合挑战性与适宜性,旨在激发学生的探索欲,同时避免让他们感到挫败。在构建问题时,教师需要深入了解学生的知识基础和认知水平,确保问题既具有一定的难度,能够引发学生的深度思考,又不至于超出他们的能力范围,导致畏难情绪。挑战性在于问题能够激发学生的好奇心和求知欲,促使他们运用已有知识去探索未知领域,形成新的认知。而适宜性则要求问题贴近学生的实际水平,让他们能够在努力思考后找到答案或解决问题的方法,从而获得成就感。平衡这两者,关键在于教师对学生个体差异的敏感把握和对教学目标的精准定位。通过不断调整问题的难度,教师可以引导学生在"跳一跳,够得着"的过程中,逐步增强思维能力,享受探索乐趣。

例如,信息与科技学科"过程与控制"模块的学业要求是:能认识到"输入—计算—输出"这种过程与控制系统普遍存在于日常生活中;能设计用计算机实现过程与控制的方案,并在实验系统中通过编程等手段加以验证。针对这个内容,教师设计了这样一个创造性学习活动,提出问题:如何设计制作碳排放 APP,以此计算每天的碳排放量,从而改进生活方式,降低碳排放?首先学生需要了解"每天生活方式有哪些,其对应的单位碳排放量是多少",他们利用搜索引擎来搜集数据,为后续设计 APP 提供必要的数据支持。在此基础上,针对"APP 的界面怎样既实用又布局合理"这一问题,学生不仅要观察并借鉴类似 APP 的界面设计,还要结合碳排放计算器的特殊需求进行个性化设计,激发创新思维。这样的问题设计引导学生基于板块学习的基础,经历原理运用、计算思维过程和数字化工具应用过程,建构知识,增强问题解决能力,逐步提升"信息科技课程核心素养"。

二、高质量问题的设计技巧

高质量问题设计的技巧在于情境融入与思维引导,这是培养并增强学生高阶思维能力的关键。

（一）情境融入

对于小学生而言,抽象的概念和理论知识往往难以直接理解,可以通过具体、生动的场景,将抽象知识转化为直观、可操作的内容。因此,教师在设计问题时,需精心构建一个与学生日常生活紧密相连或者符合学生认知特点的情境,引导学生去感知和理解情境中所蕴含的复杂关系以及潜在的问题。目的是为了激发学生内在的探索和求知欲望,让他们在学习过程中更加主动和投入,培养其应用意识和实践能力。这种教学方式不仅符合小学生的认知特点,还能为他们未来的学习和生活打下坚实的基础。

例如,音乐学科五年级第二学期第三单元歌曲《牧场上的家》表达了西部牛仔对家的留恋和不舍之情。学唱这首歌时,学生始终唱不出歌曲所表达的情感。考虑到五年级学生即将离开母校心中充满不舍和留恋,教师引导他们尝试将这样的情感融入歌曲的演唱中。但由于原歌词与学生所表达的情感不一致,学生们依然无法深情演唱,在这种情况下,教师提出能否创作一首属于五年级学生自己的歌?在这样一个即将毕业的情境渲染中,学生的情感被充分激发,思维被积极调动,他们回忆起小学阶段难忘的点点滴滴,梳理出一条时间轴,在此基础上创编歌词并反复加工斟酌,力求做到押韵,最终集体创编出了饱含真情实感的《附小我的家》的歌词。在此基础上,同学们又分组结合 iPad 库乐队的技术自主制作新曲子,通过投票的形式选出了最佳编曲。毕业典礼上,同学们深情演绎,将这首亲手制作的乐曲作为毕业礼物送给了亲爱的母校。毕业倒计时这一情境的融入为学生的自主创作提供了情感引导,通过自主学习、合作探究,借助信息技术,将富有挑战的创编任务分步落实,激发学生们的创作灵感,让创造性学习真正发生。

(二)思维引导

在情境学习中,教师要注重对学生思维的引导,这就要求问题本身具备深度与广度,不仅仅停留在表面信息的获取与记忆,而是能够引导学生深度思考。这类问题往往包含多个层次,从基础的信息的提取到高阶的推理分析,再到创造性的问题解决,每一个层次都对学生的思维能力提出了不同的要求。这样的问题设计,为学生提供了一个实践与探索的舞台,使他们在解决真实问题的过程中,逐步建立起系统的思维框架,提升思维的逻辑性、批判性和创造性,培养了学生的自主学习能力、问题解决能力和创新能力。

例如,数学学科五年级第二学期"几何小实践"单元,主要学习目标是认识长方体、正方体的展开图及其体积、表面积的含义,并通过有关体积、容积、表面积以及体积与质量之间关系的学习,逐步发展空间观念,体会数学与生活生产之间的密切关系。在设计本单元跨学科主题学习内容时,教师设计了这样的问题:如何设计牛奶盒的包装,可以更节省材料?这样的问题充分体现情境融入与思维引导,将数学学科知识与现实生活问题紧密结合。学生被置于一个真实的、与日常生活紧密相关的情境中,这不仅激发了他们的学习兴趣,还促使他们运用所学的数学知识解决实际问题。问题的设计也具有层次性,从基础的信息提取到高阶的推理分析,再到创造性的问题解决,逐步引导学生深入思考。学生首先需要调查市场上牛奶盒的包装情况,提取基本信息,这锻炼了他们的数据收集和处理能力。接着,通过分析调查情况,提出研究问题,探究长方体体积与表面积的关系,以及如何设计最节省材料的牛奶盒,这要求他们进行逻辑推理和数学运算。最后,学生以环保设计师的身份展示环保方案,动手制作牛奶盒,这既是对他们创造力和实践能力的考验,也是对前面所学知识的综合运用。整个过程,学生不仅掌握了数学知识,还学会了如何运用数学眼光观察世界,用数学思维分析解决问题,培养了他们的数学核心素养和综合能力。

第二节　深度探究的引导：问题链的逻辑构建、梯度推进与思维激发

深度探究的引导在于问题链的逻辑构建、梯度推进与思维激发。通过逻辑清晰、条理分明的问题链，引导学习者逐步深入，每个问题都是对前一个问题的深化与拓展，形成一条紧密相连的知识链条。同时，问题的设计也从简单到复杂，从具体到抽象，形成梯度推进，促使学习者在挑战中不断成长，逐步构建起完整的知识体系。在这个探究的过程中，鼓励学习者跳出传统框架，用创新的思维解决问题，培养其批判性思维和创造力。

一、问题链的逻辑构建：逻辑清晰、条理分明

构建一个逻辑清晰、条理分明的问题链，对于引导学生进行创造性学习、培养他们的逻辑思维和问题解决能力来说，是至关重要的。在设计这样一个问题链的过程中，我们首先需要确定一个核心问题，这个问题应当是整个学习过程的焦点，能够激发学生的好奇心和探究欲。随后，根据问题的复杂程度以及学生的认知水平，我们可以将核心问题细化为一系列相关联、递进的问题。这些细化的问题不仅需要保持与核心问题的紧密联系，而且应当在难度上逐级递增，以适应学生认知发展的不同阶段。问题链中的每个问题都应是对前一个问题的深化和拓展，通过这种方式，每个问题都为下一个问题的提出做了铺垫。通过这样的问题链，我们可以引导学生逐步深入探究，挖掘问题的本质，最终达到对核心问题的解决。这种方法不仅能够帮助学生建立起知识之间的联系，还能够锻炼他们独立思考和批判性分析的能力。

例如，语文三年级上册《海滨小城》一课，教师在教学时将核心问题"为什么说海滨小城是个美丽又整洁的地方"细化成这样的一串任务链：课文写了海滨小城的哪些地方？作者选取了这些地方的哪些事物？这些事物有着怎样的特点？作者怎么写出这些事物的特点的？作者想要抒发怎样的情感？

教师围绕核心问题"为什么说海滨小城是个美丽又整洁的地方"设计了紧密相连、层层递进的问题链。引导学生逐步达成：初步了解文本内容，把握文章的整体框架——针对性地阅读课文，寻找相关信息——关注文本中的细节，进一步学习——对文本中的事物进行细致分析，提炼特点——关注作者写作手法，学习如何描写事物——理解作者的情感态度，体会文本背后的深层含义。通过这样一系列逻辑清晰、条理分明的问题链，教师能够引导学生逐层深入学习，逐步挖掘文本的内涵和价值，培养他们的阅读能力和文学素养。

二、问题链的梯度推进：拾级而上，层层深入

梯度推进的问题设计是指在设计问题时，应充分考虑学生的认知水平和思维发展阶段，精心设置不同难度的问题，形成一个有层次的梯度。这种设计方式，旨在于问题的设置上体现从简单到复杂，从具体到抽象的逐步过渡，从而有效地引导学生逐步深入思考。通过梯度推进的问题链设计，不仅符合学生的认知规律，而且能够有效激发他们的学习兴趣和探究欲望，让学生在解决问题的过程中不断挑战自我，深入探究，提升思维层次，促进综合能力的增强。此外，这种设计还能够帮助教师更好地了解学生的学习进度和理解深度，从而调整教学策略，确保每个学生都能在适合自己的节奏中学习和成长。通过精心设计的问题梯度，教师可以为学生提供一个既充满挑战又切实可行的学习路径，使学生在面对问题时能够更加自信，更有动力去克服困难，最终达到提高学习效率和质量的目的。

例如：低年级主题式综合活动课程"小豆芽成长记"，围绕着核心任务："如何帮助乐娃发出既饱满又粗壮的豆芽？"通过问题链的设计，引导学生逐层深入进行探究：你知道豆子发芽的主要因素是什么？你认为影响发出粗壮豆芽的因素是什么？你能根据自己的推测设计实验吗？你能说说发出粗壮豆芽的小秘密吗？

围绕"如何帮助乐娃发出既饱满又粗壮的豆芽"这一核心任务，通过一组问题链引导学生开展学习活动，深入探究豆子的结构、发芽的条件以及生长的环境等。教师组织学生自主选择发豆芽的工具开展科学实践探究，通过持续性的观察记录获悉小豆芽发生变化的重要阶段和时间点，在过程中对于发现的实际问题进行再学习、思考，寻求解决问题的办法，进一步明确影响小豆子发出粗壮豆芽的相关因

素。在此基础上设计合理的实验计划,向同伴介绍能够发出粗壮豆芽的秘密。通过这样一系列拾级而上、层层深入的问题链引导的学习活动,帮助学生建立知识学习和外部世界的真实联系,加深对自然世界和科学原理的理解,形成学科核心素养。

三、问题链的思维激发:激活潜能,深度思考

问题链的设计绝非仅仅是将一系列问题简单地堆砌在一起,其核心目的在于激发学生内在的探索欲望和对知识的渴求,从而激活他们的思维潜能,引导他们进行深度思考。一个精心设计的问题链,它所具备的特质是多方面的,包括整体性、系统性、开放性、启发性、层次性以及递进性等,这些特质的共同作用,旨在帮助学生构建一个完整的知识框架或思维路径。通过这样的设计,学生被鼓励从多角度、多层面思考、发现并理解问题之间的内在联系和潜在规律,进而逐步深入地探究问题的核心本质。在对问题链进行深入探究的过程中,学生不仅能够达成问题的解决,更重要的是,有效地激发他们的创新思维和批判性思维,同时在潜移默化中培养了他们的逻辑思维和解决问题的能力。

例如,五年级信息科技"身边的算法",要求学生了解身边的算法,培养初步运用算法思维的习惯,并通过实践形成设计与分析简单算法的能力,通过流程图了解算法执行的流程。教师设计了这样一个创造性学习的实践任务:如何利用人工智能模块制作一个激励家务劳动的装置?通过一组任务链引导学生探究,如:劳动储蓄精灵应该有哪些功能?怎样的外观既实用又能获得小朋友的喜爱?软件和硬件如何配合起来工作?根据试运行效果如何进一步改进?最终达成"劳动储蓄精灵"的制作。

围绕着制作"劳动储蓄精灵"这一学习任务,针对目标群体的特点,学生根据任务链的要求逐步达成:设计项目功能、绘制流程图、设计外观、配合软件和硬件、编程、制作外壳、组装作品、调试运行并修改迭代。在这个过程中,学生不仅在运用流程图梳理程序逻辑的过程中培养了计算思维,还经历了反复调试与修改,不断激活潜能,调动思维去分析问题、设计算法,增强解决方案的能力。通过对"劳动储蓄精灵"制作过程的完整体验,构建思维路径,从而迁移形成了解决类似问题的一般方案。

第三节　教学现场的智慧：学生驱动的问题发现与探究

创造性学习颠覆了传统教育的单向灌输，强调以学习者为中心，学习过程突出对真实问题、任务的探究，是学生全身心投入的学习活动。教师不再是知识的唯一源泉，而是化身为引导者，通过智慧的教学，充分调动学生的积极性与求知欲，激发他们的内在潜能，引导学生主动发现问题、探究问题，在解决问题的过程中培养创新意识、创新思维与创新能力。教师鼓励学生从不同角度思考、分析和解决问题，促成学生学习的高品质发展。

一、激发好奇：学生主动发现问题

在创造性学习的课堂上，教师创造了一个充满鼓励和探索的氛围，通过智慧的引导，学生们的好奇心被充分激发。他们主动观察周围的世界，积极进行思考，从日常生活中发现值得深入探究的问题。只有当学生自己提出"是什么""为什么""怎么办"，思维的火花才被真正激发。问题意识越强，学生的思维就会越活跃、越深刻、越富有创造性。然而，学生提出的问题往往缺乏系统性，显得零散和随机，有时甚至显得异想天开。这就要求教师发挥其引导作用，提供必要的支持和帮助，将这些看似杂乱无章的问题与学科的核心知识相结合，从而形成一系列能够激发学生兴趣和探究欲望的核心问题。

例如，在体育课上，教师通过"体质健康测试"的数据分析结果，将学生的体质现状以直观、透明的方式展示出来。数据的差异引发了同学们的疑问和讨论，他们有的说自己和好朋友身高体重差不多，为什么肺活量差距这么大？有的说自己写作业速度慢，没有时间锻炼，不知能用什么办法提升肺活量？还有的说如果自己坚持锻炼后，怎么能知道肺活量是否增加了呢？体育老师从专业的视角进行了解答，告诉学生肺活量的成绩与参与体育锻炼的频率和强度密切相关，但锻炼的方式却并不局限于体育运动。教师鼓励学生们运用创造性思维，发掘出最有趣、最有效的增加肺活量的方法。于是，围绕着"如何提升肺活量让跑步轻松更持久"

这一核心问题的项目化学习开始了。大家通过查阅资料、咨询教师，探究高效、趣味提升肺活量自主锻炼的多种方法，最终投票选出了"吹不走的乒乓球""对墙吹报纸/吹画"在全年级进行推广。经过一段时间的自主锻炼，效果特别明显。这样的学习过程基于学生的真实问题和需求，结合生活实际，通过多学科知识储备、多创意实践操作实现了学科素养的培育。

二、深度探究：学生主导解决问题

在教师的悉心指导下，学生们围绕自己提出的真实问题，展开深度探究。这一过程强调的是学生的主导性，老师的角色更多的是作为引导者、支持者和辅助者，以及在适当的时候给予必要的支架和帮助。学生们学会如何制定探究计划，如何有效地收集和分析数据，以及如何从纷繁复杂的信息中提炼出有价值的结论和见解。他们在这个充满挑战的解决问题过程中，全身心积极投入、全过程调动思维、分阶段体验成功，最终达成高阶思维的提升与素养培育的目标，实现了对知识的深度理解。

例如，信息科技学科三年级"数据与编码"模块，学习如何使用数字化工具组织并呈现收集数据。学生们发现午餐时，很多同学都吃不完，造成了不小的浪费。怎样才能尽量减少午餐的浪费呢？他们结合少代会提案，开展了"我为'光盘行动'出点子"的跨学科主题学习，经历了四个阶段：一是聚焦问题，开展调查。了解学校午餐的光盘情况，推测"不能光盘"的原因，小组分工从各种渠道收集涉及的相关数据（如午餐清单、课程表、同学们的饭量情况、同学们的菜品喜好等），用电子表格整理。二是深入分析，找准要点。把调查数据用图形化的方式呈现，观察、比较数据图表，通过小组讨论分析"不能光盘"的原因，得出有依据的结论，如：时间问题占 20%、饭菜可口问题占 32%、运动量问题占 20%、情绪管理问题占 28%，等等。三是推敲琢磨，提出建议。根据原因分析，小组讨论"提高光盘率"的可行性策略，协作运用文字处理软件撰写"光盘行动"提案报告。四是交流分享，提交提案。各小队展示交流提案报告，相互提出意见和建议，评选出"光盘行动金点子"，并把提案发送到学校大队部邮箱。由此可见，学生们在面对午餐浪费这一实际问题时，不局限于表面观察，而是深入探究其背后的原因，通过主动探索、深入分析，最终提出解决问题的方案，主导着整个问题的解决过程。

表 1-1　不同学科的问题链设计举例

语文学科三年级习作课《这儿真美》	数学学科五年级"初步统计"复习课	英语学科二年级"My favourite food"单元跨学科主题学习	美术学科五年级综合实践课程"定格端午"	自然学科四年级上册"水的循环"
核心任务:完成习作《这儿真美》。 ● 这个场景有什么特点? ● 选取哪些分场景能体现这个场景的特点?按照什么顺序写? ● 选取的每个分场景有什么特点? ● 围绕分场景的特点,选择哪些有特征的事物来描写? ● 如何写出这些事物的特点? ● 想要抒发怎样的感情?	核心任务:探寻爱眼护眼、预防近视的有效方法。 ● 五年级学生从入学至今,近视人数、年级平均视力呈现怎样的变化趋势? ● 分析学生近视的原因需要收集哪些数据?如何呈现这些数据? ● 依据数据分析的结果,提出哪些保护小学生视力,预防近视的有效建议?	核心任务:如何用英语正确表达中国美食的垃圾分类方法? ● 哪些中国特色美食值得讨论? ● 如何确认垃圾分类的正确性? ● 哪里能查询到正确的英语表达? ● 怎样设计手绘介绍图? ● 如何宣讲研究的成果?	核心任务:拍摄端午节宣传动画短片。 ● 制作定格动画短片需要做好哪些前期准备? ● 怎样的动画短片才是优秀的并能够吸引他人观看的? ● 如何运用好动画拍摄的硬件和软件拍摄定格动画? ● 试一试播放效果,是否和你设想的一样。	核心任务:探索水如何在地球的不同部分之间循环。 ● 你在日常生活中见过哪些形态的水?它们分别是什么样子的? ● 把一杯水放在阳光下,过一段时间后,杯中的水会变少吗?为什么? ● 当天空中的云变得很重,会发生什么现象? ● 雨水落在地面上后,它会去哪里?还可能去哪里? ● 你能用自己的话描述水是如何在地球上循环的吗? ● 水循环对地球生态系统有什么重要意义?

案例 1-1

谁围的面积最大

——三年级数学《几何小实践》单元问题链设计

在创造性学习中,学习活动的设计其本质就是将真实存在的问题通过统整以一组问题或任务的形式进行呈现，引导学生积极开展建构学习、探究学习和问题解决学习，让学生在不断的挑战中，全身心积极投入、全过程调动思维、分阶段体验成功，最终达成有意义的学习。

在三年级数学"几何小实践"单元"谁围的面积最大"一课中，教师设计了这样一个核心任务："六一"儿童节庆祝活动，学校打算用一条长 28 米的彩色灯带在操场中间围一个长方形舞台，怎样能尽可能容纳更多的学生表演。围绕这个任务设计了一组问题。

（一）问题一：根据学校的要求，舞台设计要符合哪些条件？

将实际的具体问题"28 米长的彩色灯带围成一个尽可能大的长方形舞台"中抽象成数学的问题——周长是 28 米的长方形怎么围面积最大，结合学生已有对长方形周长和面积的知识经验，进一步得出以下推论：在长和宽的和为 $28 \div 2 = 14$ 米的情况下，找出长乘宽的积最大的长方形。

设计意图：通过解决这一问题，旨在激活和调动学生结合运用已掌握的数学知识和经验（长方形面积和周长的计算）从具体的情境问题抽象出对应的数学条件和问题，从而推理并建构对应数学问题模型的高阶思维能力，同时，这个分析抽象的过程也涉及学生对长方形周长、面积概念，以及公式等知识的深度理解与运用。

（二）问题二：作为设计师的你，能将设计的草图（含具体数据）填入表格，并计算出面积吗？

教师根据学生在问题一得出的推论出示设计图纸，请学生做小设计师，画一画长方形"舞台"的草图，标上相对应的长和宽的数据，并计算面积。在设计画图的过程中，教师通过出示和比较不同同学的"方案草图"，指导学生画的长方形草图的形状要符合长与宽的数字特点：如长和宽相差越大，长方形就会越来越细长，长和宽相差越小，长方形的形状就会越接近正方形，将数和形进行结合，为后续的数据规律变化的观察和比较做好铺垫。

设计意图：绘制长方形舞台草图使其满足一定的数学与形状要求（设计长与宽的和固定，面积最大的长方形），对学生综合运用数学知识综合分析长方形长、宽、周长、面积之间关系的能力提供了思维的支持：在面对长和宽与形状关系这一较为抽象的问题时，此活动设计引导学生通过具体的草图绘制、数据比较等方式将问题具象化，从而找到解决问题的途径。这种从抽象到具象再到解决问题的过程，锻炼了学生的问题解决能力，使他们学会运用多种策略应对复杂的数学情境问题，并且在教师引导下总结数与形结合的规律，为今后解决类似的数学关系探究问题提供了可迁移的方法和思路，也增强了学生解决问题这一体现高阶思维的能力。

（三）问题三：小组交流"设计表"后，你能按一定顺序在表格中补充完整所有的可能吗？你发现了什么规律？

在问题二的"设计"过程中，一部分学生可以通过把 14 拆分成两个数的和（即长与宽）列举出所有的周长为 28 米的长方形的情况并计算出其对应的面积，一部分学生的"设计方案"则是无序、跳跃或是不完整的，教师通过出示不同学生的设计表格进行比较，引导学生体会按照规律来列举各种情况，才能方便观察面积的变化规律，渗透有序思考的探究经验和方法，并请学生对表格进行二次修正和完善，按一定的顺序画出所有的长方形的情况，计算其面积，并观察规律。

此时，在"设计表"中呈现了长方形长和宽的数据变化，长方形的形状变化和对应的面积变化，学生可以从数据和形状两方面直观地感受并总结出以下规律：随着长和宽越来越接近，长方形越来越接近正方形，面积越来越大，当长和宽相等的时候，长方形变成了正方形，面积最大。

设计意图：学生通过观察设计表中的数据和长方形形状变化总结规律的过程，也是他们对长方形本质属性及变化趋势的深度感知和理解的过程。这一过程涉及对数据与形状之间变化规律的归纳推理和抽象概括，有助于学生抽象思维与归纳能力的锻炼和提升；其次，在小组讨论与分享过程中，学生不同的思维方式相互碰撞、融合。每个学生都有机会展示自己独特的思维视角，无论是有序列举的创新思路还是在无序中摸索的思考闪光点，都能在交流互动中得到认可与启发，进一步促进学生挖掘自身个性化的思维方式，提升创新思维的自信与自主性。

（四）问题四：结合"设计表"思考解释为什么周长不变，长宽越接近面积越大呢？

在问题三的学习过程中，学生有序列举所有的情况，并观察数据和图形的规律，经历了不完全的归纳过程推理得出了"周长不变，长方形长和宽越接近，面积越大"的结论，但是对面积变化背后的原因还没有明确的认识，教师继续引导学生通过观察草图的形状变化，结合多媒体数字演示，用数形结合的方法引导学生感知为什么长和宽越接近面积越大的道理，体会规律背后的原因，更进一步加深学生对面积变化规律的认识。

设计意图：对于问题三，学生通过有序枚举得出结论，这是初步的归纳推理能力体现。而问题四则是教师进一步引导学生感悟面积变化背后的原因，使学生不仅仅满足于得到规律，还提升对数学结论严谨性的认知。其次，教师通过数形结合及多媒体演示，为学生创造了一种将抽象思维可视化的方式，帮助学生在脑海中构建出长方形长、宽及其面积和形状的动态变化过程，促使学生创造出属于自己的理解方式或解题思路，拓展数学思维的边界。最后，当学生理解了面积变化规律背后的原因后，他们对问题的解决不再是机械地运用结论，而是基于对原理的深刻理解。这使得他们在遇到类似的几何图形面积或周长相关问题时，能够更好地迁移这种思维方式，从本质上分析问题、解决问题，提升问题解决的灵活性与有效性。

（案例提供者：上海市第一师范学校附属小学　沈思萱）

案例 1-2

基于问题链的《狐假虎威》剧本创作与表演探索

《狐假虎威》是小学语文二年级的一篇经典寓言故事,情节生动有趣,适合引导学生通过问题链式教学探索故事内容,并进行剧本创作与表演活动。在该案例中,教师通过设计递进式的问题链,将学生的思维从文本解读延展到剧本创作与批判性讨论,激发学生的学习兴趣,提升语文综合素养。

(一) 环节一:文本理解与结构分析

1. 主干问题

《狐假虎威》讲了一个怎样的故事? 故事中的人物角色是怎样的?

问题链一

1. 狐狸是怎么让老虎相信它的?

2. 如果你是老虎,会相信狐狸的话吗? 为什么?

3. 这是一只怎样的狐狸? 怎样的老虎? 说说你的理由。

---

2. 实施策略

在进行剧本创作与表演之前最重要的就是要让学生了解课文内容,熟悉故事情节。因此,此环节我设计了一个问题链,组织学生小组讨论,帮助学生梳理故事情节,归纳狐狸利用老虎的心理弱点摆脱困境的关键情节,逐步引导学生深入思考角色特点和故事逻辑。

(二) 环节二:剧本创作与改编

1. 主干问题

如何将课文改编成剧本?

1. 剧本与课文的格式有什么不同?

2. 独幕剧需要哪些元素?

3. 怎么设计角色的台词、动作把故事改编得更有趣或富有戏剧性?

2. 实施策略

首先,教师播放《狐狸和乌鸦》的手偶剧视频,激发学生对剧本创作的兴趣。接着,引导学生对比阅读课文《狐狸和乌鸦》与《狐狸和乌鸦》剧本,发现剧本与课文的格式不同之处,深入了解剧本的结构和语言特点。最后,引导学生进行小组合作,尝试改编《狐假虎威》为独幕剧的剧本创作,具体过程如下。

第一步:小组讨论,分配角色。教师相机引导学生根据自己的特点,选择适合自己的角色。

第二步:讲解剧本创作的格式与要求,每位同学为自己的角色写台词,即圆括号中写人物说台词时的动作、表情,圆括号后写角色的台词,教师相机进行指导。

第三步:小组合作,改编《狐假虎威》,创作剧本。教师引导学生参考《狐狸和乌鸦》剧本的结构和语言特点,将《狐假虎威》改编成剧本。

在教师的引导下,学生不仅学习了独幕剧的结构和编写技巧,还在小组合作中获得了实际的创作经验。这一过程中,学生不仅通过模仿进行创作,还能够根据自己的理解进行改编和创新。

(三) 环节三:剧本表演与评价

1. 主干问题

如何通过表演将这个故事演得生动、有趣?

问题链三

1. 怎么才能让观众感受到狐狸的狡猾？
2. 老虎怎么样才能让它看起来既威严又有点"被骗"？
3. 你觉得哪个小组的表演最有趣？为什么？

2. 实施策略

学生小组合作写好剧本后，首先让学生小组合作为自己的角色创作角色道具，搭建舞台道具；然后小组合作进行角色表演，最后以小组为单位上台进行展示，展示的过程中引导学生结合同学的表演进行互评与思考，怎么才能让观众感受到狐狸的狡猾？老虎怎么样才能让它看起来既威严又有点"被骗"？你觉得哪个小组的表演最有趣？为什么？

为此，我还相对应设计了评价标准，供学生参考：

评价内容	评分标准	星级评价
声音	声音响亮。	☆☆☆☆☆
语气	语气自然能随着情节变化，传达角色的情感，让人听出来角色的心情。	☆☆☆☆☆
表情	面部表情生动，能用表情表现角色的情绪。	☆☆☆☆☆
动作	动作自然流畅，和台词配合得当，符合角色的情境。	☆☆☆☆☆
效果	团队表演能吸引同学们的注意，让人觉得有趣。	☆☆☆☆☆

通过剧本演出，为学生搭建了一个展示自己剧本创作成果的平台。学生在角色扮演、肢体语言和台词表演中将剧本中的人物和情节生动再现。

在演出中，学生不仅要准确传达台词，还要通过肢体语言和表情展现人物的情感和性格。整个过程，学生的口语表达能力得到了显著增强。并且学生在表演排练中需要协调角色分配、台词练习以及舞台动作等各个方面，增强了他们的团队协作精神与组织能力。

（四）环节四：思辨性讨论——狐狸形象分析

1. 主干问题

这是一只怎样的狐狸？ 说说你的理由。

问题链四

1. 《狐假虎威》中的狐狸是"聪明"还是"狡猾"？ 为什么？

2. 如果狐狸总是靠"借威风"过日子，它以后可能会遇到什么问题？

3. 聪明应该用在什么地方？ 应该怎么用？

---

2. 实施策略

剧本演出后，组织学生围绕《狐假虎威》中的狐狸形象展开辩论。《狐假虎威》中的狐狸，是狡猾奸诈的还是机智聪明的？ 说明你的理由。在双方辩论的过程中，教师要进一步引导：狐狸这次靠着聪明也好、狡猾也好摆脱了险境，如果它回去后为自己的聪明沾沾自喜，不掌握真本领，以后再遇到老虎会怎样？ 最后开展"'聪明'到底好不好"大讨论。补充阅读《狐狸和乌鸦》《老虎生病了》，说一说两个故事中的狐狸的异同之处：《狐狸和乌鸦》中的狐狸利用自己的聪明骗肉吃，用花言巧语骗人；《老虎生病了》中的狐狸利用机智聪明挽救自己和小动物们的生命。进而讨论：聪明应该用在什么地方？ 应该怎么用？ 让学生懂得要把聪明用在帮人助己上，而不能用在损人利己上。

通过辩论，学生不仅能深入分析《狐假虎威》中狐狸的多重面貌，还能从多角度思考文本中的动物行为，培养了学生的批判性思维和分析能力。

（五）环节五：续编故事与创意表达

1. 主干问题

后来老虎知道自己受骗了，有一天，它在森林里又遇到了狐狸，它们之间又会发生什么呢?

> ### 问题链五
>
> 1. 如果老虎发现狐狸骗了它,会发生什么?
> 2. 你能为《狐假虎威续编》画一幅新的插图,表达你的创意吗?

2. 实施策略

在学生表演完后,我设计了一份续编活动单:后来老虎知道自己受骗了,有一天,它在森林里又遇到了狐狸,它们之间又会发生什么呢?请学生绘制《狐假虎威续篇》的故事连环画,并结合画面进行简短的文字描述。事后,组织全班展示与分享,鼓励学生发表创意,并提出进一步改进的建议。以下是学生的作品展示。

学生通过续编故事发挥创意,增强了对文本的理解和延展。绘画的创作则进一步增强了他们的艺术表现力,帮助学生从多感官的角度体验和呈现故事。 在这一活动中,学生结合了语言艺术和美术创作,跨学科的整合使得学生的创作水平得到了全面的发挥。

(六) 拓展与延伸:研究性学习——狐狸很"聪明",为什么落下了坏名声?

寒假期间,组织学生课外阅读更多的和狐狸有关的寓言和童话故事,并收集狐狸的外形特征、生活习性等方面的资料,开展一次研究性学习,完成一篇简单的图文并茂的读书报告。 以下是学生的作品展示。

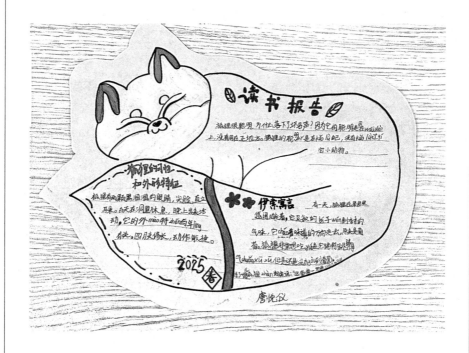

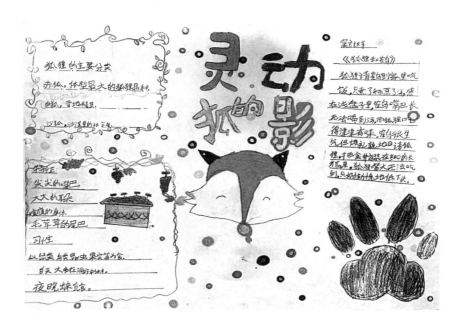

　　通过开展研究性学习实践活动，学生们查阅资料、收集信息、整理内容，不仅深入了解了狐狸这一动物，还全面锻炼了自己的综合能力。活动过程中，他们阅读了大量与狐狸相关的寓言和童话故事，并结合科学资料，探索狐狸在文学作品中为何常被赋予"狡猾""奸诈"的形象，同时了解了狐狸真实的外形特征和生活习性。 学生们在这一过程中，不仅增强了资料搜集与整理的能力，还培养了阅读理解与分析的能力，多角度加深了对狐狸的认知，为学习与思考带来了丰富的收获。

（案例提供者：上海市第一师范学校附属小学　谢敏慧）

第二章

创造性学习的任务编制

　　学习不应只是被动接受知识，而应是主动构建知识体系。创造性学习的任务编制，核心在于将复杂的学习目标拆解为一系列富有创意和关联性的小任务，就像精心编织一张知识网。这些任务引导学习者打破常规思维，在探索中发现新的知识连接点，激发创新意识。学习者通过完成任务，学会自主思考、解决问题，将理论知识与实际应用紧密结合。在学习过程中，每一次任务的完成都是一次成长，从而逐步提升综合能力和综合素养，让学习成为一场充满惊喜与收获的创造之旅。

第一节　任务单的深度设计：真实情境下的
　　　　任务挑战与探究

　　学习任务单从 20 世纪 80 年代起便受到众多学者和一线教育者的关注，而后逐渐深入课堂，"为学而教"，是教师立足"学生的学"，以任务为驱动而设计的任务文本。它是课堂学习活动的载体，是教师在解读课标和教材，精准分析学情的基础上，从学生的角度出发，定目标、设任务、选材料、定学法，为学生的学习提供具体且可捉摸、实际且可操作的"支架"，对学生的学习具有方向指引、方法指导、资源提供等作用。

　　学习任务单的类型主要从三种维度进行划分：一是根据学习任务单的特征和功能进行划分，分别是：学习目标与学习内容任务单、随堂练习任务单、活动设计任务单以及事件设计任务单。二是根据学习任务单的使用时机分为：课前预习单、课中导学单、课后研学单。三是根据学习内容的多样性分为：前置式、驱动式、选择式、整合式、补全式、反馈式以及引导式学习任务单。其中，根据学习任务单的使用时机这一分类方法在教学中最为常用。

一、"学习任务单"的课前设计

1. 依据学情，合理设计课前任务

　　教师在设计教学时的重要依据便是学情，即对课程标准、学习材料和学习者进行分析，要站在学生的角度思考问题，找到学生学习本课的困难点。同时，任务设计要少而精，难易适度，紧扣教学核心内容进行设计，并注重知识点之间的联系。

　　如五年级自然学科"探秘风向袋"，为了让学生对风向袋有所了解，教师组织学生在课堂中开展风向袋的探究和制作。课前，老师设计了一个任务单：①收集有关风向袋的知识，了解风向袋是如何指示风向和风速的。②有兴趣的同学可以画一画风向袋。

　　教师组织学生课前通过上网搜索相关的信息，并记录在任务单上，让学生初步了解了风向袋的原理、用途，以及一般制作风向袋可用的材料等。有的学生还

查到最早的风向袋可以追溯到公元 132 年,是由我国东汉时的科学家张衡发明的一种候风仪,又叫"相风铜乌",人们可以根据铜乌随风转动的方向,知道是什么风向。西方装在屋顶上的候风鸡,比张衡的"相风铜乌"晚了约一千年。资料的搜集,使学生对风向袋有了一定的认识,对其制作产生了兴趣,明确了学习任务,也为接下来课堂中的深入探究打下基础。

2. 依据任务单,合理调整教学内容

课前学习任务单的设计要依据学情,同时也能让教师了解学生学情,激发学生自主学习内驱力,从而有的放矢地教学。

例如,语文三年级上册《在牛肚子里旅行》一文中,教师在课前预习单中设置一项任务:阅读课文,画出红头在牛肚子里旅行的路线图,形式不限。学生若想要完成这项任务,前提是需要认真阅读课文并理解课文内容,而后进行深层次的加工,这样才能将文字性的内容转化为浅显易懂的图画。部分学生用的是最简洁的箭头加文字的形式绘制路线图,也有的学生画了一头牛生动形象地展现了红头的旅行路线(如图 2 - 1)。该生的任务单,不仅准确地绘制了红头的旅行路线,还主动在网上查阅有关牛的四个胃的资料,进一步完善了路线图,且在第二天的课堂上,这名同学还向班级其他同学科普了相关知识,任务单激发了学生自主学习的内驱力。

图 2 - 1 红头在牛胃中的旅行路线

除此之外,教师通过课前查阅学生任务单的完成情况,可以了解班级学生对课文内容的掌握程度,并能及时调整上课的侧重内容,根据学生的学情更好地分配课堂教学的时间。

二、"学习任务单"的课中设计

1. 任务设计具有情境性和挑战性

学习要从学生实际出发,创设丰富多样的学习情境,设计富有挑战性的学习任务,激发学生的好奇心、想象力、求知欲,促进学生自主、合作、探究学习。因此,课中任务单的学习任务不仅要指向真实情境,同时,学习任务和学习问题的呈现方式要能够引发学生的认知冲突,激发学生自主学习内驱力。

刚入学的一年级学生,在学习中要充分激发他们的学习兴趣,有趣的任务单便可以起到这样的作用。如:语文一年级上册《拼音 ɑ o e》一课,根据一年级学情及班级学生特点,老师设计了"营救拼音宝宝大行动"的任务。

★第一关:
　　小怪兽把 aoe 都变得和他们长得一样,只有我们正确认读,拼音宝宝才能变回原来的样子。让我们喊出魔法口诀,通过第一关挑战!

　　　　张大嘴巴 ɑɑɑ　　圆圆嘴巴 ooo　　扁扁嘴巴 eee

★第二关:
声调帽子可以增强 aoe 的防御能力,让我们帮助它们获得防御装备!

帮拼音宝宝戴上声调帽子

　　　　　　　　　ā á ǎ à
　　　　　　　　　ō ó ǒ ò
　　　　　　　　　ē é ě è

★第三关:
　　戴上声调帽子的 aoe 宝宝和怪兽正在大战,准确叫出拼音宝宝的名字即可营救成功。

大声叫出拼音宝宝的名字:

　　　　　　　　　ā ǒ á ò ǎ é
　　　　　　　　　ō ē ó ě à è

图 2-2　"营救拼音宝宝大行动"任务单

教师根据一年级学生的年龄特点,将拼音的认读巧妙地转化为了闯关行动,配上丰富的画面和跌宕起伏的背景音乐,学生在游戏中巩固了"ɑ o e"三个韵母及其四个声调的读法。这样的教学效果比单纯地认一认、读一读要更有挑战性和趣味性。

2. 提供学习支架,帮助学生获得学习迁移

课中学习任务单不仅是为学生的学习提供支架,丰富学生的学习体验,同时便于教师检测学习效果,及时发现问题、解决问题,帮助学生深度学习,获得知识的迁移。

例如,五年级第一学期数学"三角形的面积"一课,是这一单元"几何小实践"的重要内容,本单元的主要教学目标是探究平行四边形、三角形和梯形的面积。在之前的平行四边形面积一课中,学生已经有了一定的学习经验。课堂内,通过"三角形面积学习"的任务单,学生可以将"未知转化为已知"来研究。任务单通过"转化图形"——"寻找关系"——"推导公式",三个任务的设计对应问题解决的三个关键点:引导学生将图形转化成已经学过面积的图形;寻找转化前后图形面积之间和图形元素之间的联系;选择其中一种方法进行探究,推导出三角形的面积计算公式。

通过比较平行四边形面积和三角形面积的推导过程,强化转化方法,使学生积累了研究经验,为后续"梯形面积"的学习奠定了基础。这些推导是建立在学生自己动手操作,通过割补、摆拼等方法进行转化,切身体验转化过程,通过"相似结构"学习单的设计将学习方法进行迁移应用,使得整个单元学习结构化,培养学生的推理能力,感受转化的数学思想。

三角形的面积学习任务单

你能用手中的三角形学具,转化成学过的图形吗?

我想把三角形转化成(　　　　)形,动手试一试吧!

转化图形	
寻找关系	转化后图形的底相当于三角形的_____ 转化后的图形的高相当于三角形的_____ 三角形的面积是转化后图形面积_____
推导公式	三角形的面积 =

图 2-3　三角形的面积学习任务单

任务单中的三个学习任务为学生提供层层支架,搭建思考链条,发展思维一致性和连贯性,培养学生创造性思考的能力。多样化的转化方法和迁移应用,为学生灵活思考问题、创造性解决问题提供养分和土壤。

3. 任务设计梯度化,开展合作学习

学习任务既要考虑到部分学有余力的学生,使其得到能力的发挥,也要照顾到学习相对滞后的学生,保持他们的学习积极性,故课堂中可以通过小组合作学习的方式取长补短,将学习的"旁观者"转化为"参与者",达到共同的学习目标。

例如,在五年级语文"田忌赛马"一课中,为达成"根据文中描述的赛马过程,推想孙膑制定计策的思维过程"这一目标,教师设计了以下学习任务单。

图 2-4 "田忌赛马"学习任务单

学生能依据教师提供的学习支架,在小组合作中,一步一步地推想孙膑的思维过程。而小组合作这一形式,能让相对滞后的学生能在学有余力的学生的带动下完成任务。在随后的"以孙膑的口吻讲述故事"这一任务中,教师采用了梯度化评价表,对学生进行了评价指导。(见表 2-1)

表 2-1 "以孙膑的口吻讲述故事"任务梯度化评价表

评价要点	星级评价
能把孙膑的思维过程讲清楚、讲完整。	☆☆☆☆☆
语言流畅。	☆☆☆☆☆
体现孙膑的人物身份(称呼、语气)。	☆☆☆☆☆

"以孙膑的口吻讲述故事"这一任务要建立在前一任务"理解孙膑思维过程"的基础之上,这样,能够确保每位学生在小组合作中都能有所收获,且使得学有余力的学生能在原有的学习基础上锻炼语言能力,有所深化。

三、"学习任务单"的课后设计

1. 注重关联性和拓展性

教材一般都以单元形式呈现,各单元在主题或学习要素上具有共通之处,前后之间也有所关联。这就要求教师在同一或相似训练点的教学组织上前后勾连,将训练点逐步落实。学习教材上的内容后,要学习此类文本的原理、方法,学会举一反三,将教材上学习到的知识融会贯通。因此,在"学习任务单"的课后设计中要注重关联性和拓展性。

2. 注重层次性

课后学习任务单是对课文内容的拓展与深化,同时也是对课内学习的内容、方法的巩固。在设计时,教师在照顾全体学生的基础性的同时,也应注重层次性,确立针对不同学生的不同层次的目标,设置不同难度和类型的学习任务。

在学习五年级上民间故事单元《牛郎织女》一文时,教师设计了课后学习任务单。(见图2-5)

> ◁ 必做任务:
>
>   将《牛郎织女》的故事讲给同桌听,对照评价表自评、互评。
>
> ◁ 选做任务:
>
>   小组合作,试着将《牛郎织女》的故事改编成连环画。

图2-5 《牛郎织女》课后学习任务单

本单元的重点之一是讲民间故事,必做任务是对全班学生学习效果的检测,这也是对单元学习要求"了解课文内容,创造性地复述故事"的再度落实。而选做任务则对学生提出了更高的要求,本单元习作是"缩写"故事,将故事改编成连环画就需要用到相关的缩写策略,学生需要化繁为简,将长篇文字变为简短的配文,删去不重要的情节,保留重要情节,同时,《牛郎织女》一文也变为了重要的学习缩写的材料。学生可以根据自己的学习情况进行选择,完成作业。(见图2-6)

图2-6 《牛郎织女》学生作业

　　学习任务单的使用使得学生在教师的引领下,围绕着具有挑战性的学习主题,全身心积极参与、体验成功、获得发展。更为重要的是,每个学生可以根据自己的学习节奏和兴趣点,选择适合自己的学习内容和方式,创造性地进行学习。学生的学习不再局限于知识符号,不只是机械的积累、背诵,而是体悟语言文字符号背后所蕴含的学科思维。

第二节　任务链的构建策略：多样化学习任务的层次性构建

我们认为，学习任务链是教师引导学生获得深度学习的有效路径。学习任务链是以教学目标为核心，由彼此关联、层层推进的一系列学习任务组成，以帮助学生在思考、表达、参与的过程中实现知识的深度加工、意义建构和迁移应用。学习任务链具有序列性、层阶性、螺旋式上升的特点：学习任务之间相互对应，相辅相成，引导学生循序渐进、拾级而上地学习，培养学习核心能力素养和深度学习的发生。

根据教学目标和内容特点，可以把学习任务链分为：学科知识概念型任务链，学科技能型任务链和学科问题解决型任务链。

一、学科知识概念型任务链设计策略

学科知识概念型任务链目标指向知识概念的学习和掌握，包括了对学科概念知识的理解及相关知识概念背后的原理的探究。设计策略如下。

教师首先要对教学内容和对应的课标要求进行解读和分析，明确对应的知识概念、能力素养的培养总目标，再将总目标拆解成子目标，建立起以学习目标为主线，具有内部逻辑联系的结构性框架。

接着，教师需要依据本节课学习内容的重难点，学生的学情和认知特点对子目标下具体学习任务进行递进层次性的设计，引领学生逐步突破学习的难点，实现知识和概念的深度理解和迁移运用，完成螺旋式的提升。我们可以根据知识概念的理解和运用的深度，将任务分为基础、进阶和挑战任务。

基础任务旨在引导学生初步了解所学知识的基本概念和情况，明确学习目标，激发学习兴趣，为后续学习打下基础。可以通过阅读、观看视频等方式直接认识新的知识概念，或是从已有的知识概念引入新的知识概念等。

进阶任务旨在进一步加深对知识概念本质的认识，探索知识核心内容和表象背后的规律。包括独立探究、小组合作探究、全班讨论、知识概念的运用与辨析等。

挑战任务涉及知识概念的综合运用,旨在增强学生的综合思维能力。如运用所学知识概念解决一道数学思维题,对一个文学片段进行深度解读和评论等。

以牛津小学英语 5A Unit8"A Camping Trip"中一课时的任务链教学设计为例。

任务一:教师通过问题(When? Where? Who?)的导入,即时间、地点、任务、事件将课文前言部分清晰地呈现在学生面前,激活学生已有知识经验,引导学生对文本形成初步的整体感知,明确学习情境与方向,为进入文本核心内容学习做好心理与认知上的准备。

任务二:教师提出任务问题"What do they need?",并通过表格进行引导,结合学法的指导,引导学生掌握语篇的主要脉络;同时,带领学生在学习过程中,根据发音规律,自学单词。通过学法指导与基于发音规律的单词自学,学生不仅能掌握语篇脉络,还能在过程中锻炼归纳总结知识点的能力,强化学生对文本信息的加工与整合能力,为后续语言知识的深度理解与运用奠定基础。

任务三:听读课文——Listen and read the text,learn how to make a dialogue。基于前两个任务,聚焦听读课文与对话练习并进一步对句型构造规律发现、总结、归纳和运用。在这个任务型教学环节中,学生有了更多的时间去发现单词和句型的结构,实现从知识输入到输出的转化,培养学生语言运用与迁移能力,使学生能够在真实语境或模拟情境中灵活运用所学句型进行交流表达。

上述三个任务设计以学生为中心,遵循学生认知规律,构建起清晰且富有逻辑的教学任务链,引导学生经历了问题导入、具体深入教材、细化知识点,最后由总到分,逐段分析、感悟句法结构的过程,循序渐进地将语言点清晰地呈现出来,真正实现让学生自主学习,提升学生的英语综合素养。

二、学科技能型任务链设计策略

学科技能型任务链以培养学生的学科特定技能为目标(如数学中的测量统计,语文英语中的写作表达,科学中的实验操作等),重点在于学科技能的获得以及在不同情境中运用的能力培养。

与学科知识概念型任务链相似,学科技能型任务链的设计是以学科技能的教学总目标为核心进行分解和结构性框架的搭建,再在各个子目标下进行具体教学任务层级性的设计,在此不做赘述,其对应的不同层级的任务活动如下。

基础任务旨在引导学生初步了解、认识所学习的学科技能的基本原理和操作方法。包括通过观看教学演示或是教师示范;或是通过模仿,完成简单的操作任务,提升学习信心。

进阶任务旨在深化学生对技能的本质的认识、掌握和在具体情境中灵活运用技能的能力。可以安排一些正反例辨析练习、变式练习在特殊情境中的操作等,如在数学的测量学习中,教师可以通过出示不同的用尺测量的方法引导学生辨析量线段的方法,突出测量技能的本质和规范。

挑战任务旨在进一步提升学生综合运用技能解决问题的能力。这些任务具有一定的复杂度和综合性,不能用常规、基础的技能直接解决。教师可以根据学生的学情进行适当分层,或是以合作学习的形式开展。如请学生尝试用不同的方法测量教学楼走廊、操场跑道的长度;语文学科中根据某个主题编写一首小诗等。

以部编版语文四年级下册第五单元的教学为例,教师首先明确了单元作业目标"美景代言人";紧接着设计子任务"跟着作家去旅行";最后聚焦作业目标"美景代言人",提升学生的学习质量。在教学习作指导课《习作:游……》时教师精心构建四大任务链,从多方面助力学生深度掌握与习作相关的知识和技能。

任务链起始于"回顾单元,学习要点,明确主题",此步骤让学生从单元整体视角俯瞰游记写作全貌。学生通过回顾,梳理出游览顺序、景物特点描写、情感融入等关键知识点,构建起基础的知识框架,为后续深入学习筑牢根基,明确了学习方向与目标,避免盲目写作。

在"借助游览线路地图,理清思路"任务中,学生深入挖掘自身旅游经历,将实际的游览过程转化为文字脉络,深化了对游记结构布局的理解,学会了根据表达意图组织素材,从无序的经历回忆迈向有序的写作构思,使知识从理论走向实践应用。

"依托文本关键片段,领悟写法"任务是关键的知识内化步骤。学生深入文本,剖析经典游记片段中的写作技巧,如生动的修辞手法、细腻的感官描写等。通过对这些片段的研读、分析与模仿,学生将抽象的写作方法具象化,理解了如何运用语言技巧提升游记的感染力与表现力。这种对文本的深度挖掘与借鉴,丰富了学生的写作策略库,为写出高质量游记提供了技术支撑,让学生在知识掌握上从"知其然"迈向"知其所以然"。

最后,"紧扣单元习作标准,完成评改"任务为知识的巩固与升华创造了条件。学生依据之前所学标准对习作进行评价与修改,这需要他们精准运用所学知识去发现问题、解决问题。在自评与互评中,学生再次回顾游记写作的各个要点,强化了记忆与理解,同时培养了批判性思维与自我反思能力。通过不断修正,学生将知识漏洞逐一补齐,使知识掌握更加牢固、精准,进而能够灵活运用知识创作出更优秀的作品,实现知识深度掌握与能力增强的双重目标。

三、学科问题解决型任务链设计策略

问题解决型任务链以解决一个实际的学科问题为导向,旨在培养学生在学科主题下综合运用相关学科知识概念、学科技能和学科思维的能力和素养。学科问题解决型任务链设计策略如下。

第一,选择真实的问题作为任务链设计开展的导向。选择与学生实际生活密切相关或具有现实意义的问题,更有利于学生体会所学知识在实际生活中的综合运用,也有利于激发学生的学习兴趣和解决问题的积极性。如"如何用有限的材料在校园里围出一个最大面积的花圃""如何制作一份英语的校园导览手册"等。

第二,明确教学目标和学情,搭建任务链框架。对问题所涉及的相关知识、技能和学情进行分析,明确"要达到什么效果、培养什么能力、涉及哪些知识技能",设定清晰的子任务目标,搭建起解决问题的任务链路径框架。

第三,根据每个子任务目标设计对应的任务。将子任务进一步拆解成难度适中,在学生知识和能力的最近发展区内的小任务。如"制作英语校园导览册"需要学生掌握了一定的有关用英语表达场所和方位的单词、词组和基本句型;设计面积最大的长方形花圃需要学生掌握了有关长方形周长和面积的计算公式和方法。问题式任务链的任务较适合以合作形式进行开展:学生能在合作过程中相互启发、相互补充,在思维碰撞的过程中共同解决问题,促进深度学习的发生。

第四，提供多样化的学习资源。教师需要提供相应的学习资源，包括书籍、文章、视频、参考案例等，还可以通过指导学生利用图书馆资源、在线数据库和搜索引擎等方式引导和培养学生自主寻找资源、对需要的信息进行检索和筛选的能力。

以沪教版小学数学第一册第四单元"20以内退位减法"的教学设计为例。

本节课任务链的框架主要包含了"激发认知冲突，提出退位问题"的基础任务；"自主探究，感悟算理算法"的进阶任务和包含运用、辨析、分类、编题等的挑战任务，引导学生掌握退位减法的计算技能与对"退位"概念和算理的掌握。

1. 任务一：摆小棒，算一算——自主探究计算方法。学生在摆一摆、说一说的过程中逐步体会，比较与运用"破十法"和"平十法"计算的原理和过程，再进一步将这个动态的过程与抽象的算式表征的过程相结合，沟通算理与算法的联系，初步建立"退位"概念，形成初步计算技能。

2. 任务二：画一画、拆一拆、算一算——算理算法迁移，提炼经验。"画一画、拆一拆、算一算"这三个层次照顾到了不同水平的学生学习需要：能力较强的学生能够独立写出算式；中等的学生可以画结构图，但是在算式的表述上出现疑问；而较弱的学生则能通过在图片上画一画来具体地表述计算过程。最后通过集体的讨论和修正，不同水平的学生在自己原有的认知水平上对退位减法的概念、算理算法的理解与运用都能得到进一步的巩固和深化。

第三节　学习者的自主体验：个性化学习路径的规划与调整

在教育的广阔舞台上，每个学习者都是独一无二的个体，他们带着各自的兴趣、能力和学习方式走进每一项课程。因此，为他们规划个性化学习路径，并根据实际情况进行调整，成为增加教学效果、促进学生全面发展的重要途径。

一、个性化学习路径之定义

个性化的学习路径是指以增加学生的学习效果、兴趣为基础，根据学生的自我个性、学习特点、能力范围、需求而定制的学习计划和方案。其核心目的在于培养学生自主学习和解决问题的能力。个性化学习路径的设计,既是对学生个体差异的尊重,也是对教育公平的追求。通过精准定位学生的学习需求,教师可以为他们提供更加贴合实际、富有成效的学习资源和方法,从而激发学生的学习热情,增加他们的学习效果。

个性化学习路径能够以学生为本,发现个人最适合的学习方式,从而最大限度地激发学生的学习潜能。教师在组织课堂活动的过程中,可以根据学生的性格、兴趣、能力、需求,定制学习路径和规划,尊重学生的个性,培养学生自主分析思维能力。这一过程旨在落实三个核心目标:遵循儿童立场,关注终身发展;面向生活世界,强化整体感知;突出实践经历,关注个体差异。

二、发挥学生的个性——定制协同合作的学习任务

关注个体差异,发现学生的闪光点,展示学生的个性和特长,是落实"实践经历"的关键。在学习过程中,教师应鼓励学生发挥自己的长处,通过认领不同的任务,发挥个人优势和特长。为了构建个性化的学习路径,可以建立四维学习路径,即提出问题、实地探访、思考问题、解决问题的思维学习模型。在自主体验的基础上,让学生发现最适合自己的学习方式。

以本校三年级校本课程"校园井盖设计"为例,教师设计了三个任务驱动,落实了"协同合作的学习路径"。

1. 实地探访任务。学生需要实地探访校园内的井盖,了解它们的分布和类型。这一任务主要侧重于自然科学的学习,通过观察和实践,学生可以更加直观地了解井盖在校园环境中的作用。

2. 探秘井盖任务。学生需要测量井盖的尺寸,了解井盖的结构和材质。这一任务主要侧重于数学学科的学习,通过测量和计算,学生可以提升他们的数学应用水平。

3. 实践设计应用任务。学生需要根据前面两个任务的结果,设计一款新的井盖。这一任务主要侧重于美术学科的学习,通过发挥想象力和创造力,学生可以设计出既美观又实用的井盖。

在整个实施过程中,学生需要根据自己的兴趣和特长,选择适合自己的任务。

通过分工协同合作,学生可以更好地完成目标任务。例如,擅长美术的学生可以负责设计井盖的外观,擅长数学的学生可以负责测量和计算井盖的尺寸,擅长自然科学的学生可以负责实地探访和记录数据。这样的分工合作,既发挥了学生的个性特长,又增强了他们的团队协作能力。

三、关注学生的能力——设计分层的学习单内容

学习单是学生在课堂学习中的重要学习支架,是建立问题导向的重要载体。为了更加精准地满足学生的学习需求,教师需要设计分层的学习单内容。分层学习单内容的设计,旨在根据学生的能力差异,提供不同难度和类型的学习任务,从而确保每个学生都能在适合自己的水平上得到提升。

在"校园井盖设计"这一课例中,学习单的内容主要基于活动中考察数据的填写。针对学生的能力不同,学习单分为两种模式和三大板块。

1. 模式一:考察井盖数据的草图。适用于对美术感兴趣的学生,重点是绘制井盖的草图,并填写直径和长宽的数据。这一模式主要侧重于学生的美术能力,通过绘制草图,学生可以更好地了解井盖的形状和结构。

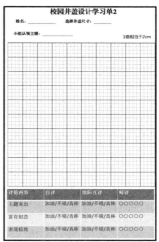

图 2-7 "校园井盖设计"学习任务单

2. 模式二:考察井盖数据和标尺类网格线。适用于对数学感兴趣或擅长数学的学生,使用了网格标尺的图形学习单,更加注重严谨性和科学性。学习单运用了等比例代换的概念,通过填写网格上的数据,学生可以更加准确地测量和计算井盖的尺寸。

3. 三大板块包括:(1)图,指井盖的草图或照片;(2)直径和长宽,指井盖的基本尺寸数据;(3)尺寸,指井盖的详细尺寸信息,包括周长、面积等。

在设计构思阶段,教师主要探索的是井盖设计的多种艺术表现形式。通过确定设计主题,观察不同形状井盖的多种表现形式,对井盖的设计方式作一个初步的解析。然后,通过团队探索,针对团队的不同个性特色,培养学生艺术探究方法和多维度思维。

学习任务:探秘井盖。

学习目标:深入了解井盖的样态和尺寸。

基于这一学习任务,学习单的设计主要根据不同学生的能力和需求进行分层。在学习单 1 中,重点是对美术感兴趣的学生,通过绘制井盖的草图并填写数据,来探索井盖的秘密。这一模式主要侧重于学生的美术能力。在学习单 2 中,使用了网格标尺的图形学习单,更加注重严谨性和科学性。通过填写网格上的数据,学生可以更加准确地测量和计算井盖的尺寸。这一模式主要侧重于学生的数学理解能力。

通过选用合适的学习单进行自主学习,学生可以更加有效地完成学习任务。这种分层设计的学习单,既满足了不同学生的学习需求,又增强了他们的自主学习能力。

四、聚焦学生的实践——设计个性化智能技术赋能的学习内容

随着智能技术的持续发展,运用数字化媒体技术或人工智能技术也成为了个性化学习的重要路径之一。生成式的人工智能可以根据学生的能力以及个性特点,帮助解决综合活动中的难点问题,定制个性化的学习路径,从而帮助学生更好地理解学习内容,提升学习效率。

以"水墨动画"系列的综合活动课程为例,在课时 3"水墨画小蝌蚪"这一课中,

教师可以利用生成式的人工智能来辅助教学。具体步骤如下。

1. 生成水墨画背景

使用人工智能（如文心一言）输入关键词"画一幅水墨画荷花背景"，生成水墨画的背景图。同理，输入关键词"小蝌蚪"，生成小蝌蚪的图片参考样例。

2. 手工绘制小蝌蚪

根据生成的水墨画背景和小蝌蚪的参考样例，学生可以用手工绘制的方法，绘制出小蝌蚪的动态。这一步骤旨在培养学生的绘画能力和创造力。

3. 拍摄动画

使用 iPad 结合水墨背景和小蝌蚪进行拍摄，制作出动画效果。这一步骤旨在让学生了解动画的制作原理，并培养他们的动画制作能力。

通过运用智能技术，教师可以为学生提供更加多样化、个性化的学习资源和方法。例如，在生成水墨画背景和小蝌蚪图片时，人工智能可以根据学生的喜好和风格进行调整，从而生成更符合学生个性的作品。同时，在手工绘制和拍摄动画的过程中，学生可以充分发挥自己的想象力和创造力，制作出独具特色的作品。

这种个性化的学习方式，不仅提升了学生的学习兴趣和积极性，还培养了他们的创新思维和实践能力。此外，智能技术的运用还为教师提供了更加便捷、高效的教学手段，有助于增强教学效果和学生的学习成效。

个性化的学习路径规划与调整，是增强教学效果、促进学生全面发展的重要途径。在小学课程中，教师可以通过定制协同合作的学习任务、设计分层的学习单内容、聚焦学生的实践以及运用智能技术等方式，来实施个性化的学习路径。这些措施既尊重了学生的个性差异，又满足了他们的学习需求，有助于激发学生的学习潜能和增强他们的自主学习能力。

在未来的教学实践中，教师应继续探索和创新个性化的学习路径规划与调整方法，以适应不断变化的教育环境和学生的学习需求。同时，还需要加强家校合作和资源共享，为学生提供更加优质、个性化的教育资源和服务。只有这样，才能真正实现教育的公平与卓越，让每个学生都能在适合自己的道路上茁壮成长。

案例 2-1

大单元学习下任务链驱动的创意之旅

——《梯形的面积》教学案例

面积公式推导这一单元内容相近、结构相似,研究方法具有一致性。本文站在单元整体的高度,设置递进式的任务链引导学生围绕学习任务单逐步开展深度探究,基于目标定位优化学习任务,驱动学生个性化学习。学生在观察、操作、比较、推理等活动中感受知识整体性,发展学生空间观念和推理意识。

一、立足单元整体,制定教学目标

单元知识的编排具有一定的知识体系和逻辑建构。 在统领单元核心内容基础上建立知识之间的联系,引导学生在知识与方法的迁移中形成结构化思维。 本单元主要涉及平行四边形、三角形、梯形和组合图形的面积。 这些面积计算公式推导都遵循新旧转化——寻找关系——推导公式这样相同的研究方法结构,即把未知转化为已知,根据转化后图形之间的关系推导要探究图形的面积计算公式。

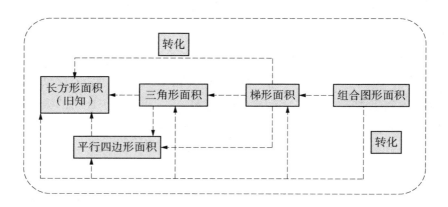

在前期的学习中,学生已经能够画图建立数形之间的联系,熟悉了转化思想。 本节课不仅仅是引导学生掌握梯形面积公式,更重要的是

推导、理解梯形面积的计算方法以及与其他平面图形面积之间的内在逻辑关系，帮助学生建立结构化的知识体系。依据课标、单元知识结构及学情，设计如下教学目标。

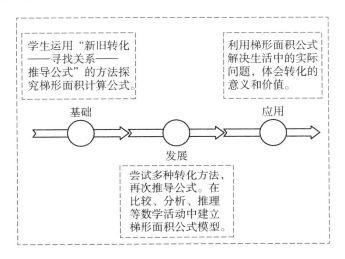

二、创设任务情境，巧设学习单工具

（一）创设情境，激发探究欲望

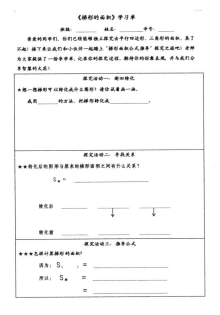

真实的任务情境能够引发学生的共鸣和兴趣，促进学生学习的主动性。以袁隆平试验田为单元情境，解决试验田面积的问题。学生在观察试验田的过程中，通过回顾平行四边形、三角形面积的推导过程，解决了已学图形的试验田面积计算。教师引导学生继续观察并提出问题：梯形试验田的面积怎么算？意识到要想求出试验田的面积，需要知道如何计算梯形的面积。学生感受到数学知识与实际生活的紧密联系，激发学生主动探究梯形面积计算的欲望。

（二）搭建支架，促进正向迁移

通过回顾唤醒转化的经验和方法，促进学生对梯形面积研究路径进行类比、猜想，学生很自然地联想到运用"倍拼""分割""剪拼"等方法将梯形转化成已学图形。以深度学习单作为探究梯形面积的工具支架，为学生开展探究提供基本思路，实现知识迁移和方法上的创新。

三、设置递进式任务链，发展学生高阶思维

任务链的设计应该具有结构化和逻辑性，各个任务之间相互关联、层层递进，有效促进学生深度学习。以梯形面积探究这一问题为核心，以递进式的任务链驱动学生逐步展开梯形面积计算公式的探究，促进学生高阶思维发展。

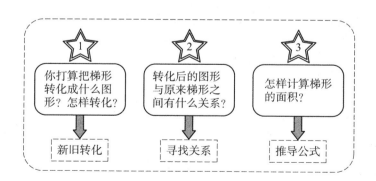

（一）探究活动一：动手操作，转化图形

小组在探究过程中主动运用转化思想，寻找梯形与学过的图形之间的联系，用倍拼法、分割法、剪拼法将梯形转化成已学图形。

（二）探究活动二：对比联系，寻找关系

教师鼓励学生认真观察，对比差异，在小组合作中展开交流，重点关注我转化成了什么图形，我是怎么转化的，转化后的图形面积大小有没有变化？它的底（长）和高（宽）与原来梯形底和高之间的关系，在直观的互动过程中提取数学知识，建立深刻的数学认识，为接下来推导梯形的面积做好准备。

（三）探究活动三：推导公式，总结交流

学生根据转化后图形的面积公式、与梯形底和高的关系进行等量代换，尝试推导梯形的面积公式。深度探究的关键环节是交流与辨析，在交流思辨中形成新智慧。教师组织各小组推荐一名代表分享梯形转化成已知图形的过程，讲解梯形和转化后图形之间的联系，以及如何推导出梯形的面积。学生在交流中呈现"再认识"，在分享中深化理解。

【教学片段】

师：刚才大家经过"新旧转化——寻找关系——推导公式"的探究过程，研究出了梯形面积的计算方法，你们是怎么探究的呢？

（1）倍拼法

生1：我们小组是把两个完全一样的梯形拼成了一个平行四边形（①），从图上可以发现，平行四边形的面积就是梯形的面积，平行四边形的底是梯形的上下底之和。平行四边形的面积是底×高，由此就可以推导出梯形的面积公式。

（2）分割法

生2：虽然我们没有学过梯形的面积，但是可以通过分割的方法把梯形转换成两个三角形（②），再把两个三角形的面积加起来就是梯形的面积。

（3）剪拼法

生3：在前面梯形的学习中我们了解到中位线。沿着梯形的中位线剪开，把梯形分成两个高相等的梯形，再将上面的梯形倒下来与下面梯形拼在一起，成了一个平行四边形（③）。平行四边形的底就是梯形的上底和下底之和，平行四边形的高是梯形高的一半。所以梯形的面积就等于(上底＋下底)×(高÷2),整理一下,其实就是(上底＋下底)×高÷2。

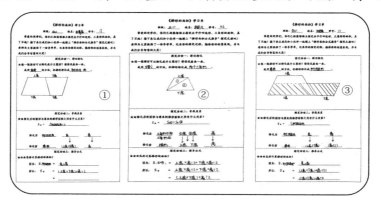

师:同学们方法真是好极了! 能把我们原来推导平行四边形、三角形面积的方法迁移到梯形的面积公式推导中来。

四、优化探究任务,感悟方法一致性

为了充分激发学生学习的自主性,让不同层次的学生都能深入到梯形面积探究中去,教师通过开放性的设问和实践操作活动,引导学生探究多种解法。 学生在主动参与的过程中建构模型,不断体验和感悟转化的思想方法,强化推理意识,培养推理能力。

> ★★★★你还有其他别的推导方法吗? 比一比,谁的方法多?
> （画一画,用字母表示梯形面积公式）

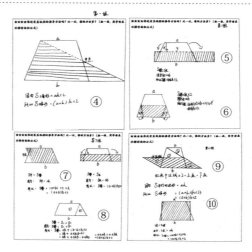

【教学片段】

师:这么多转化的方法,你们看得懂吗?

生:方法④将梯形转化成了三角形,方法⑦⑨将梯形转化为平行四边形,方法⑤⑥⑩将梯形转化成了长方形。方法⑧将梯形转化成一个三角形和一个平行四边形。

师:各小组能不能根据其他小组的转化方法尝试推导梯形的面积计算公式?

生1:方法④中,通过旋转将梯形转变成了三角形,这个三角形的高就是梯形的高,这个三角形的底就是梯形的"上底+下底",通过等量代换就可以知道梯形的面积是(上底+下底)×(高÷2)。

生2:方法⑤中,连接梯形两腰的中点,把梯形分成了两个高相等的梯形。经过分割、旋转把梯形转变成了长方形。长方形的长就是梯形的"上底+下底",长方形的宽就是梯形高的一半,所以梯形的面积就是(上底+下底)×(高÷2)。

生3:方法⑦中,取梯形一边腰的中点,把梯形转化成平行四边形。平行四边形的底就是"上底+下底"的一半,高就是梯形的高,所以梯形的面积就是(上底+下底)÷2×高。

师:这些算式和我们刚才的探究出的梯形的面积公式一样吗?"÷2"的含义是一样的吗?

生:其实所有的字母表达式的结果都是一样的,但是"÷2"的含义并非都相同。方法①中的÷2表示两个梯形面积之和,方法②⑧中的"÷2"是三角形面积公式中本来就有"÷2";方法⑦⑩表示平行四边形的底(长方形的长)是梯形上下底之和的一半,方法③⑤中的"÷2"表示平行四边形(长方形)的底(宽)是梯形高的一半。

师:是呀,"÷2"位置的改变会引起算式含义的改变,但都是把未知转化成已知。

学生在再次推理中见识到更多转化的方法,在比较辨析中深刻感悟无论是哪种转化方法,都是将未知转化为已知来研究面积,感悟理解多种方法背后的一致性，深化对梯形面积本质的认识，促进学生转化策略的形成，增强学生推理能力。

大单元视域下将知识串联起来，深度挖掘平行四边形、三角形面积计算与梯形面积计算之间的数学联系，将知识系统化、结构化。通过层次化任务链开展递进性的教学活动，引导学生借助学习单经历"新旧转换——寻找关系——推导公式"的探究过程，使大部分学生掌握"倍拼""分割""剪拼"等方法推导梯形面积计算公式，形成基本的推理思路。为了驱动学生的个性化学习，探索和创新探究性学习活动，鼓励学生在小组合作中用多种转化方法推导梯形面积计算公式，在实际操作中培养学生灵活运用转化策略进行数学推理的能力，构建面积本质模型，发展数学学科核心素养。

（案例提供者：上海市第一师范学校附属小学　薛海清）

案例 2-2

激发童话单元中的创造力

—— 基于部编版语文三年级上册的童话单元任务链教学设计

一、任务链设计概览

根据部编版语文三年级上册第三单元的四篇课文特点，围绕"解决问题—迁移知识—发散思考—同伴互助—创造实践"的路径，我设定了以下四个渐进性任务主题，以期逐步激发学生的创造力，并促进其对童话单元的深度理解。

1. 角色重塑：从基础认知出发，拓展至发散思维。

2. 价值抉择：结合伦理思辨，探索创新解决方案。

3. 奇思妙想：利用跨学科知识，展开科学想象。

4. 多维结局：打破常规，构建新的故事情节。

二、具体任务链学习设计

（一）任务一设计：角色重塑——魔法火柴的设计

1. 任务情境

假设《卖火柴的小女孩》中的火柴可以变成任何物品，你将如何设计一款"魔法火柴"来帮助她？

2. 任务目标

（1）学生能够对比并阐述《卖火柴的小女孩》与《那一定会很好》两篇文本中"变化"的异同点（火柴的幻象变化 vs 种子的实体变化）。

（2）学生能通过"功能需求分析表"设计一款具有特定功能的"魔法火柴"。

3. 任务指导

（1）分析火柴在原文中的象征意义（希望与幻想）。

（2）探讨不同物品的功能性及其变形逻辑。

（3）编写"魔法火柴说明书"，明确其功能及使用方法。

4. 任务分解

任务 1：文本对比

	《卖火柴的小女孩》	《那一定会很好》
变化触发条件	点燃火柴	
变化持续时间	短暂幻象	
变化根本目的	获得温暖	

任务 2：魔法火柴需求分析

保暖需求：冻僵的手脚需要保暖。

食物需求：缺乏食物需解决温饱。

住所需求：漏风的墙角需要改善居住环境。

情感需求：无人关心的孤独感需要抚慰。

任务3：魔法火柴变形

支架：变形逻辑三步模板——

触发条件：如用火柴点亮、摩擦或书写等动作。

变形过程：参考种子变形流程：分解→重组→定型。

功能验证：明确解决哪个生存需求，如何避免副作用。

任务4：模拟火柴点燃场景

角色扮演模拟火柴点燃场景，体验其带来的改变。

5. 任务评价

评价维度	三星标准	案例参照
创意性	突破常规认知	火柴变形成会发热的灯
实用性	解决两个以上生存需求	同时满足保暖和情感陪伴

（二）任务二设计：价值抉择——蚂蚁队长的资源分配挑战

1. 任务情境

作为《一块奶酪》中的蚂蚁队长，面对更大的诱惑（如发现奶酪瀑布），如何制定公平且具创新性的分配方案？

2. 任务目标

（1）理解公平与纪律的伦理意义，培养学生的责任意识。

（2）运用类比思维解决实际问题，设计创新的资源分配方案。

3. 任务指导

（1）解读原文中关于纪律与公平的主题。

（2）比较现实生活中类似的情景案例（如班级值日安排）。

（3）设计一套合理的规则体系，确保团队内部和谐。

4. 任务分解

任务1：角色代入——如果你是蚂蚁队长

学生阅读《一块奶酪》片段（蚂蚁队长拒绝私藏奶酪），分组讨论：

（1）蚂蚁队长为什么坚持公平分配？

（2）如果发现更大的"奶酪瀑布"，团队可能面临哪些问题？

任务2：纪律与公平——模拟天平分析

使用天平图片模拟分析：

（1）如果蚂蚁队长私藏奶酪，天平将会如何倾斜？

（2）如何在资源分配中保持平衡？

任务3：跨场景迁移——班级值日与奶酪分配

类比班级值日安排，填写对比表：

班级值日	蚂蚁团队分配奶酪
按学号轮流	按搬运贡献分配
组长监督	队长制定规则
未完成任务的惩罚	私藏奶酪的后果

讨论：哪些规则可以迁移到蚂蚁团队？为什么？

任务4：角色换位——辩一辩

分组与角色：

效率组：主张"多劳多得，激励团队"。

公平组：主张"平均分配，保障弱势"。

5. 任务评价

评价维度	三星标准	案例参考
公平性	保障弱势群体，规则无歧视	老蚁、幼蚁获得基础保障
创新性	提出一种以上分配方案	用"积分"兑换额外奶酪
可行性	规则清晰，能应对常见矛盾	设立"纠纷仲裁员"角色

（三）任务三设计：奇思妙想——动物体内大冒险

1. 任务情境

根据《在牛肚子里旅行》的知识，为其他动物体内设计探险路线，并准备相应的生存装备。

2．任务目标

（1）学生能绘制三种动物消化系统简图并标注关键器官，解释反刍动物与非反刍动物的消化差异。

（2）学生会使用流程图工具设计探险路线，并结合生物特征设计功能性生存装备。

3．任务指导

（1）对比不同动物消化系统的差异，研究其生物学特征。

（2）使用流程图规划探险路线，考虑关键节点的安全措施。

（3）创新设计功能性生存装备，如耐腐蚀材料制成的防护服。

4．任务分解

任务 1．消化系统对比

发放动物消化系统卡片（牛/鲸/蜜蜂），查阅相关资料并填写对比表。

	牛	鲸	蜜蜂
胃的数量	4 个	4 个	2 个
危险区域	瘤胃发酵池	鲸须过滤区	蜜囊存储区
特殊结构	蜂巢胃	螺旋瓣肠	蜜刺

任务 2：动物结构了解

学生查找并整理相关科学知识，加深对不同动物消化系统的理解。

任务 3：生存装备实验室

（1）设计特殊旅行装备。

动物特征	装备设计方向
鲸胃酸 PH＝1.5	耐腐蚀材料

（2）流程图设计。

入口标识→第一关卡（危险区）→装备使用点→科学知识彩蛋→出
口挑战

5. 任务评价

评价维度	三星标准
科学性	准确运用三项以上生物特征
创意性	发明两种跨学科装备
趣味性	设计三处互动式探险

（四）任务四——多维结局

1. 任务情境

创作平行宇宙结局，如卖火柴的小女孩来到现代街头等。

2. 任务目标

（1）学生能够识别并理解童话故事中的关键转折点，并在此基础
上进行假设性思考。

（2）学生能够运用"假如……那么……"的假设法，扩展故事情
节，构建新的发展脉络。

（3）通过创作平行宇宙结局，培养学生的想象力和创造力。

3. 任务指导

（1）确定原作的关键转折点。

（2）运用假设法扩展故事情节，构建全新的发展脉络。

（3）分享并讨论各自的故事设想，增进相互之间的理解和交流。

4. 任务分解

任务1：识别关键转折点

（1）卖火柴的小女孩来到现代街头。

关键转折点：小女孩在寒冷的冬夜点燃了最后一根火柴。

假如……那么……：假如小女孩在点燃最后一根火柴后，没有死

去，而是穿越到了一个现代城市。那么……

（2）种子拒绝变成木地板。

关键转折点：种子被农夫捡起，准备做成木地板。

假如……那么……：假如种子在农夫的手中突然生根发芽，拒绝变成木地板。那么……

（3）红头没有获救。

关键转折点：青头通过牛喷嚏将红头救了出来。

假如……那么……：假如红头没有获救，一直留在牛肚子里。那么……

（4）蚂蚁队长私藏奶酪。

关键转折点：蚂蚁队长面对奶酪的诱惑，坚守原则，没有私藏。

假如……那么……：假如蚂蚁队长在面对奶酪的诱惑时，没有坚守原则，而是私藏了一块奶酪。那么……

任务2：展开假设性思考

引导学生从不同的角度出发，思考每个故事中如果发生改变后的可能后果。

鼓励学生使用"假如……那么……"的句式来扩展故事情节。

示例讨论：

（1）对于"卖火柴的小女孩来到现代街头"这一情节，可以讨论以下问题：

小女孩会如何适应现代社会？

现代社会的人们会对她伸出援手吗？

她是否能找到温暖与爱？

（2）对于"种子拒绝变成木地板"，可以讨论：

种子在农夫手中生根发芽后，会发生什么？

农夫和其他人会有怎样的反应？

这个事件对整个村庄或家庭的影响是什么？

（3）对于"红头没有获救"，可以讨论：

红头在牛肚子里的生活会是怎样的？

它最终能否找到出路？

青头和其他动物会如何帮助它？

（4）对于"蚂蚁队长私藏奶酪"，可以讨论：

蚂蚁队长私藏奶酪后，团队内部会发生什么变化？

其他蚂蚁会发现吗？大家会有什么反应？

这种行为对团队凝聚力和纪律会产生怎样的影响？

任务 3：创作新结局

（1）分组创作。

将学生分成小组，每组选择一个故事进行创作。

每个小组根据讨论结果，撰写一个新的结局，并绘制简单的故事情节图。

（2）展示与交流。

各小组展示他们的创作成果，并与其他小组分享。

讨论不同结局的创意性和逻辑性，互相学习。

任务 4：反思与总结

（1）个人反思。

引导学生反思自己在创作过程中遇到的挑战和收获。

讨论哪些假设性思考最有创意，哪些结局最符合逻辑。

（2）集体总结。

总结本次活动的主要收获，强调假设性思考和创造性写作的重要性。

鼓励学生在日常生活中继续运用这种思维方式，培养创新思维能力。

5. 任务评价

评价维度	三星标准
创意性	故事的新结局突破常规认知，具有独特性
逻辑性	新结局的发展合理，符合故事背景和人物设定
表达清晰度	学生在创作和展示过程中，表达清晰，条理分明
合作参与度	小组成员之间的合作默契，分工明确

三、教学反思

通过此次研究，我认识到童话单元的教学设计不仅是学生创造力培养的重要实践场域，同时也需直面实践中的挑战，实现深度学习。以下是对本次教学设计的深入反思。

（一）创造力培育

传统课堂中，童话教学往往局限于情节复述或道德引导。然而，将课内知识转化为学生解决问题的工具，才能真正激发深度学习的发生。在此基础上，通过"任务链"设计（如角色重塑、多维结局创作），教师的角色逐渐转变为"引导者"。

例如，在《卖火柴的小女孩》的"魔法火柴"设计环节中，我不再仅仅聚焦于"火柴象征什么"的标准化答案，而是引导学生结合《那一定会很好》中的"变化"逻辑，自主设计解决方案。这一过程促使我反思：创造力培养需要开放性问题与真实情境的有机结合。只有当学生置身于真实的情境中，面对开放性问题时，他们才能充分发挥想象力和创造力。

（二）跨学科整合与任务驱动

在"动物体内大冒险"中，学生在学习完科普童话后，需要整合科学、美术等学科知识，设计生存装备并绘制探险路线图。这不仅对教师提出了挑战，也考验了学生的综合知识运用能力。这种跨学科实践要求教师具备"通识教育者"的素养，同时需设计支架以降低学习门槛。如：科学知识迁移，将动物消化系统知识转化为探险路线设计的科学依据；逻辑思维渗透，通过"路线设计图"帮助学生建立系统化的逻辑思维。

例如，在设计防胃酸外套的过程中，学生不仅要查阅相关科学资料，还需考虑实际应用场景，从而增强其跨学科综合能力。在这一过程中，我学会了如何用多元视角看待学生成长，并且认识到：一个"防胃酸外套"的设计可能比单纯背诵消化系统结构更能体现学生的想象力和联想能力。

（三）从"标准答案"到"多维成长"

在评价体系的构建中，创造力的评估是一个重要的指标。 为了检验学生的创造力发展，我采用了"过程与结果并重"的评价理念。 例如：在"魔法火柴设计"中，我采用了"三星标准"（创意性、实用性），既肯定学生的想象力，又要求逻辑完整、能够自我表述。 又如：在"旅行路线设计图"中，我设置"基础层—进阶层—挑战层"任务，尊重学生的个体差异，鼓励每个学生根据自己的能力水平进行探索。

通过这些评价方式，能够更全面地关注学生的成长，不仅仅局限于单一的标准答案。 例如，一个学生设计的"防胃酸外套"可能并不完美，但其中蕴含的创新思维和解决问题的能力却远胜于简单的知识背诵。

通过本次童话单元的创新实践，我更加清晰地认识到：需要打破学科边界，信任学生的创造潜能，并在实践中持续反思。 未来的研究实践中，我将持续探索更多有效的策略，进一步提升教学效能，助力学生的全面发展。

（案例提供者：上海市第一师范学校附属小学　商喆茗）

第三章

创造性学习的教学智慧

　　创造性学习是一种旨在培养和发展学习者创新思维与创造能力的学习设计,侧重引导学习者通过问题的发现,进行创意构思,形成解决方案,在达成教学目标的同时,充分激发学习者的创造力。它提倡学习者在真实或模拟的情境中探索未知,强调跨学科知识的融合与应用,通过大单元学习、主题式学习、跨学科学习等多元化学习方式予以实施。创造力的培养体现在课程目标的设定、教学内容的重构以及教学方法的创新等方面。

《义务教育课程方案和课程标准(2022年版)》的颁布,预示着我国义务教育进入一个崭新时代——核心素养时代,其提出了大单元学习、主题式学习、跨学科学习,引导学生在真实情境中发现问题、解决问题,培养探究能力和创新精神。创造性学习是一种旨在培养和发展学习者创新思维与创造能力的学习设计,侧重引导学习者通过问题的发现,进行创意构思,形成解决方案,在达成教学目标的同时,充分激发学习者的创造力。该设计提倡学习者在真实或模拟的情境中探索未知,强调跨学科知识的融合与应用,通过大单元学习、主题式学习、跨学科学习等多元化学习方式实施。创造性学习是面向未来教育的重要趋势,为培养创新人才提供了有效途径。

第一节　课程目标设定与创造力目标的并行

　　传统的教育模式侧重于知识的灌输和应试技巧的训练,忽视了对学生创造力的培养,导致学生在面对复杂问题时缺乏独立思考和创新的勇气。新课程、新教材(以下简称"双新")以素养为导向,注重对学生创新能力、批判性思维及解决问题能力的提升。因此,"双新"实践下课程目标的设定中应有效融入创造力目标,实现知识传授与创造力培养的并行。

一、课程目标设定的多维视角

　　在指向学科素养的课程目标设定中,基础知识与技能的掌握依然是基础且必要的。如语文学科素养中的"语言运用",数学学科素养中的"会用数学的眼光观察现实世界"等,旨在确保学生具备扎实的学科基础,为后续发展打下坚实的基础。在新课程改革的今天,这些目标也被赋予了新的内涵,即不仅要求学生掌握"是什么"和"怎么做",更要引导学生探究"为什么"和"还能怎么做",从而激发学生的好奇心和探索欲。情感态度与价值观的培养对于创造力的形成也至关重要。一个积极向上、勇于探索、敢于质疑的学生更有可能在创新道路上走得更远。因此,课程目标的设定也应关注学生情感态度的培养,如自信心、毅力、团队合作精神等,同时引导学生树立正确的价值观,如尊重差异、追求卓越、服务社会等。

在多维课程目标的设定中,创造力目标应被视为核心与灵魂。它要求课程设计不仅要传授知识,更要激发学生的创造潜能,鼓励学生运用所学知识解决实际问题,甚至创造出新的知识。创造力目标的具体内容可以包括:培养学生的创新思维模式、增强问题解决能力、促进跨学科融合与创新能力等。

二、创造力目标融入课程目标的策略

1. 课程内容的创新:从"预设"到"生成"

为了培养学生的创造力,课程内容应当设计得更加灵活和开放,以鼓励学生积极参与到课程内容的创造和生成过程中。教师可以采用大单元学习、项目式学习、探究式学习等多种教学方式,引导学生围绕他们感兴趣的主题进行深入探索和研究。通过这种方式,学生不仅能够在实践中发现并解决问题,而且还能在此过程中激发出新的创意和想法,从而促进他们创造性思维的发展。

2. 教学方式的变革:从"讲授"到"引导"

教学方法在很大程度上影响着学生创造力的发展。因此,教师需要从传统的讲授式教学模式转变为更加引导性的教学方式。通过提出问题、组织讨论、进行实验等多样化的教学手段,教师可以有效地激发学生的思考能力,鼓励他们积极地表达自己的观点和见解。此外,教师还应当重视培养学生的批判性思维,引导他们对所学习的知识内容进行深入的质疑和反思。这样的教学过程有助于培养学生的创新精神,同时也能增强他们独立解决问题的能力。

3. 评价体系的重构:从"单一"到"多元"

在传统的教育评价体系中,考试成绩常常被视作衡量学生学业成就的唯一尺度,这种单一的评价方式实际上并不利于学生创造力和创新能力的培养。为了真正促进学生的全面发展,教育评价体系亟须实现多元化,这不仅意味着要关注学生的学习成果,即他们在学科知识掌握上的表现,还应当重视学生的学习过程、学习态度以及他们在创新和实践方面所展现出来的能力。通过引入自我评价、同伴评价、教师评价等多种评价方式,我们可以更全面地评估学生的综合素质和创新能力,从而为学生提供一个更加公正、合理的成长环境。

第二节 教学内容重构与创造力元素的嵌入

随着教育理念的不断进步,教学内容的重构成为提升教学质量的关键环节。这就需要教师结合教材,选取与目标达成有关的内容,整合各类教学资源制定目标,为学生的学提供可操作路径。教师的专业性体现在他们能够根据学生的认知规律,在理解课程标准、把握教材基本理念的基础上,创造性地使用教材,打破传统的教学框架,引入更多元化的教学资源和方法,培养学生的创新思维和实践能力。大单元设计、主题式学习、项目化学习和跨学科学习作为当前教育改革的重要方向,为通过教学内容的重构来实现创造力的培育提供了新的视角和方向。

一、大单元设计:在思维的进阶中培育创造力

"大单元设计"是教学内容重构的重要策略之一,它强调在宏观视角下对教学内容进行整体规划和设计。大单元设计的核心理念在于将零散的知识点整合成连贯的知识体系,并通过设计具有挑战性的学习任务,促进学生的思维进阶。为了落实大单元设计的目标,教师需要对教材内容进行重构和整合。这包括打破原有的章节界限,根据主题或知识点之间的逻辑关系,重新组织教学内容。同时,教师还需设计具有层次性和递进性的学习任务,引导学生逐步深入探究,形成系统的知识体系。

例如,数学"探索几何世界"这一单元的教材内容涵盖了平面图形与立体图形的认识、测量与计算。在进行大单元设计时,教师对单元内容进行重构,将传统的教学顺序打破。首先引导学生通过实物操作和游戏来认识并对几何图形进行分类,再逐步引入测量工具和方法,教授学生们如何使用尺子等工具来精确测量图形的边长、面积和体积,最后通过设计项目式学习任务,如"建造梦想小屋"的模型,让学生综合运用所学知识解决实际问题。通过学习任务的达成,学生不仅掌握了基础的几何知识,更在动手实践中培养了创新思维、空间想象能力和问题解决能力。

二、主题式学习：在主题探究中培育创造力

"主题式学习"着重于以一个特定的主题为核心，将不同学科的知识和技能进行有机整合。通过跨学科的教学方法，可以有效地加深学生对学习内容的深入理解。在实施主题式学习的过程中，教师首先要精心设计具有现实意义、能够引起学生兴趣的主题，可以是来自各学科，也可以是自然现象、文化现象，甚至是社会现象等。关键在于这个主题能够吸引学生的注意力，激发他们对学习的热情和探索的欲望，从而使得学生在学习过程中能够更加积极主动，提高学习效率。在此基础上，通过一系列与主题相关的教学活动的开展，激发学生的创造力。

例如，语文二年级第二学期第一单元，集中编排了描写春天美景的课文及古诗，引起了学生们的共鸣。他们联系自己的生活，提出"春天的美丽还有哪些？"老师适时引导，设计了"春天在哪里？"的主题学习活动，引导学生走出教室、小组合作，通过各种途径寻找、发现春天的美丽。学生学习有关春天节气的资料并摘抄下来，观察迎春花的开放，把小蝌蚪的成长记录下来，邀请家人品尝春天的美食和新茶，即兴创作春天的小诗和童谣……探究的成果丰富多样，角度层次各不相同。当学生向伙伴介绍自己画的春、品的春、创作的春、照片上的春、做出来的春时，他们对于单元知识的学习通过语言的积累与表达得到了进一步的深化，创造力也得到了充分的培育和发展。

三、项目化学习：在问题的解决中培育创造力

"项目化学习"是一种以学生为中心的教学方式，它强调学生在真实情境中解决复杂问题或完成具有挑战性的任务，培养学生的核心素养和解决实际问题的能力。在进行项目化学习时，首先要基于学科课程标准和单元学习目标，提炼单元大概念或核心知识，以此为基础引发本质问题和驱动型问题，开展项目化学习，落实学科单元整体目标。在项目实施的过程中，教师要关注学生的探究过程和问题解决策略。通过持续观察学生的表现，了解他们的学习进度和困难，及时调整教学策略和提供个性化指导。

例如,自然学科三下"池塘"单元里有这样一个知识点:"藻类的大量繁殖会导致水质发绿变得浑浊。"学生联想到学校创新实验室内的鱼缸,有时就比较浑浊。于是,他们提出问题:如何给鱼一个干净的家?在教师的引导下,通过小组讨论,分析鱼缸中水质污染因素(如:滤水装置、污染物、水藻等),聚焦关键问题建立学科知识与现实生活之间的关联。学生们运用所学进行实验:①改建鱼缸过滤器;②鱼缸内加入硝化菌;③控制鱼缸的光照和水温;……他们通过多种方式来抑制藻类包括青苔的繁殖,达到鱼缸水质变清的目的。在项目探究的过程中,学生们提出可行性方案,掌握基本的科学方法,提升了"科学核心素养"。

四、跨学科学习:在学科的整合中培育创造力

"跨学科学习"是以素养培育为指向,通过整合两种或两种以上学科的知识、观念、思维方式与方法等去学习主题,考察与探究主题问题的一种兼具综合性与探究性的学习方式,具有整合性、实践性和开放性的特征。它强调打破学科之间的界限,将不同学科的知识和技能进行整合和应用,培养学生的综合素养和创新能力。在进行跨学科学习时,教师应首先确定涉及多个学科领域的知识和技能的跨学科主题或项目,为学生提供跨学科的学习资源和支持,包括图书、网络、实验室等。在跨学科学习的过程中,关注学生的跨学科思维和创新能力的发展。

例如,数学学科在开展"认识人民币"的课堂教学基础上,开展以"小货币 大学问"为中心的跨学科主题学习活动,具体细化为"货币的前世今生""我是货币研究员""我是购物小当家"三个子任务构成的活动,涉及数学(数据的收集和整理)、语文(编写购物清单)、信息(获取并处理消费相关数据)、美术(创作购物清单的视觉表现形式)、道法(探讨合理消费的社会意义,形成科学的消费观)等多学科知识,旨在通过多领域融合的教学策略,拓展学生的知识领域,帮助学生深入理解货币价值、消费行为及培养合理消费的意识,促进跨学科思维和创造力的培育。

第三节　教学方法创新与创造力思维的促进

在 21 世纪这个充满变革和发展的时代,教育领域正经历着前所未有的变革。教学方法的创新已经成为推动教育改革、促进学生素养培育的关键力量。教学方法的创新与创造性思维的促进二者相辅相成,共同作用于教育的每一个环节。通过教学策略和方法的创新,为学生营造一个更加开放、包容和富有挑战性的学习环境。学生不再是被动的知识接受者,而是积极主动的学习者,他们能够通过探究和实践,经历发现问题、提出问题、解决问题的全过程,激发主动学习意识,培养创造性思维和实践能力。

一、情境教学

情境教学是一种行之有效的教学策略,尤其在激发小学生创造力方面表现突出。运用这种教学方法时,教师根据实际教学内容,巧妙地设计和构建富有吸引力和趣味性的情境,将抽象的知识与具体情境相结合,激发学生的学习兴趣,使他们在学习过程中能始终保持高度的积极性和参与度。在真实的情境中,学生通过亲身参与和体验,不仅能深入地理解和运用所学知识,增强解决实际问题的能力,同时也极大地激发他们的想象力和创新思维。值得注意的是:情境的选择和设计应符合学生的年龄特点和认知水平,在学习过程中教师也要适时引导学生认真参与、主动观察、积极合作,鼓励他们发挥想象力和创造力。

例如,语文二年级下学期《蜘蛛开店》这篇课文讲述了蜘蛛想开店,先后开了卖口罩、卖围巾的店,当开卖袜子的店时,碰到了蜈蚣,最后放弃的故事。课文学完后,教师提出问题引导学生思考:如果蜘蛛继续开店,会卖什么,又会吸引哪些动物顾客,招牌该如何写? 学生们纷纷开动脑筋,积极回应,设计出了大象买帽子、八爪章鱼买手套、鲸买背心等创意情节,并通过小组汇报展示,在角色扮演时根据动物的特点自由发挥,活灵活现地将自己的想法融入表演中。这样的设计不仅加深了学生对课文内容的理解,还通过情境的创设和问题的引导,有效激发了学生的想象力和创造力。

二、设计思维

设计思维,作为一种创新的问题解决方法论,着重强调以用户的需求和体验为核心。通过运用同理心来理解用户,明确和定义问题,进而构思出创新的解决方案。将这种思维模式应用于教学实践中,应先设定明确的教学目标和需要解决的问题,引导学生深入挖掘学习内容的核心和本质。通过提出启发性的问题,激发学生的思考,组织富有成效的讨论,调动学生思维的发散性。同时,注重将理论知识应用于实际操作,鼓励学生通过动手实践加深理解,这不仅有助于培养学生的创新思维和批判性思维,还能够增强他们解决实际问题的能力。通过这样的方式,学生在面对各种挑战和问题时,能够提出具有创造性的解决方案,为他们的未来学习奠定坚实的基础。

例如,通过美术"设计·应用模块"的学习,学生拥有了设计海报和入场券的经验,对于设计元素也有一定了解。教师引导学生运用发散性的思维对校园井盖进行设计,旨在解决其影响校园美观的问题。具体步骤分为,通过测绘,在实践中掌握等比例转换的概念,发现井盖大小、形状的差异;融合地理知识,理解井盖形状与特定场所的关联;动手操作,将美术知识和设计理念融合,应用等比例标尺,完成设计稿的绘制与上色;借助广告公司,将作品最终转化为现实。整个学习过程,完整地体现了从设计到实现,学生拥有满满的成就感,不仅锻炼了学生的分析思维能力,更体现了设计思维在培养学生综合素养与创新精神方面的重要作用。

三、翻转课堂

翻转课堂,这种创新的教学模式,彻底颠覆了传统课堂的教学流程。它将原本在课堂上进行的讲授环节转移到了课外,使得宝贵的课堂时间被用于更加深入的讨论、针对性的答疑以及富有成效的实践活动。通过这种方式极大地激发了学生的主动学习意识,为他们提供了更广阔的空间去思考和创新。在翻转课堂的环境中,教师扮演的是引导者和促进者的角色,利用视频、阅读材料以及其他多媒体资源,让学生在课外自主地学习新知识。在课堂上,教师引导学生进行小组讨论、案例分析或实验操作等多种形式的互动活动,帮助学生加深对知识的理解,并且能够将所学知识运用到实际问题的解决中去。

例如,一节小学四年级的自然课是这样设计的,老师在课前提供了生动有趣的视频资料,介绍动植物生长周期的基础知识,学生利用课余时间观看自学。课堂上在进行了简单的知识回顾后,老师提出了一个开放性的问题:"如果你可以设计一种新型植物,它会拥有哪些特性? 如何帮助改善环境或人类生存?"学生们被这个问题吸引,他们分组讨论,天马行空地设想。有的小组设计了能净化空气、吸收更多二氧化碳的"超级绿萝";有的则构想了能在干旱地区快速生长、提供食物和水源的"生命之树"。在讨论和汇报环节中,学生们不仅展示了丰富的想象力,还运用到了所学知识,如光合作用、生长条件等,为自己的设想提供了科学依据。通过翻转课堂的运用,不仅让学生成为学习的主体,更激发了他们运用创造性思维解决实际问题的热情。

四、资源运用

随着信息技术的飞速发展,数字化教学资源已经成为推动教育创新的重要工具。借助多媒体教学资源、在线学习平台等,教师能够为学生提供更加丰富和直观的学习材料,不仅能够极大地激发学生的学习兴趣,还能有效地拓宽他们的知识视野。此外,通过在线互动、远程协作等多样化的教学方式,进一步培养学生的交流沟通能力和创新思维。数字化教学还能为学生提供个性化学习路径,他们在学习平台上自主选择感兴趣的学习内容、调整学习进度、选择适合自己的学习方式。

例如,在小学五年级的英语课堂上,教师引入互动式英语学习软件,巧妙地将学习资源与创意活动结合起来。在这个环节中,学生们不仅可以利用这款软件观看富有教育意义的英语动画片,通过模仿动画中的角色发音来增强自己的口语能力,而且还能进一步参与角色扮演的游戏。在这个游戏中,学生们能够与 AI 助手进行英语对话,通过这种交互方式,学生创作出属于自己的独特英语故事。AI 助手还会根据每个学生的发音准确度和语法运用情况,提供个性化的反馈和建议,从而鼓励他们在创作故事的过程中不断尝试新的表达方式和创新思维。通过这种数字化资源的运用,不仅培养了学生的创新思维,还增强了他们的跨文化交流能力,使得英语学习过程变得更加生动有趣,极大地激发了学生的学习兴趣,提高了学习效率。

学科项目化设计举隅

营养午餐我做主

设计者:朱晓玲(数学)

一、学习主题

营养午餐我做主。

二、学习任务

探索并设计食堂一周的学生营养午餐。

三、学习缘起

(一)基于教材

课程标准(2022年版)提出,核心素养背景下,学生要会用数学的眼光观察现实世界,会用数学的思维思考现实世界,会用数学的语言表达现实世界。同时,也更关注学生创造力、思维力的培养。

(二)基于学生生活

在"搭配"这一课的学习过程中,学生们在解决荤素搭配问题时提出了"这样的搭配是否合理?是否有营养?"的问题。这引发了班级关于如何合理搭配食谱以确保营养均衡的讨论。同时,有学生建议调整学校食堂的菜谱,使其既健康又受欢迎。鉴于饮食对青少年健康成长的重要性,让学生参与设计一周的营养午餐不仅能让他们学到更多有关健康饮食的知识,还能通过独立设计、团队合作和自我反思的过程增强他们的应用意识和创新意识。

四、学习目标

1. 能根据实际需求正确地收集、整理、表达和分析数据。

2. 体验知识的应用过程,设计出合理的营养午餐食谱,增强应用意识。

---

3. 在多样化活动中积累经验，增强团队协作能力和创新思维。

五、情境化设计

午餐在每日总能量摄入中约占 40％，其营养均衡对于保持身体健康至关重要。 作为校园的一分子，请你根据每顿午餐 18 元的标准，结合营养学原理及同学们的口味偏好，尝试为学校规划一周的午餐菜单或提出改进现有菜单的意见。 请创建一份"膳食宝典"，并撰写研究报告。 让我们开始行动吧！

六、结构化实施

引领性任务/问题	学习活动	学习支架	评价关注点
什么是有营养的午餐？	1. 搜集资料了解不同食物所含有的营养成分及其营养价值。 2. 查阅相关文献，掌握青少年所需营养素的标准。	信息检索技巧与资源	1. 能够利用多种途径获取并筛选相关信息。 2. 根据收集到的数据提出有意义的研究议题。
怎样的午餐最受欢迎？	1. 制作问卷调查表，询问同学喜爱的食物种类；依据反馈生成统计图。 2. 分析结果，针对特定群体进行深入访谈以获取更详细的信息。	1. 调查工具（如问卷）。 2. 条形图等可视化图表。	1. 设计科学合理的调研题目。 2. 解读统计数据背后的意义，形成初步的数据处理能力。 3. 基于已有信息构思初步的午餐设计方案。
如何规划一周的营养午餐？	1. 单独完成为期一周的午餐计划（需兼顾营养与吸引力），计算该周内所有餐点的营养组成。 2. 小组内部分享各自的想法，互相提供建议并选出最佳方案。 3. 实施实地考察（例如访问当地市场），并通过进一步的问卷调查及个别访谈优化最终版本。 4. 从经济性、美观度等多个角度出发，创造性地完善提案。	1. 信息检索指南。 2. 调研模板。	1. 结合前期研究成果自主开发出符合要求的一周午餐计划。 2. 在小组讨论中提出建设性的意见，并落实具体的改进措施。 3. 积极参与到市场调研活动中，学会如何有效地搜集并利用第一手资料。 4. 参与整个项目后能够总结个人收获，并与同伴共同展示成果。

七、可视化成果

1. 学习（思维）过程呈现

（1）对当前学校食堂提供的菜品进行全面的营养评估。

（2）收集并分析学生对过去一周每天所提供饭菜满意程度的数据。

（3）展示每位参与者自己设计的午餐菜单草图。

（4）记录团队协作期间的照片或视频片段。

2. 学习成果呈现

（1）一周营养午餐菜单设计手册或小报（即"膳食宝典"）。

（2）个人活动感悟、体验报告或正式的研究小论文。

打造碳追踪 APP 小助手

设计者：虞培雯（信息技术）

一、学习主题

打造碳追踪 APP 小助手。

二、学习任务

设计并开发一款能够计算每日碳排放量的应用程序（APP），以帮助用户改进其生活方式，从而降低个人碳足迹。

三、学习缘起

1. 基于课标

根据《义务教育信息科技课程标准（2022 年版）》对于第三学段（5—6年级）学生在"过程与控制"模块中的要求，学生需要认识到日常生活中广泛存在的"输入—处理—输出"的工作流程，并能运用所学知识通过编程等技术手段实现简单的过程控制系统。本项目旨在通过实践操作加深学生对这一概念的理解，同时培养他们的计算思维和解决实际问题的能力。

2. 基于生活

随着全球气候变化形势日益严峻，减少温室气体特别是二氧化碳的排放已成为国际社会共同面临的挑战。中国作为负责任的大国，也在积极推动节能减排政策。据统计，全球人均日排放的二氧化碳量约为 13 千克，若完全依赖森林吸收，需长期维持 200—500 棵成熟树木的生长。但更有效的方式是减少排放，而非依赖种树。鉴于此背景，我们希望通过引导学生利用信息技术工具来监测并减少自身的碳排放，既是对环境保护做出贡献，也是对他们未来职业生涯的一种准备。

四、学习目标

1. 能够有效利用网络资源收集相关信息，并从中筛选出有用的数据。

2. 掌握基本的软件开发技能，包括但不限于界面设计、逻辑构建及代码编写，最终完成一个功能完整的应用程序。

3. 经历从构思到成品的全过程，形成一套适用于解决类似问题的方法论体系。

五、情境化设计

同学们，在四年级的道法课上我们学习过"低碳生活每一天"这一课，我们了解了气候变暖对环境的影响，知道了什么是碳排放，也了解了我国的"双碳行动"措施以及一些低碳生活方式。现在，你们有机会将理论转化为实践——创建一个可以帮助人们跟踪自己每天产生的碳排放量的小程序。这不仅有助于提高大家对环境问题的认识，还能激发更多人参与到绿色行动中来。

六、结构化实施

引领性任务/问题	学习活动	学习支架	评价关注点
了解不同活动对应的碳排放量。	1. 分组讨论日常行为模式。 2. 使用搜索引擎查找具体数值。	生活方式与碳排放对照表。	准确记录每项活动及其碳排放值。
设计美观且实用的 UI。	1. 参考现有应用案例（如税务计算器）。 2. 小组协作绘制草图。 3. 展示交流后调整优化。	1. UI 设计模板。 2. 相关教程链接。	1. 布局清晰合理。 2. 功能齐全易用。
编写算法实现碳排放统计。	1. 确定所需参数。 2. 编码实现算法。 3. 测试验证准确性。	编程指南。	1. 逻辑严密无误。 2. 计算结果可靠。
对产品进行测试反馈。	1. 内部评审提出改进建议。 2. 外部用户体验测试。	测试反馈表单。	1. 用户友好度高。 2. 性能稳定流畅。

七、可视化成果

1. 学习（思维）过程呈现

（1） APP 的设计草图。

（2） 开发过程中遇到的问题及解决方案。

（3） 团队合作的照片或视频。

2. 学习成果呈现

（1） 完整版的碳排放追踪 APP。

（2） 包含使用说明和技术文档。

（3） 一段介绍该应用功能和意义的演示视频。

我的冷静空间

设计者：曹琳珠（心理）

一、学习主题

我的冷静空间。

二、学习任务

设计家庭中的冷静空间，并使用体验，用于疏解和调控生气情绪。

三、学习缘起

情绪辅导是小学心理健康教育课的重要主题之一。 情绪辅导需要提升学生的情绪觉察、情绪识别与情绪表达的能力，引导学生增强情绪调控的意识，并基于情境发展更灵活的情绪调控策略和方法。

愤怒情绪是小学阶段学生最常见的情绪之一。 前期调查发现，很多学生因为个人原因、亲子矛盾、生活琐事等，在家里感受到生气情绪。 他们通常采用发泄情绪或压抑情绪的方法，但效果不佳。 而面对孩子的生气，部分家长也不知如何应对，甚至采用惩罚等错误方式，导致孩子的情绪无法及时疏解，甚至引发更激烈的亲子冲突。

本学习项目将引导学生学习掌握"创设与使用冷静空间"的方法，

以积极的方式平复情绪。 通过家校互动，将心理健康教育与家庭教育指导相融合，调动学生及家庭的积极性和自主性，在日常生活中应用学习成果，在实践体验中增强学生和家庭的情绪调控能力，促进家庭幸福和谐。

四、学习目标

1. 理解生气情绪对自己及家人造成的不良影响，增强主动调节情绪的动力。

2. 掌握冷静空间的设置要点，学习设计自己的冷静空间，尝试在家里布置冷静空间。

3. 学习冷静空间的具体使用方法，尝试在家中使用冷静空间，缓解生气情绪。

五、情境化设计

生气是同学们平时最常体验到的情绪之一。 课前的小调查发现，很多同学会在家里生气、发脾气。 生气时，有些同学会把情绪发泄到自己或家人身上，有些同学拼命想压抑生气，但效果往往都不太好。有什么方法能帮助我们更好地缓解在家的生气情绪呢？ 与发泄、压抑等方法相比，这个方法有什么作用和好处呢？ 如何使用这个方法？ 需要注意哪些问题？

六、结构化实施

引领性任务/问题	学习活动	学习支架	评价关注点
生气可能给自己和家人带来什么不良影响？	● 交流对故事主人公生气情绪的理解。 ● 结合故事和自己的经历，交流生气情绪下的行为表现和不良影响。	● 借用绘本故事《杰瑞的冷静太空》前半部分，引出问题情境。 ● 通过问题讨论，引发学生对生气情绪及其不良影响的觉察与理解。	● 能识别故事主人公和自己的情绪。 ● 能觉察到自己在家里出现生气情绪的常见情境。 ● 能反思生气情绪的不良影响。

引领性任务/问题	学习活动	学习支架	评价关注点
什么是冷静空间？ 冷静空间的作用是什么？	● 交流讨论故事主人公让自己冷静下来的方法及该方法的作用。 ● 思考冷静空间与平时惩罚性、强迫性的"冷静"的区别。	● 继续绘本故事《杰瑞的冷静太空》后半部分，呈现冷静空间的方法。 ● 通过关键性提问，引导学生思考，并澄清冷静空间的作用。	● 能理解冷静空间对于缓解生气情绪的作用。
如何设计自己的冷静空间？	● 在小组讨论和师生互动中，理解冷静空间的设置要求。 ● 完成活动单，画出冷静空间设计图，并请起个名字。 ● 活动单的交流与展示。 ● 在父母的协助下，尝试在家里布置冷静空间。	● 呈现冷静空间的设计要点：选择合适地点、选择冷静物品、给空间命名。 ● 将《给爸爸妈妈的一封信1》给到家长，使其了解冷静空间的作用和要求，支持学生在家布置冷静空间。	● 能完成学习活动单，从冷静空间设计的合理性、可实现性、创新性等方面进行评价。 ● 能在家尝试布置冷静空间。 ● 最好能把空间布置照片带回课堂。
如何用好自己的冷静空间？	● 交流在家里布置冷静空间的进展情况与遇到的困难。 ● 在师生互动中，了解冷静空间使用方法。 ● 在模拟情境中练习使用冷静空间。 ● 在父母的支持下，尝试使用冷静空间，并将使用感受反馈给老师。	● 呈现冷静空间的使用方法和关键点。 ● 通过关键性提问，引导学生思考冷静空间的使用情境。 ● 将《给爸爸妈妈的一封信2》给到家长，使其了解冷静空间的使用方法，鼓励并引导孩子在生气时使用冷静空间。	● 能积极参与情境演练，掌握冷静空间的使用方法。 ● 能在家尝试使用冷静空间，并反馈感受。

七、可视化成果

1. 学习（思维）过程呈现

（1）学生对冷静空间设置要求的讨论记录（以文字或视频形式记录）。

拟定的重点讨论问题：

① 冷静空间可以选择放在家里的哪些地点？ 不能放在哪些地点？

② 如何布置冷静空间？ 可以放哪些物品？ 可以带手机、ipad 等电子产品吗？

（2）学生完成的学习活动单：《我的冷静空间设计图》（以图片形式呈现）。

（3）小组讨论等学习过程的照片。

2. 学习成果呈现

（1）学生在家里布置的冷静空间照片（以图片或视频形式呈现）。

（2）学生使用冷静空间后的体验感受和效果反馈（以文字、绘画或视频形式呈现）。

（3）学生家长对于孩子在家里布置和使用冷静空间的观察反馈、感悟思考等（以文字形式呈现）。

案例 3-1

让端午"动起来"，让创造力有效提升

历史中创造和延续的中华优秀传统文化是中华民族的根和魂。文明永续发展，既需要薪火相传代代守护，更需要顺时应势推陈出新。中国传统节日是中华民族悠久历史文化的重要组成部分，形式多样、内容丰富，蕴含着深邃丰厚的文化内涵。从远古先民时期发展而来的中华传统节日，不仅清晰地记录着中华民族先民丰富而多彩的社会生活文化内容，也积淀了博大精深的历史文化内涵，值得我们开发与研究。

一、综合实践课程立足传统节日，融合创新要素

"定格端午"是学校重要综合实践活动课程"探秘中国节"主题下

"健健康康过端午"子主题里的跨学科综合实践活动。活动立足于中国传统节日由来，以端午节为主题制作动画宣传短片为任务驱动，以综合探索能力的增强为主线，串联"角色设计""绘制分镜""捏塑造型""拍摄动画""后期制作"等环节，将美术、信息技术、数学、语文等学科有机融合，分阶段渐进探究定格动画制作技巧、体验让彩泥动起来的乐趣、探索让画面效果更流畅的秘密，以及分角色后期配音制作合成的途径和方法。节日是传统的，而课程的内容与形式是综合创新的。本活动的开发和实施主要基于以下两点。

1. 基于生活情境的问题提出

在学校传统主题节日端午节活动期间，学生宣传端午的传统习俗，提出了"如何让大家对端午节更感兴趣""用什么方式宣传才会让人更想深入了解端午节习俗""该宣传咸粽还是甜粽"等问题。四年级学生已在美术课上学习了漫画、泥塑的技法，对定格动画也有一定了解。基于学情，教师设计了一系列学习活动，鼓励学生以端午为主题制作一个定格动画宣传短片，在探索实践的过程中引发学生深度思考，加强学生的学科核心素养。只有生活化的真实情境才是学生自身体验过的，他们具有更加深刻的感受，在已有的知识经验上自主提出问题，运用新的课程资源探索解决问题，真正做到在创造性学习中不断成长与提升。

2. 基于课标的融合创新

义务教育阶段小学美术课标要求，第二学段（三至五年级）学生能运用传统或现代的工具、材料和媒介，创作平面、立体或动态等表现形式的美术作品，表达自己的所见所闻、所感所想，学会以视觉形象的方式与他人交流；能将美术与自然、社会及科技相融合，探究各种问题，增强综合探索与学习迁移的能力。

二、综合实践课程强化单元化设计，落实核心素养

核心素养指学生应具备的适应终身发展和社会发展需要的必备品格和关键能力。单元课程内容的学习涵盖多学科的学科素养，学生需运用综合能力在课程中开展自主探究学习，这是培养核心素养的有效途径之一。

本课程是以端午节为主题活动制作定格动画宣传短片，整个活动单元主题为"定格端午"，下属四个子任务活动，分别为初识定格动画、让动画效果更流畅、探索镜头运用、后期加工润色。四个子任务活动全部围绕核心任务展开，有利于学生跨学科融会贯通，系统、深入地进行综合性实践活动。

1. 基于大单元主题的课程活动（见表1）

表1 "定格端午"课程活动框架

单元主题	课时	活动主题	活动内容	目标
定格端午	2	初识定格动画	一、创情境，引任务 1. 交流端午节主要习俗。 2. 示主题，明任务：制作一个宣传端午节的动画短片。 二、学方法，试制作 （一）认识动画 1. 欣赏经典动画短片。 2. 认识了解定格动画。 3. 分类观察，了解动画种类。 4. 渐进探究，了解动画原理。 （二）分工合作，完成动画制作 1. 定身份，分任务。 讨论并制定分工：导演、技术员、场务、宣传等。 2. 观视频，编剧情。 （1）根据"任务卡"进行角色设计，并泥塑造型。 （2）编剧情：书写在任务单上或绘制铅笔草图。 3. 乐合作，完任务 （1）观演示，学操作。 （2）按分工，试制作。 （3）制动画，展成果。 三、观成果，找问题 观作品，开展评价，梳理过程中存在的问题。	知道动画产生的基本原理，了解定格动画创作的过程。小组能够分工合作，编撰剧情、设计角色、绘制分镜。使用彩泥等完成角色造型。掌握基本拍摄技术，初步尝试拍摄一个简单的宣传端午的定格动画。

单元主题	课时	活动主题	活动内容	目标
	2	让动画效果更流畅	一、回顾比较，导入基本任务 1. 回顾前期活动流程。 2. 观看前期动画作品。 3. 欣赏经典动画作品。 4. 导入具体活动任务。 二、渐进实验，明确改进要领 1. 探原因。 2. 做实验。 （1）布置任务。 （2）明确要求。 （3）设计实验。 （4）尝试实验。 3. 试分析。 三、尝试完善，呈现流畅画面 1. 实践探索，优化动画效果。 2. 巡视指导，投屏展示动画。 四、展示赏评，加强德育渗透 1. 展示作品，得出结论。 2. 归纳小结，鼓励探究。	通过对比观察找寻小组动画中存在的不足，通过探究实验探索动画中的细节处理，让作品成果更细腻流畅。
	2	探索镜头运用	一、识景别，观效果 1. 欣赏动画，感受和分析特写、近景、中景和全景的不同运用所产生的效果。 2. 了解景别的作用：根据内容需要，情节要求，反映对象的整体或突出局部。 3. 能区分全景、中景、近景、特写。 二、调镜头，试操作 1. 各组使用"轻画剧"设备拍摄小组场景的"全景、中景、近景、特写"照片各一张。 2. 展示分享，提出建议。 3. 调整拍摄镜头，使用端午背景板制作一个近、远景推进和移动的效果。 三、评作品，试调整 1. 根据评价表评一评小组作品效果，说一说如何运用到上节课的端午动画作品中。 2. 调整作品，强化镜头视觉效果。	探索镜头运用的技巧：特写、近景、全景等，尝试运用在端午定格动画中。

单元主题	课时	活动主题	活动内容	目标
	2	后期加工润色	一、感受音效，尝试制作 1. 感受音效的作用。 2. 选择合适音效。 3. 学习下载音效。 4. 挑战自制音效。 二、学习操作，润色作品 1. 加音效，添趣味。 尝试在软件操作界面中视频的合适位置插入音效，感受效果。 2. 试录音，注活力。 尝试根据故事的情节和角色特点，给上节课的作品配音。 3. "剪一剪"，更生动。 小组观看演示视频，初步尝试剪辑动画，感受效果的变化。 三、展示评价，宣传作品 1. 对比效果，评价成果。 2. 提出建议，调整成果。 3. 宣传影片，传承创新。	1. 了解音效在动画作品中的重要作用，感受音效对作品的不同影响效果。 2. 学会使用音效、配音，让定格动画作品更加丰富生动。 3. 初步学会剪辑动画，改善与增加动画整体效果。

2. 情境化设计，促进学生开展自主探究学习

"定格端午"课程中的情境化设计贯彻于课程的始终，为学生自然融入课程学习提供了不可或缺的助力。在本课程的情境学习中，促进学生调动自己的综合学科知识，找到解决核心任务的有效方法，创造性地解决问题，在发现新问题的过程中乐于开展小组深度探究学习。

（1）创设问题情境，激发学生探究兴趣。在课堂中创设各类问题情境，引发学生思考探究，基于以往的基础进行创造性学习，有效激发学生的创造潜能。"同学们在学校主题节日活动中畅谈分享了各种端午节的习俗，你们也提出希望有更多人来了解端午节。大家已经在美术课堂中学习过动画和泥塑的知识，那你们是否可以尝试制作端午相关的泥塑道具并使用定格动画拍摄设备，创作一个动画宣传短片来吸引更多人了解端午节呢？"在关键任务提出后，整个课程活动都围绕如何制作端午节定格动画这一问题情境开展探究活动，学生乐于以小组合作探究的形式探

索实践。

（2）创设虚拟情境，为实验活动提供支架。在课程活动中的实验设计非常关键，需要围绕端午节主要角色赤豆粽参加完龙舟比赛后"移动回家"为实验情境开展拍摄实验，既契合主题情境，又兼顾趣味性，学生在自行设计的实验中找到让赤豆粽顺利"回家"的最"流畅"方式，在"助'粽'为乐"的过程中得出实验结论，为后续"让动画效果更流畅"打下坚实基础。

（3）创设物理环境，提高小组拍摄效率。这里的物理环境主要指的是拍摄设备与相关材料，是课程中教师提供的资源之一。拍摄套装由软件与硬件两部分组成。使用该套装可以轻松实现便捷的拍摄，获得稳定的镜头与专业的布光效果，解决传统定格动画教学现场设备繁多、环境杂乱的问题；设计有端午节元素的 KT 板，辅助学生综合运用所学知识在传统端午节的情境中开展探究性学习，在任务驱动下以最简易便捷的方法来完成各项实验活动，如找到影响动画流畅度的因素，达成跨学科学习的有机融合，让学生在合作参与中体会制作定格动画的乐趣。

三、开展艺术综合性教学实践，促进学生深度学习

综合性学习打破了各科学习的局限性模式，学生以解决生活中的现实问题为基础，需要主动去学习了解相关学科知识，协作配合并综合多种因素，创造性地解决问题。这要求在教学实践中"加强课程综合，注重关联"，同时"注重培养学生在真实情境中综合运用知识解决问题的能力。开展跨学科主题教学，强化课程协同育人功能"也是义务教育课程方案的基本原则之一。

1. 立足个性化实验视角，满足课程实际需求

端午节的元素贯穿整个活动，学生在实践操作中所需的拍摄对象也以此为原型来制作。活动中提供的超轻黏土是学生喜闻乐见的个性化创作材料。学生自主设计、捏制黏土角色与道具，实现定格动画拍摄，是传统文化传承与新技术融合创新的全新演绎方式。

2. 依托渐进性探究支架，助力学生自主探究

在实验操作中需要记录相关数据与结论，而随意写下的文字散乱不规整，对最后的实验总结造成不便。 学生的自主探究活动离不开教师的有效引导，在这节课的探究活动中需要精心设计实验活动单，以此为支架引导学生的自主探究过程，便于学生梳理归纳。 学生在合作探究的过程中，增强了以下能力。

（1） 问题意识——乐于在真实现象中捕捉问题。 通过观察、比较与交流，发现小组已拍动画中存在的不足，根据已有知识经验能从探究活动中初步推测出影响动画效果流畅度的因素，能在诸多因素中选出可探究的因素。

（2） 关键能力——乐于在众多信息中比较归纳。 通过提供的情境实施实验方案，明确实验对象动作路径与实验相关参数，学会设计对比实验的控制变量法，尝试应用对比实验发现影响动画流畅的因素，能对实验结果分析与比较，明确让动画更流畅的优化方式。

（3） 规则意识——乐于在条理规范中合作探究。 通过小组合作完成实验拍摄任务，逐步学会依据"任务单"合理分工协作，记录相关数据，在参与团队活动的过程中加强团队协作精神，在实施实验和观察记录过程中逐步养成严谨求实的科学态度、记录实验数据和设备调试的意识与习惯。

3. 用足多类别技术装备，实现动画流畅目标

本次教学活动所使用的定格动画套装所装载的技术设备不仅丰富了活动方式，还具有操作便捷等优势，不仅提升课堂趣味性与可操作性，还能引导学生在感受体会传统节日美好的同时，培养和提升实践操作能力与艺术、信息素养。

本实验采用设备套装拍摄"粽子移动"，设置参数进行实验探究动画流畅度，其优势在于对学生而言上手难度较低，拍摄的形式可以多样化，教学实验效果可视性强，容错性较高——可以通过多次实验对比选取获得最佳可视效果，删除拍摄有误的画面进而重新拍摄。

4. 关注过程性合作交流，提高团队共进效能

该年段学生有一定的小组合作经验，懂得相互配合，但他们对新设备的使用仍旧缺乏经验，在小组合作中难免出现误操作，因此活动中更多关注小组成员间的协作与分工，在操作过程中加强引导，及时交流，提高团队凝聚力与合作效率。

任何实践活动的目的并不只是实践本身，而是学生通过当下的实践活动带来兴趣、综合能力的增强，把实践活动的感悟迁移到对其他新事物的探索中。各组学生在端午情境中进行活动设计、实验记录及分工协作，在每一次有序的实验操作中细致记录、判断总结，获取拍摄经验，逐渐养成乐于探索的钻研精神；学生在感受端午节丰富多彩习俗的同时，激发关注传统节日的兴趣，加深对中国传统节日的认识和理解，增强了创造力，加强了文化自信、艺术审美与创意表现的意识。

（案例提供者：上海市第一师范学校附属小学　缪莹）

第四章

创造性学习的多元方式

　　创造性学习是拓展、探索和实践的过程。拓展性学习强调教育教学的开放性,让学生从已有的生活经验出发,亲身经历发现和解决实际问题的过程;跨学科学习是结合不同学科的知识和方法来解决问题或探索新的概念,鼓励学生从不同的角度思考问题,能够激发创新和创造的想法;项目化学习通过项目来探索复杂的问题或挑战,鼓励主动学习、团队合作和应用迁移。通过这样多元的方式,有效激发学生的学习热情,激发学生的创造力和批判性思维,提升学习的效率与品质。

第一节　拓展性学习:知识探索的深度与广度

一、新旧融合:跨年级的知识链接与迁移

《义务教育课程方案(2022年版)》提出"强化课程的一体化设计,促进学段衔接,合理安排不同学段内容,体现学习目标的连续性和进阶性"。比如《义务教育信息科技课程标准(2022年版)》的课程内容"围绕数据、算法、网络、信息处理、信息安全、人工智能六条逻辑主线,设计义务教育全学段内容模块,组织课程内容,体现循序渐进和螺旋式发展"。虽然每个学段各有侧重的内容模块,但是这些模块并不是完全独立的,前后有非常密切的知识衔接关系。这种衔接确保学生在不同学习阶段能够顺利过渡,避免知识断层,帮助学生构建扎实的知识体系。其实跨年级的知识链接与迁移不仅体现在学科知识上,还包括学习方法、思维能力、学习习惯等方面的连贯性。在创造性学习活动中普遍要用到跨年级、跨学段的知识内容,教师应该利用好新旧知识,指导学生实现知识的有效衔接和迁移。(见图4-1)

1. 构建知识桥梁

教师应深入学习和理解课程标准,细致探究各个年级的教材内容,从而全面掌握知识点之间的衔接点。了解学生的已知知识、未知和需知领域,是教师设计课程时不可或缺的一步。通过依托这些衔接点,教师可以精心规划和设计课程内容,确保课程的连贯性和逻辑性。这样,学生便能够在教师的引导下,顺畅地从他们已经掌握的知识领域迈向新的知识领域,逐步构建起自己的知识体系,实现知识的积累和能力的增强。

如沈思萱老师在设计"如何帮助'升旗手'准时地升起国旗"——数学拓展性学习时,她是这样进行学情分析的。

我班负责早上升旗的学生面临一个难题:升旗速度难以精准控制,常导致国旗未能在国歌结束时恰好升至旗杆顶端。这一问题促使我联想到小学数学新课

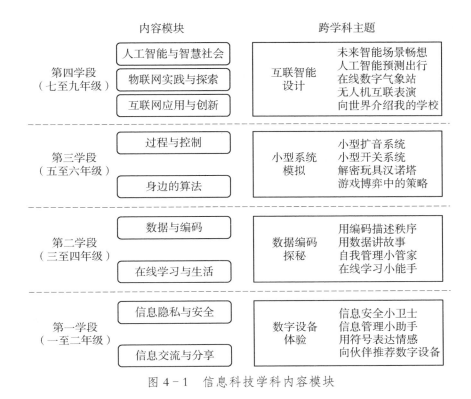

内容模块	跨学科主题

第四学段（七至九年级）
- 人工智能与智慧社会
- 物联网实践与探索
- 互联网应用与创新

互联智能设计
- 未来智能场景畅想
- 人工智能预测出行
- 在线数字气象站
- 无人机互联表演
- 向世界介绍我的学校

第三学段（五至六年级）
- 过程与控制
- 身边的算法

小型系统模拟
- 小型扩音系统
- 小型开关系统
- 解密玩具汉诺塔
- 游戏博弈中的策略

第二学段（三至四年级）
- 数据与编码
- 在线学习与生活

数据编码探秘
- 用编码描述秩序
- 用数据讲故事
- 自我管理小管家
- 在线学习小能手

第一学段（一至二年级）
- 信息隐私与安全
- 信息交流与分享

数字设备体验
- 信息安全小卫士
- 信息管理小助手
- 用符号表达情感
- 向伙伴推荐数字设备

图 4-1　信息科技学科内容模块

标对五至六年级（第三学段）学生的学业质量要求,特别是他们在数感和运算能力上的发展,以及将数学知识应用于解决实际问题的能力。

根据新课标,五年级的学生应能理解自然数特征、小数和分数,并能进行简单的四则运算及混合运算,同时形成初步的模型意识和应用意识。而三至四年级（第二学段）的学生则已初步认识小数和分数,能进行整数四则运算及简单的小数、分数加减运算,并具备了一定的数感、运算能力和推理意识。

考虑到学生在三年级时已经学习了"速度,时间,路程"这一单元,掌握了关于速度的基本知识,这为他们在更高年级解决升旗速度问题提供了迁移和应用的基础。

因此,在五年级第二学期的数学课上,我利用小升旗手提出的问题作为教学契机,引导学生提炼出核心问题:"如何运用已学的数学知识设计一个方案,以确保升旗手能在国歌结束时准时升起国旗?"这一问题的提出,旨在激发学生的数学应用意识,促进他们将所学知识与实践问题相结合,从而深化对数学的理解和应用能力。

在进行具体的学习活动设计时,沈老师用启发式、引导式的设计,让学生产生旧知识的衔接,如在活动1:主题问题的提出、分析和拆解中,沈老师的教学过程如下。

(1)活动主题问题提出:数学课上小升旗手向大家提出他们遇到的问题,并播放人民广场升旗仪式与学校升旗仪式的视频,请同学仔细观看对比,并说说差异,并揭示跨学科学习的主题:如何帮助升旗手像解放军叔叔那样在国歌刚结束的瞬间正好把国旗"准时"升到旗杆顶端。

(2)组织讨论,拆解问题:教师首先引导学生思考并且对问题进行拆解,通过组织小组讨论和全班交流,教师和学生一起将提出的众多问题梳理拆分为具体的子问题。

(3)分析问题,抽炼模型:怎么求国旗上升的速度,有哪些我们学习过的知识可以帮助我们计算国旗上升的速度,要计算国旗上升的速度还需要知道哪些数据。

由此可见,沈老师在对五年级学生开展拓展学习设计时,充分考虑到了学生已有的学习基础,评估了学生的学习能力,并以问题为契机,设计了一个拓展性的学习活动,既可以帮助学生对旧知识加以迁移利用,又能对新知识进行巩固和应用,使新旧知识巧妙融合。

2. 跨年级学习共同体

通过组织跨年级的学习共同体,为学生提供了一个独特的平台,让他们有机会与来自不同年级的同学进行交流和学习。这种跨年级的学习共同体在校内的组织形式可以是自主选择的综合实践活动课程,也可以是各种形式的社团活动。在这样的学习共同体中,学生不仅可以分享自己的学习经验,还可以交流各自的解题方法和思维过程,从而实现相互启发、深入理解、共同进步的目标。

部分教师或许认为,跨年级学习对象的设计会使学习内容趋于保守,担心难度过大会阻碍低段学生的学习进程。然而,这种担忧是不必要的。跨年级学习共同体的精髓在于构建一个多元化的学习环境,鼓励不同年级学生间的相互学习和挑战。通过设计层次分明、富有挑战性的学习任务,可以兼顾不同水平学生的学习需求,激发他们的内在学习动力。

以庄树梅老师面向的是三至五年级的跨年级学生设计的"走进寓言故事"整本书阅读的语文拓展性学习活动为例,虽然寓言故事在课标中是第二学段(三至四年级)中的内容,要求是学习其中蕴含的中华智慧,口头或书面分享自己获得的启示。但庄老师认为二年级上册第五单元围绕"思维方法"这个主题编排了《坐井观天》《寒号鸟》《我要的是葫芦》3篇课文,主题虽然没有定成"寓言故事",但三篇文章实际都是寓言类故事。其中一个语文要素是"初步体会课文讲述的道理"。另外,第三学段(五至六年级)在"思辨性阅读与表达"任务群中要求"阅读哲人故事、寓言故事、成语故事等,感受其中的智慧,学习其中的思维方法"。而寓言故事是小学生非常喜爱的一个阅读题材,由此以"走进寓言故事"开展整本书阅读活动,对各个阶段的学生都是非常适合的。同时,庄老师根据不同学段设计不同的学习任务和学习目标,以"交流任务"为例,三、四年级的学生要分享自己在寓言中学习到的蕴含的道理或教训,而五年级的学生则要能尝试将寓言故事中的道理和生活实际相结合,并运用其中的思维方式尝试解决生活中的问题。

在这样的学习模式中,高年级学生可以通过辅导低年级学生,进一步巩固和深化自己的知识理解;而低年级学生则能从高年级学生的解题策略和思维模式中受益,逐步增强个人的学习能力。这种互动模式不仅有助于消除年级隔阂,更能全面促进学生的知识增长、技能增强和思维发展。

3. 强化实践与应用

实践与应用有助于学生构建更为完整和系统的知识体系。在解决复杂问题的过程中,学生要用到跨年段的知识,从而可以深入挖掘知识的内在联系,加深对知识的理解和记忆。另外,实践活动中的真实情景模拟为学生提供了锻炼批判性思维的机会,学生需要分析问题、评估信息、提出假设并验证结论,这一系列过程能够培养他们的独立思考能力和问题解决能力。通过实践,学生不仅能够巩固旧知,还能在探索新知的过程中不断挑战自我,增强创新能力和实践能力。

本节前面说到的沈思萱老师设计的"如何帮助'升旗手'准时地升起国旗"就是一个很好的例子,在本次项目的探究实践过程中,学生的数学素养从多个方面得到了培养和体现。一是**用数学的眼光观察现实世界**。学生从生活中发现的升国旗问题出发,发现其本质就是国旗在国歌时间内匀速上升的相关数学问题,体会到生活中处处有数学。二是**用数学的思维思考现实世界**。学生在计算国旗上升速度,旗杆高度测量以及探究升旗手拉绳子和国旗上升高度的关系等一系列子问题的过程中,灵活运用学习过的知识和技能,提出数量关系模型,还主动运用了模型化的思想,动手实践和计算,探究量与量之间的数学关系,计算出相应的数据,并在此基础上提出合理的想法。三是**用数学的语言表达现实世界**。探究的过程中,同学们运用各种数学算式、数量关系表示他们的想法或是结论,用数学算式、画图等数学的形式表达,并在数据的基础上对方案进行调整和反思。

值得一提的是,在完成本活动后,沈老师还设计了一个实践探究活动:小丁丁想知道自己居住的居民楼的高度,你有什么办法帮助他测量吗? 请你画一画,并且把测量方案写下来。这也使得学生的学习素养可以举一反三,促使学习能力得到持续地发挥。

由此可见,跨年级的知识衔接不仅有助于学生将各年级所学知识点相互连接,构建更为全面和有序的知识架构,还能增进学生对知识的深刻理解和实际应用。通过这种跨年级的知识衔接,学生能够更明确地洞察知识间的关联与演进脉络,进而更透彻地掌握知识的核心与深意。不仅有助于增加学生的学习效果和增强学习兴趣,还能培养他们的合作精神和创新能力,驱使他们积极地搜寻和探索新知识,进一步促进深度学习的进程。

二、深度挖掘:拓展性学习的基石

深度挖掘知识内涵、加深认知的学习活动不仅能够帮助学生逐步构建起自己的知识体系,还能在过程中锻炼解决问题的能力、批判性思维和创新能力。教师通过创设多样化的拓展性学习活动,为学生提供更多挖掘知识内涵、拓展学习视野的机会,能够有效促进学生的全面发展。在这样的学习过程中,学生不仅能够获得书本上的知识,更能在实践中探索、发现和创新,从而培养出适应新时代要求的全面素养和创新能力。因此,深度挖掘知识内涵的学习活动是学生成长道路上不可或缺的一环,对于他们的未来发展具有深远影响。

1. 批判性思维训练

批判性思维是深度挖掘的核心。它要求学生对所学知识进行深度分析,不满足于现成的答案,而是敢于质疑、勇于探索。引导学生对所学知识进行深度分析,培养独立思考能力。教师可以用案例分析引导学生识别案例中的关键信息,分析问题的本质,并提出自己的见解。进行提问与讨论,让学生分享各自的观点和想法,通过交流碰撞出思想的火花。开展角色扮演:让学生从不同角度思考问题,培养同理心和批判性思维。

以刘鑫老师策划的"探秘风向袋"活动为例,鉴于风向袋在日常生活中并不常见,学生们通过资料搜集了解到,风向袋的应用范围包括机场、港口,以及农业领域,如飞机喷洒农药、除草剂和播种等。为了点燃学生的创意思维,刘老师并未让学生制作一个传统的风向袋,而是提出了一个探索性的问题:"你认为在我们周围哪些地方也可以应用风向袋?"并引导学生们进行讨论。学生的想象力被激发,提出了各种创意:比如在体育活动中,羽毛球、足球比赛和跑步等都受到风向的影响,学校安装风向袋可以为师生提供参考;有学生建议在自家阳台上安装风向袋,以便为家长晾晒衣物提供风向指示;还有学生想到放风筝时也可以利用风向袋。通过这样的讨论,学生们的想法如泉涌,思维的火花四溅。在头脑风暴之后,刘老师要求学生们选择一个具体场景,设计并制作一个风向袋。在这个过程中,学生们不仅要设计制作方案、绘制草图,还要与同学交流、相互评价和讨论,对方案进行改进和完善,从而充分激发他们的创造性思维。

2. 探究式学习的实践

探究式学习是一种深入挖掘知识内涵的教学策略,其实践方法可以概括为:教师依据学生的兴趣和学习内容,设计具有挑战性的探究任务。以陈樱老师设计的"小豆芽成长记"活动为例,其中一个探究问题是:"如何培育出又大又粗壮的豆芽?"陈老师以帮助学生培育出饱满且粗壮的豆芽为主线,构建教学情境。学生在了解影响绿豆发芽的三个主要因素——温度、水分和空气后,会观察到一个现象:为什么有些学生培育出的豆芽粗壮,而有些则细长? 教师引导学生讨论:培育出粗壮豆芽的秘诀是什么? 在教学过程中,教师提出一系列子问题,层层深入,激发学生积极表达。学生通过探究了解到,植物在外力作用下生长,其形态会发生变化。在培育豆芽的过程中,给予适当地向下压力,豆芽会生长得更加粗壮饱满。此外,通过举例拓展,如方西瓜、黄山迎客松的奇特外形,学生可以了解到植物在外力影响下,其外形会发生变化的"秘密"。

再比如,缪莹老师设计的"浓情端午动起来——定格动画制作"活动中的"如何让动画更流畅"探究活动,让学生通过实验活动探究原理。探究结束后,组织学生进行成果展示与评价反馈,引导他们反思探究过程中的得失,总结经验教训。最终,鼓励学生将研究成果应用于实践,以加深对知识的理解与应用。

3. 深度反思机制

教师可以周期性地协助学生审视其学习轨迹,提炼出有价值的学习心得,而评价环节正是实现反思的关键时刻之一。在自我评价的过程中,鼓励学生去深入分析自己的学习方法和成果,从而对自己的认知进行提升。这种自我反思能够帮助学生认识到自己的优势和不足,进而制订出更加有效的学习计划。而互评环节则让学生有机会观察和学习同伴的学习策略,通过交流和讨论,获得新的视角和灵感,进一步提升认知。

例如"走进寓言故事"整本书阅读过程中,教师需要对整本书阅读成效进行积极的评价和检测,运用合理的方式促进学生开展高效的语文阅读学习。于是庄老师结合语文课标制作了相应的星级制的评价量表,从爱读书、乐分享、会读书三个维度检验阅读成效,列出分项评价标准。学生在家的阅读情况由学生和家长评定,学生完成阅读记录的情况以及在分享会中的表现由小组和教师进行评定,并在活动结束时,根据得星情况,评选出寓言迷、小小思维家的奖项。通过细致的自我评价与互评环节,学生们在"走进寓言故事"整本书阅读过程中不仅深化了对知识的理解,更重要的是学会了如何审视自我、汲取他人之长,这种自我反思与相互学习的能力为学生们的创造性学习奠定了坚实的基础。在不断反思与提升的过程中,学生们逐渐认识到,学习不仅仅是知识的积累,更是思维方式的拓展与创新能力的培养。

三、兴趣导向:学科深化的学习路径

兴趣导向不仅是学生持续学习和深入探究的内在动力,也是教师引导学生发现自我、发掘潜能的有效途径。通过精准识别学生的兴趣点,并以此为出发点设计学习活动,能够极大地提升学生的学习积极性和参与度,促进他们在学科领域的深入理解和全面发展。

1. 兴趣识别与引导

在学科深化的学习过程中,精准识别学生的兴趣点是至关重要的第一步。教师需要细致观察学生的日常学习表现,留意他们在不同学科中的反应和参与度,从而捕捉到他们真正的兴趣所在。此外,教师还可以通过问卷调查、小组讨论和个别访谈等方式,主动收集学生的兴趣和偏好信息。在识别学生的兴趣点后,教师应积极引导学生将兴趣转化为学习的动力。这包括为学生创造更多与兴趣相关的学习机会,如组织专题研讨会、实地考察和实践活动,以及引入与兴趣相关的前沿知识和应用案例。通过这些方式,教师能够激发学生对学科的热爱,促使他们更加主动地投入到学习中去。

主动了解学生的喜好是识别学生兴趣最为直接的方式,在关注和尽可能满足学生自身兴趣的同时,教师还要会"制造"兴趣,创设学习情境就是非常好的一种方式。例如"记录美丽校园"单元是根据《义务教育信息科技教学指南》中三年级"在线学习与生活"模块的第二个单元"记录美好时光"所设计的主题。在教学指南中本单元共规划了 4 课时,内容相对独立且信息量较大。考虑到拍摄、处理图片和影片之间存在相似之处,在活动设计中对拍摄图片部分进行了内容精简,并将图像处理融入影片处理环节。学校就是最好的学习情境和实践场所,因此教师围绕"记录美丽校园,献礼 80 周年校庆"的主题,设计了一系列以制作校庆宣传短片为核心任务的实践活动。让学生挖掘美景故事,使他们成为记录与传播校园之美的主人翁,能更加主动地投入学习。

2. 个性化学习资源的开发

为了满足不同学生的兴趣和学习需求,教师需要开发个性化的学习资源。这包括为学生量身定制的学习材料、在线课程、视频教程以及实验项目等。这些资源应该能够覆盖学生的兴趣点,并具有一定的挑战性和趣味性,以持续调动学生的学习和探究兴趣。在开发个性化学习资源时,教师还需要注重资源的多样性和互动性。通过引入多媒体元素、游戏化学习和协作学习等策略,教师可以使学习资源更加生动有趣,同时增强学生的参与感和归属感。这样的学习资源不仅能够增加学生的学习效果,还能够培养他们的自主学习能力和团队协作能力。另外,教师也需要搭建学习支架,通过明确的学习目标和路径指引,帮助学生逐步构建知识体系。这些支架既提供了必要的支持，又鼓励学生自主探索和发现，为后续的创造性成果打下扎实的基础。

例如，在"记录美丽校园"信息科技单元活动中，教师预先准备了丰富多样的学习资源，以满足不同层次学生的学习需求。这些资源不仅涵盖了基础知识，还包括进阶技巧和案例研究，旨在帮助学生根据自己的实际情况选择适合的学习路径。比如在探究拍摄技巧时，从"发现问题"到"经验交流"再到"儿歌解密"，设计了环环相扣的学习环节，也巧妙地提供了相应的学习资源和学习支架。（见表4-1）

表4-1 "记录美丽校园"学习活动设计片段

探究活动二：如何拍出高质量的影片？
1. 找一找：观看示例影片，根据你的经验，找找这些影像中存在的问题。 　　　　光线暗□　　主体不突出□　　影像倾斜□　　影像不稳定□ 2. 说一说：解决这些问题就可以确保拍摄出高质量的影片，你能想到哪些拍摄小技巧？ 3. 读一读：这首儿歌中有没有解决前面问题的答案？ 　　　　　　横拍竖拍先想好，室内开灯光线亮，双手持机稳又平。 　　　　　　手指对焦轻触屏，轻点按钮录像开，再点按钮录像停。

3. 个性化的学业成果呈现

为了全面展示学生的个性化学习成果，教师需要为他们创设多样化的成果呈现方式。这包括书面报告、口头演讲、视频展示、艺术作品以及实物模型等多种形式。通过这些方式，学生能够根据自己的兴趣和特长，选择最适合自己的方式来呈现学习成果。个性化的学业成果呈现，不仅有助于展示学生的思维宽度与广度，还能够激发他们的创造力和想象力。在呈现过程中，学生可以充分展示自己的思考过程、创新点和独特见解，从而增强自信心和成就感。同时，通过与其他同学的作品进行比较和交流，学生还能够相互学习、共同进步。

成果形式多样，充分展现了学生们在不同学科中的个性化学习新能力。如语文学科《走进寓言故事》的打卡本（图4-2）、信息科技学科"智慧校园设计"的作品海报设计（图4-3）、科学学科"未来低碳城市"的模型设计（图4-4）、数学学科的"如何帮助'升旗手'准时地升起国旗"的录像记录（图4-5），等等。这些成果不仅反映了学生们对学科知识的掌握程度,更体现了他们运用知识解决实际问题的能力。

图 4 - 2　　　　图 4 - 3　　　　　图 4 - 4　　　　　图 4 - 5

第二节　跨学科学习:学科边界的融合与超越

一、课程设计:跨学科学习的联结策略

在跨学科学习的过程中,课程设计发挥着无可替代的核心作用。它不仅是不同学科知识之间传递与融合的桥梁,更是培养学生多元能力与拓展思维方式的关键所在。一个优质的课程设计,能够有效地联结并整合来自不同学科的知识体系,打破传统学科之间的壁垒,为学生营造一个多元化、综合性的学习环境。在这样的环境中,学生能够自由地穿梭于各个学科领域之间,形成更加全面且深入的知识理解。

更为重要的是,良好的课程设计能够极大地激发学生的学习兴趣与积极性。跨学科的内容往往融合了多个领域的精华,既具有挑战性又富含趣味性,这样的特性能够自然而然地吸引学生的目光,促使他们积极主动地参与到学习活动中来。通过亲身参与跨学科的项目和研究,学生不仅能够在实践中深化对知识的理解,还能够锻炼并增强自己的知识综合运用能力,从而在实践中不断成长与进步。

一个精心设计的跨学科课程,能够充分联结并整合各学科的知识,为学生的全面发展提供有力支撑。它不仅能够拓宽学生的知识视野,更能够在实践中培养他们的综合能力,为他们的未来学习和职业生涯奠定一个坚实而稳固的基础。下面介绍几个常见的联结策略。

　　1. 主题整合法

　　围绕一个明确的中心主题,深入挖掘并系统整合来自不同学科领域的丰富内容,通过精心策划与组织,构建出一种融合多学科知识体系的跨学科课程设计。旨在打破传统学科之间的界限,促进知识的交叉融合,为学生提供更为全面、立体的学习体验,从而培养其综合运用多学科知识解决实际问题的能力。在策略上,主题整合法强调内容的连贯性与系统性,通过精心设计的课程设计,确保学生在一个主题下能够接触到多学科的知识与技能。在方法上,主题整合法注重知识的实践应用与问题解决,鼓励学生运用多学科知识与技能解决实际问题,培养他们的动手能力和创新思维。在实施过程中,主题整合法遵循平衡性、连贯性、可行性与评估机制等原则。确保各学科之间的平衡发展,避免某些学科被边缘化;注重知识的连贯性与系统性,形成完整的知识框架。

　　以朱鸣靖老师设计的"树安'新'家,街有'绿'意"主题式综合活动课程为例,本课程的统领性任务是"给校门口步行道植树",这个任务贯穿整个课程,让学生在探索上海市绿植布局、学习移植操作、设计起重机等各个子任务中,始终围绕如何有效地进行树木移植规划及保护树木根系移植来进行思考实践。通过这一任务,学生能够综合运用所学知识,进行系统的规划与设计,最终形成一套完整的移植方案,并在实际模拟中验证其可行性。课程在一个主题下将语文、数学、科学(包括工程设计、自然、地理)、信息科技及劳动技术五个学科有机结合。在此列举一个关联跨学科主题学习活动的范例。(见表4-2)

表4-2　跨学科主题学习活动表

学科	内容/标准要求	关联跨学科主题学习活动
语文	课标于"思辨性阅读思辨与表达"的第三学段内容中指出,"阅读有关科学发现、技术发明的故事,用画思维导图等方式辅助,简洁清楚地表述科学家发现的过程,学习科学家的创造精神,体会	在跨学科主题学习部分,设计带领学生信息检索(利用论文库搜索论文),探究城市建设中,行道树布局的规划考量有哪些方面?并从"2021年

学科	内容/标准要求	关联跨学科主题学习活动
	猜想、验证、推理等思维方法"。于第三学段的"跨学科学习"的学习内容中，"综合运用语文、道德与法治、科学、劳动等多方面知识和技能，通过小组研讨、集体策划、设计参观考察活动方案，运用跨媒介形式分享研学成果"。	上海市绿化特色道路名录表"中选择一条道路，加以说明。
数学	课标于"统计与概率"的学习内容中指出，能根据问题的需要，从报纸、杂志、电视、互联网等媒体上获取数据，或者通过其他合适的方式获取数据，能把数据整理成条形统计图、折线统计图，知道条形统计图、折线统计图和扇形统计图的功能，会解释统计图表达的意义，能根据结果做出简单的判断和预测。	在跨学科主题学习部分，设计让学生梳理 2023 年上海绿色特色道路的基本情况，并说明该街道申报"绿色特色道路"成功的原因，该活动内设计统计路长、绿化覆盖率，周围居民的居住情况等数据信息，从而完成该学习任务。
科学	课标于"工程设计与物化"的学习内容中（第三学段）指出，能基于所学科学知识，应用创造性思维的基本方法，提出多种设计方案，基于批判性思维评价并优化设计方案。能基于实物模型，并基于证据改进实物模型的设计和制作。	在跨学科主题学习部分，让学生设计起重机，并基于对国外针对树木移植的专用起重机的了解，采用学生互评、教师自评等方式，改进优化乐高搭建的起重机模型。
信息科技	课标于"在线学习与生活"（第二学段）学习内容中指出，"根据学习、生活中的任务情境，使用恰当的在线平台获取文字、图片、音频与视频等资源，设计、创作简单的作品""结合学习需要，能将问题进行分解，并用文字或图示描述解决问题的顺序，利用在线方式分派任务、交流讨论、表达观点、发布成果，在解决问题的过程中体验协作带来的效率提升"。	在跨学科主题学习部分，设计对整个植树项目做成本预算的任务。学生将该问题拆解为若干子问题，如校门口行道树树种选择，树木种植密度等子问题。在解决这些子问题中，依次解决实地勘察，地图测绘、检索树木信息等若干问题链。
劳动	课标于"学习任务群 6"（第三学段）中指出，"选择 1—2 项工业生产项目，如木工、金工、电子等，进行简单产品模型或原型加工，初步体验工业生产劳动过程。熟悉所选项目的工具特点、设备特点。识读简单的产品技术图样，根据图样制作产品的模型或原型，完成产品模型或原型的组装、测试"。	在跨学科主题学习部分，让学生在组内基于设计的吊搬苗木的起重机，在小组自评、小组他评的基础上，改进、优化设计，以增加其起重能力，更好地保护苗木根茎。

2. 问题导向法

问题导向法作为一种高效的跨学科教学策略，其核心在于以实际问题为出发点，通过设计一系列环环相扣的问题链，为学生构建一个基于问题的课程设计框架。这种方法不仅打破了传统学科间的界限，还促使学生在解决问题的过程中，进行深度的跨学科思考与实践。在课程设计阶段，教师需首先识别并提炼出与主题紧密相关且富有挑战性的实际问题。随后，围绕这些问题，设计出一系列由易到难、层层递进的问题链。如"树安'新'家，街有'绿'意"从"给校门口路段设计一个植树计划"这个核心问题入手，到具体的预算问题、准备问题、施工问题、维护问题链的解决，等等。这些问题链不仅可以涵盖多个学科领域的知识点，还注重引导学生逐步深入探索问题的本质，激发他们的学习兴趣与好奇心。

此外，要巧设非良构问题，让思维"脉动"起来。跨学科主题学习是为了帮助学生在学科实践中提升核心素养，学习的过程本身就是非良构的，而非良构的问题设计是实现高效学习、发展高阶思维的有效途径。例如在信息科技"光盘行动金点子"跨学科活动中，需要学生设计一份"提高午餐光盘率"的提案，本身是一个比较复杂的非良构问题，不同的调研数据、不一样的观察视角、不同的数据分析、不一样的思考方式，会得出不同的结论。但是直接让学生去解决这个问题，学生是没有方向的，因此还需要教师在每个课时的教学活动中，设计一些启发学生思考的驱动性问题。如在第三课时教学中，为了让学生从不同视角去观察和发现问题，教师设计了以下两个问题：结合已有的光盘情况数据、课程表数据和菜谱数据，你准备怎样进行分析呢？根据这三个呈现班级学生胃口大小的饼图，你可以尝试提出相应的建议吗？这些没有标准答案的问题，需要学生综合运用相关知识和自己的理解去尝试解决，并在生生互动、师生互动中开拓思路，形成新的知识建构。

通过高质量的问题引导，不仅有助于学生在跨学科学习中获得更为全面、深入的知识与技能，还能培养他们的批判性思维、问题解决能力和创新精神。此外，通过解决实际问题，学生还能更好地理解和应用所学知识，增强他们的实践能力和社会适应能力。因此，问题导向法在跨学科教学中具有广泛的应用前景和重要的教育价值。

3. 项目驱动法

项目驱动的核心理念在于利用具体的项目作为学习和实践的核心载体，通过这种方式引导学生在实际操作中深入探索和学习。这种方法不仅注重学生对项目相关知识的掌握，更强调他们跨学科知识的综合运用和实践能力的培养。在课程设计上，项目驱动法要求精心挑选与课程主题紧密相关且具有实际意义的项目。这些项目应具有一定的复杂性和挑战性,能够激发学生探索的兴趣和动力。一师附小近年来一直在大力推动项目化学习,各学科教师在跨学科学习活动的设计中大多采用项目化学习方式,并形成了诸多的学习案例。

需要注意的是,要注重内容的实质性,而不仅仅是形式化,忽视实施的重要性。对于中低年段的学生,教师应带领学生体验项目活动的全过程,而高年段的学生应被赋予项目主导者的角色,他们需要综合运用来自多个学科领域的理论和方法,来解决项目实施过程中遇到的各种实际问题。通过项目的实际操作,学生能够在真实的情境中锻炼自己,将理论知识与实践应用紧密结合,从而加深对知识的理解和掌握。有关于项目化学习的具体方法策略在下一节中有详细的阐述。

二、主题探究:跨学科学习的创意实施

主题探究学习亦称研究性学习,是一种以学生自主探究为主的学习方式。在探究过程中,学生要融合不同学科知识来深入剖析主题,不再局限于单一学科范畴,如此一来,各学科知识相互补充、相互印证,让学生对知识体系有更全面且深入的认知,拓宽了知识边界。另一方面,这种学习方式有力地激发了学生的自主学习意识。跨学科的主题探究往往涉及诸多未知领域,需要学生主动去挖掘各学科相关内容以解决探究中遇到的问题,这促使学生积极主动地探索知识,而非被动接受,从而逐渐养成良好的自主学习习惯。面对跨学科主题,学生要从不同学科角度思考、分析问题,综合权衡各学科观点和方法,在这个过程中,逻辑思维、辩证思维等多种思维能力得以协同发展,让学生具备更敏锐、更全面的思考方式。

1. 培育学科视野,挖掘真实问题,智慧选择主题

跨学科主题探究的选择应首先考虑兴趣导向,选择能够激发学生好奇心和兴趣的主题,使学生愿意主动投入时间和精力去探索。其次应关联现实,即主题应与现实生活或社会热点紧密相连,让学生感受到学习的实际价值。第三要确保主题能够自然地融合多个学科的知识和技能,促进学生综合能力的提升。第四应设定适度的难度,让学生在解决问题的过程中面临挑战,从而激发其创新思维和解决问题的能力。最后还要考虑学校资源、师资力量以及学生的实际情况,确保主

题的实施具有可操作性。

　　那么,究竟应从哪些路径寻找主题呢? 具体可从以下路径进行探索。

　　路径1:源自课程标准。深入研读新课标中跨学科主题的建议和学习案例,明确课程标准中的学习内容和目标要求,做到心中有数,这是设计活动主题之前必须完成的准备工作。

　　路径2:借鉴教学资源。参考相关的课程参考资料,例如《新版课程标准解析与教学指导》《中小学综合实践活动课程指导纲要》,这些资料能为我们拓展设计思路。

　　路径3:聆听学生声音。通过与学生的对话、问卷调查、课间讨论等方式,了解他们的学习兴趣。将这些信息与全员导师制活动相结合,与学生共同构建主题,是一个极佳的策略。

　　路径4:挖掘活动潜力。学校举办的各类德育主题活动与学生生活紧密相关,可与之相结合。例如,每年的少代会,学生会提出许多想法和建议,这些都是他们真正关心和感兴趣的话题。

　　信息科技学科组设计的跨学科主题活动"光盘行动金点子"正是在这样的背景下孕育而生。它源自学生代表大会上学生提出的"减少学校午餐浪费"提案,以及学校实施的"光盘行动"活动。这是一个深受学生关注、与学生日常生活紧密相关、能够激发学生主动性的实际问题。通过参与这一活动,学生将学会如何科学地提出观点,如何搜集数据,并利用数据图表来支撑自己的观点,最终能够规范地撰写提案。这不仅有助于解决学校面临的一个具体问题,还能应用到日常的科学实验报告、小论文的撰写。这样既可以发挥学生小主人翁的精神,帮助学校解决一个"真问题",还可以举一反三,应用到其他活动中去,从而使该学习主题与学生的生活关联更加密切。

　　2. 遵循学科逻辑,分析梳理学情,制定学习目标

　　跨学科主题学习既强调学科内的联系,更强调学科间的相互关联,目的在于融通其他学科内容以促进对相关学科的深入理解。因此在设计跨学科主题活动时,不仅要了解和遵循主干学科的逻辑,还要研究涉及的关联学科的课程标准,这样才能对应学生的认知水平和学业要求开展学情分析。以"光盘行动金点子"为例,教师在设计时首先梳理了同为第二学段(三至四年级)主干学科和关联学科对

应的知识逻辑。(见表4-3)

表4-3　主干学科和关联学科的学业要求梳理

学科	内容模块	学业要求(目标)
信息科技	数据与编码/数据的组织与呈现	在日常学习和生活中,能使用数字化工具收集和组织数据。并借用可视化方式呈现数据以表达观点或预测结果。
数学	统计与概率/数据的收集整理与呈现	能收集整理具体实例中的数据,并用合适的方法描述数据。分析与呈现数据中蕴含的信息,能用条形统计图合理表示数据,说明数据的现实意义。
语文	梳理与探究	能提出学习和生活中的问题,有目的地搜集资料,共同讨论,尝试运用语文并结合其他学科知识解决问题。
	跨学科学习	选择自己发现和关心的日常语言、行为、校园卫生、交通安全、家庭教育等方面的问题进行调查研讨,尝试写出简单的研究报告,与同学交流。
科学	探究实践	能运用感官和选择恰当的工具、仪器,观察并描述对象的外部形态特征及现象,用较准确的科学词汇、统计图表等记录和整理信息,并运用分析、比较、推理、概括等方法,分析结果,得出结论。

　　通过梳理可以发现"光盘行动金点子"活动非常契合语文和科学学科中的学业要求,同时了解该学段的学生对于数据调查和统计图并不陌生,他们有一定的收集、整理、分析数据,图形化(统计图)呈现数据的意识和能力。另从数学学科学段要求中也可以看到,学生仅对于条形统计图及其呈现特点比较熟悉。基于以上分析,结合主题确定了跨学科的学习目标:知道常用的调查方法,能根据目的设计调查问卷;会使用问卷工具制作调查问卷、收集调查数据;会对收集到的数据妥善保存,有数据安全意识;知道图形化方式呈现数据的作用,了解数据常用的图形化呈现方式(条形图、折线图、饼图)及其适用特点;会使用信息化工具制作简单的统计图表;能通过观察、分析、比较、推理数据图表,分析结果,得出结论;知道提案撰写的流程,认同调查研究在提案撰写中的必要性;能运用文字处理软件撰写"光盘行动"提案报告:语句通顺、有数据支持、图文并茂、排版恰当;认同"光盘行动"的重要性,积极参与团队协作,乐于和同学交流,活动投入。

　　以上两个学习目标都体现出了"跨学科"的特点,目标明晰,具有可操作性,这样教师可以有效地引导学生开展跨学科探究活动。

　　3. 设计适切路径，规划活动进程，搭建学习支架

　　跨学科主题探究活动的开放性、复杂性，给教师的教学组织提出了更高的要求，搭建合适的学习支架既可以降低教学的难度，又可以让学生跳一跳摘到苹果。新课标要求跨学科的学习要体现"做中学""创中学"的学习理念和学习方法。这就需要学习活动以解决问题为路径，为学生搭建相应的学习支架，融新知学习、各学科知识技能的应用为一体。以"光盘行动金点子"学习主题第2、3课时为例，设计了相应的活动支持。（见表4-4）

表4-4　"光盘行动金点子"学习主题学习任务和活动支持列举

课时	课题	学习任务	提供的活动支持
第2课时	小小调查员	掌握要点，设计问卷：知道问卷题目设计的基本要求（语言简明、选项完备），根据上节课确定的数据收集的内容、对象，设计问卷题目。	提供案例让学生在辨析中知道问卷题目设计的基本要求。
		学用工具，开展调查：学会使用网上问卷工具制作问卷（用钉钉或校园网站平台），以小组为单位发送问卷，每位学生参与问卷调查。	提供可以设计制作网络问卷的平台。
		收集数据，保存整理：学会下载网上问卷数据，同时收集整理非问卷数据，规范命名，保存到小组文件夹。	为提高活动效率，教师可直接提供课程表、食堂菜谱的电子文档数据给学生，请学生自主保存，规范命名。
第3课时	让数据会"说话"	回顾活动，明确要求：通过观察优秀的提案范例，回顾梳理提案流程，明确本课学习任务（分析数据，呈现数据）。	提供图文简洁的提案范例（如"关于优化拓展课活动建议"）便于学生学习。
		观察比较，掌握方法：感悟数据图形化呈现在生活中的应用价值；知道数据常用的图形化呈现方式（条形图、折线图、饼图）及其适用特点。	提供学生生活中常见的数据图形化呈现方式，如气温、心率、图书馆藏书量。
		分析需求，具体应用：理解需求不同，图形化呈现数据的方式也不同；能根据需求，为数据选择合适的图形化呈现方式。	先提供案例给学生分析，让学生直观感受，后让学生辨析应用，形成"需基于需求选择图形化呈现方式"认知。

除此之外,活动的时间和进度还应有一定的"时间冗余"支持,允许在活动实施过程中出现一些意外的调整或探索,因为跨学科学习往往伴随着未知和挑战,给予学生足够的自由度去探索和学习,往往能激发他们的创造力和解决问题的能力。同时,教师在这个过程中应扮演引导者和支持者的角色,及时给予学生必要的指导和帮助,确保学习活动的顺利进行。

三、思维导图:跨学科学习的结构工具

思维导图作为一种高效的学习工具,在构建跨学科学习的知识结构方面发挥着至关重要的作用。首先,它可以以图形化的方式呈现知识,使得学习者能够更直观地理解和记忆;其次,它可以通过分支和层次结构来组织知识,有助于学习者形成系统的知识体系;最后,它还可以根据学习者的需要随时进行修改和补充,满足跨学科学习的动态需求。思维导图能够激发学习者的想象力和创造力,促进他们在跨学科学习中产生新的想法和观点。下面具体介绍其在跨学科学习的应用策略。

1. 主题聚焦与知识整合

在跨学科学习中,学习者往往面临知识零散、难以整合的问题。此时,思维导图的主题聚焦功能显得尤为重要。教师可以组织学习者以确定的跨学科的主题或问题为中心,共同剖析问题,通过思维导图的分支结构,学习者可以清晰地看到各个学科如何围绕这一主题展开,从而实现对跨学科知识的有效整合。这种整合不仅有助于加深学习者对知识的理解和记忆,还能激发他们从不同角度思考问题的能力。

如在"树安'新'家,街有'绿'意"(图4-6)和"家务劳动小能手"(图4-7)活动中,教师在分析活动主题时就带领学生明确了各个活动的环节任务,运用思维导图的方式共同构建活动流程,两者的结构虽然不同,但使学生可以非常清楚地认识到学习的任务,并了解到相关学科需要用到的知识领域。

2. 思维激发与创意生成

思维导图不仅是一个用于整理知识的工具,它更是一个激发思维的引擎。在跨学科学习的过程中,学习者可以借助思维导图的图形化和层次化特性,自由地

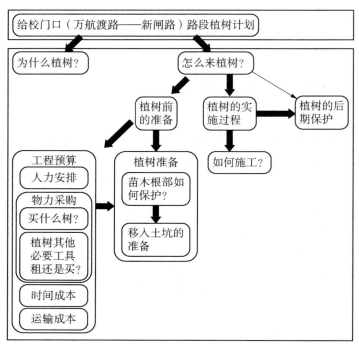

图 4 - 6 "树安'新'家,街有'绿'意"活动导图

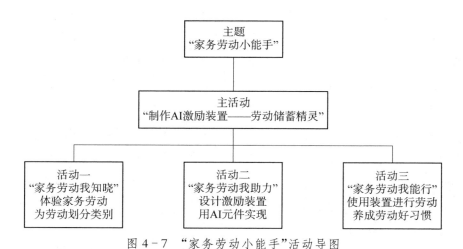

图 4 - 7 "家务劳动小能手"活动导图

进行联想和扩展知识。通过增加新的分支、连接不同的知识点，学习者能够持续地激发自己的思维，从而产生新的想法和观点。此外，思维导图还能个性化地展现学生的创意思维，使得学习具有独一无二的效果。

以"智慧收纳小能手"这一跨学科主题活动为例，教师引导学生根据个人实际情况对物品进行分类整理编码，并以思维导图的形式展现。通过学生的作品，我们可以生动地洞察到他们的思考过程和遇到的问题。比如，有的学生从物品的功能角度出发，将衣物、书籍、玩具等分别归类，并在每个类别下进一步细分，形成了清晰的收纳体系；有的学生还考虑到了色彩搭配，通过不同颜色的标签或收纳袋来区分不同的物品，使得整个收纳过程既实用又美观。（见图4-8）

3. 团队协作与知识共享

在跨学科学习中，团队协作起着至关重要的作用。思维导图作为一种直观的知识呈现工具，能够极大地促进团队协作与知识共享。学习者可以轻松地将个人思维导图分享给团队成员，通过集体讨论和修订，持续丰富和完善知识体系。同时，团队成员间的思维导图也能相互借鉴、融合，实现知识的互补与共享。这种协作模式不仅显著提升了学习效率，还加深了团队成员间的沟通与协作。

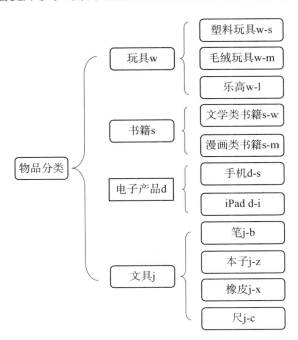

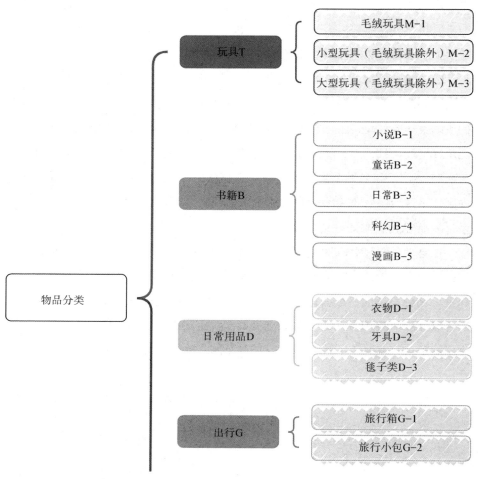

图 4-8 "智慧收纳小能手"学生作业

在选择思维导图工具时,若条件允许,应优先考虑信息技术工具和专业的思维导图软件,利用共享文档模式,使团队协作更加便捷高效。当然,绘画或记事贴拼贴等传统方式同样有效,能够灵活应用于不同场景。需要强调的是,协作与交流相辅相成,协作激发思维碰撞,交流则深化思考并推动知识共享。在教学组织上,也应注重形式的灵活性,以促进学生间的思维交流。(见图 4-9)

图 4-9 学生开展思维导图绘制和交流活动

第三节 项目化学习:实践问题的解决与创新

一、设计精髓:问题导向与目标设定

项目化学习作为一种学生驱动,教师推进的学习方法,其本质是一种探究;核心在从事解决的问题能够有助于组织并引发学习活动。学习者通过提出其引起好奇心的问题来学习知识,在教师的指导下进行研究,在探究的过程中通过设计探究问题,规划学习或组织研究,以及实施多种学习策略来解决现实问题。可以看到,项目化探究的实施路径、过程目标的培养和核心素养培养的目标是不谋而合的。

在项目化学习的设计过程中,"问题导向"与"目标设定"是两个至关重要的组成部分。在项目化学习中,驱动性问题是核心要素之一,它起到推动整个学习过程的作用。"目标设定"是确保学习体验有效性和针对性的关键步骤。

(一) 项目化学习的问题导向

项目化学习中的"问题导向"是指以学生为中心,通过提出具有挑战性的问题来激发学生的学习兴趣和探究欲望,引导学生在解决问题的过程中主动学习和应用知识,即提出驱动性问题。驱动性问题能够激发学习者的注意力,使其主动投入项目探索中。一个好的问题能提供给学习者一个广阔的多向度的探索空间,它既能激发学习者学习的内在动力,也能提纲挈领地指出持续思考、自我探究的方向。在设计项目化学习的时候需要关注以下关键因素,才能够真正地让学生的核心素养在项目化学习探究的过程中得到发展:创建真实的驱动型问题和成果;指向对核心知识的深度理解;将素养转化为持续的学习实践。

1. 驱动性问题的特征

什么样的问题才是驱动性问题呢? 通常,它具有以下两个主要的特征:一是**真实性**。真实性并不意味着问题必须来自现实生活,而是这些问题应当与学生的生活经验相关联,能够引起学生的兴趣和关注。二是**探究性**。驱动性问题能够使学生主动参与到问题的探究中,通过收集信息、分析问题、提出假设和解决方案等来推动学习过程。

以自然学科"为苔藓'安家'"的项目化学习活动为例。该项目以苔藓为研究对象,通过实验探究等方法了解苔藓的生活环境,从而学以致用设计养护苔藓微盆景。该项目的驱动性问题是:"我们学校的农艺园要设计一个苔藓微盆景,你准备给它安一个什么样的'家'? 这样做的依据是什么?"这个问题来源于真实的校园环境,当中蕴含了"制作苔藓微盆景"的任务;设计什么样的"家"要有依据,这体现了科学素养导向,学生需要开展科学探究,即经历作出假设、收集证据,分析数据、得出结论的过程。好的问题是成功的一半,有了驱动性问题,项目的过程、方法与预计成果也就了然了。

2. 驱动性问题的提出

要使问题具有驱动性,其呈现的方式也是很重要的。问题的提出离不开情境的创设,可以从学生的生活实际或校园环境出发,让学生有探究兴趣和内驱力。

如五年级数学学科的项目"如何帮助升旗手准时地升起国旗",项目提出的背景源于我校某班负责早上升旗的学生发现升旗的速度太难控制,要么太快,要么太慢,学生希望能在国歌结束的时候正好把国旗升到旗杆顶端,于是展开了讨论,并寻求老师的帮助。数学课上,教师顺势以小升旗手提出的问题作为切入口,引导学生提出项目主问题:"怎么运用学习过的数学知识设计一个能够帮助升旗手准时升起国旗的方案?"帮助升旗手设计一个准时升起国旗的方案是本项目的驱动性问题,来源于孩子们在校生活的实际经验,其本质在于分析和计算升旗手的升旗速度受到哪些因素的影响，该如何测量以及定量计算。在学生的探究过程中，教师又进一步引导学生对问题进行了拆解：（1）国旗准时升起的上升速度怎么计算；（2）需要获得哪些数据计算国旗准时上升的速度；（3）如何设计方案帮助升旗手使国旗达到准时升起的速度。

学生在计算国旗上升速度、旗杆高度测量以及探究升旗手拉绳子和国旗上升高度的关系等一系列子问题的过程中，灵活运用学习过的知识和技能，提出数量关系模型，还主动运用了模型化的思想，动手实践和计算，探究量与量之间的数学关系，计算出相应的数据，并在此基础上提出合理的想法。不仅如此，学生多次到操场实地考察，动手实践，用多种方法测量旗杆的高度、悬挂国旗的方法，探究的过程中也渗透了自然、音乐和德育的相关知识技能的应用和实践，经历了发现问题，提出方案，实践调整，再发现问题的动态循环。

通过这一情境，使学生明晰了项目的来源与成果的用途，在这样的情境中就可以自然而然地提出驱动性问题，明确项目任务。

总之，问题导向的项目化学习旨在通过解决具有实际意义的问题来促进学生的深度学习，帮助学生发挥关键技能、培养核心素养，如批判性思维、沟通协作、创新和自我管理等能力。

（二）项目化学习的目标设定

项目化学习的"目标设定"如同一座灯塔，为学生的学习之旅指明方向，确保每一步都充满意义且富有成效，让师生都清楚项目的学习意图和预期成果。设定清晰的目标能够激发学生的学习动力，有助于规划和设计项目活动，确保所有任务和活动都与实现这些目标保持一致。这一设定过程需精心雕琢，以体现下面五个核心特征。

1. 明确性。目标的设定须准确清晰，让学生清楚地知道要达到什么学习目的和要求。例如，在小学自然课程中，一个明确的目标可以是"通过实地考察校园内的植物，制作一份详细的植物分布图，并标注每种植物的生长习性和特点"。这样的目标既具体又明确，学生清楚地知道自己需要做什么、如何去做，以及最终要达成的成果，有效引导了他们的学习路径。

2. 相关性。目标应与学生的生活实际、兴趣以及生活实际的需求紧密相连。

例如,在跨学科项目研究中,一个相关的目标可以是"探究并设计一个减少校园塑料垃圾的方案,并制作宣传语、广告牌、小视频等,在班级中推广实施"。这一目标不仅贴近学生的日常生活,还激发了他们对环保的兴趣,同时响应了全球减少塑料使用的号召,使学习活动充满了现实意义和动力。

3. 可测量性。目标须具备可量化的标准,以便评估学习成效。例如,在数学的"小小建筑师"项目中,目标可以设定为"利用积木搭建一座桥梁模型,确保其承重能力达到 500 克,同时记录搭建过程中使用的积木数量和形状"。这样的目标不仅明确了桥梁的承重标准,还包含了搭建过程的记录,便于教师和学生对学习进度和成果进行量化评估。

4. 灵活性。目标设定应如同弹簧般富有弹性,能够适应学习过程中可能出现的新情况和新发现。例如,在科学课程中,一个灵活的目标可以是"探究种子发芽的条件,并根据实验结果调整实验条件,直至找到最佳发芽条件"。这一目标允许学生在实验过程中根据观察结果灵活调整实验条件,促进了学生的探究精神和创新能力。

5. 整合性。目标设定应如同彩虹般绚烂多彩,整合知识、技能、态度和价值观的全面发展。例如,在小学语文课程中,一个整合性的目标可以是"通过阅读并分析一篇关于勇气与坚持的故事,撰写一篇个人成长日记,并在班级分享会上展示自己的成长故事"。这一目标不仅涉及了阅读理解、写作技能和口头表达能力的培养,还蕴含了勇气、坚持等积极价值观的引导,形成了全面而丰富的学习目标。

仍以"为苔藓'安家'"项目为例,该项目包含以下目标:通过对比实验,了解苔藓生活所需要的环境条件;小组合作,设计并制作一个苔藓微盆景,盆景中需有至少两种不同的苔藓。注意合理选择器皿、基质等,并尝试进行养护。

该项目的目标要求是明确具体的,表现为要求学生设计制作包含两种及以上苔藓的微盆景,也体现了相关性,项目与科学课程相关,特别是与植物学和生态环境相关的内容;同时体现了可测量性,通过观察日志、最终苔藓的状态等来衡量学生学以致用的能力。

通过这样的目标设定,使项目化学习能够更有效地促进学生的深度学习,发展学生的批判性思维、问题解决能力和创新能力,同时增强学生对学习成果的满意度和成就感,引领学生在知识的海洋中扬帆远航,探索未知,收获成长。

二、实施路径：从问题发现到方案解决的探索旅程

项目化学习通过让学生参与各类探究项目活动，培养他们的创造性思维、解决问题的能力、团队合作和自我管理技能。这种学习方式强调实践和应用，帮助学生将理论知识与现实问题相结合，增强学习的兴趣和动机。驱动性问题与目标的设定是项目设计的出发点和归宿，如何引导学生完成从发现问题到解决问题的过程呢？可以从项目化学习的实施过程与实施策略两个方面来解决项目化学习的实施路径——从问题发现到方案解决的探索旅程。

（一）项目化学习的实施过程

项目化学习的实施一般包含情境引入、项目规划、研究探索、方案设计、方案实施、展示评价几个主要的阶段。（见图 4 - 10）

图 4 - 10　项目化学习的实施过程

1. 情境引入。教师基于真实生活中的问题、情景模拟等方式激发学生对项目主题的兴趣，学生通过观察、讨论和研究来探索和定义问题，形成清晰的问题陈述，为后续的解决方案提供方向。

2. 项目规划。教师引导学生制订项目计划，包括时间表、任务分配、资源需求等。

3. 研究探索。学生搜集与问题相关的信息和数据,整合跨学科的知识和技能,进行深入研究。

4. 方案设计与实施。学生基于研究探索的结果,设计解决方案,并制作解决方案的实体或数字原型。按照项目计划执行解决方案。在实施过程中监控进展,并根据反馈进行调整。

5. 展示评价。通过对项目化学习的过程与成果进行自评、互评和师评等,学生可以反思个人的学习过程,团队可以总结项目活动的经验与收获。同时,学生通过展示他们的项目成果、分享学习经验,进一步提升学习探究的愉悦感和成就感。

每个阶段都可能包含多个子步骤,并且可能会根据具体的项目需求和学生的具体情况进行调整。重要的是,项目化学习强调学生的主动参与和自主学习,教师的角色更多是指导者和促进者。

例如,体育学科的"肺泡泡茁壮成长记——如何提升肺活量让你的跑步轻松更耐久"项目。在一堂别开生面的体育课上,刘恒玮老师巧妙地运用了"体质健康测试"的数据分析结果,将学生的体质现状以直观、透明的方式展示出来,鼓励学生们运用创造性思维,基于自身的体质特点,设计和实施个性化的锻炼计划。

几个孩子七嘴八舌讨论了起来。

青青说:"我和笑笑是邻居,身高体重都差不多,为什么她的肺活量是优秀,我的却是合格呢? 是不是她每天练习吹长笛的原因呢?"

格格犯愁道:"我作业写得慢,周末还要练钢琴,没有集中的长时间去参加体育锻炼,能用什么办法来增加我的肺活量呢?"

笑笑也发表道:"我家里没有肺活量的测试仪器,怎么知道我的肺活量是否进步了呢?"

刘老师倾听了学生们的讨论后,以专业的视角进行了深入的解析:"肺活量的成绩与你们参与体育锻炼的频率和强度密切相关。在体育课上,我们通过长跑、耐久跑等有计划的心肺功能训练来增强你们的耐力和呼吸能力。然而,体育锻炼的范畴远不止于此,游泳、轮滑等中到高强度的运动同样能够显著增加肺活量。"

机智的笑笑迅速领悟了老师的建议,并立刻提出了一个富有创意的方案:"我们可以组建一个课后学习小组,邀请老师和家长作为我们的指导老师,共同开展一个增加肺活量的探索活动。让我们来一场竞赛,看看谁能够发掘出最有趣、最有效地提升肺活量的方法吧!"

这个提议立刻点燃了同学们的热情。在老师的支持和指导下,他们迅速行动起来,启动了一场名为"让肺泡泡动起来"的趣味活动,这个活动旨在激发学生的创造力和团队合作精神,同时提高他们的身体素质。活动一开始,就吸引了众多学生的积极参与。他们分成不同的小组,每个小组都充满了创意和热情,探索着各种新奇有趣的锻炼方法,从传统的运动到创新的锻炼方式,每个小组都努力寻找能够增加肺活量的最佳方案。

经过一段时间的实施,师生共同开展了深入的讨论和集思广益,最终聚焦了五种创新的锻炼方式来增加自身的肺活量。(见图4-11)

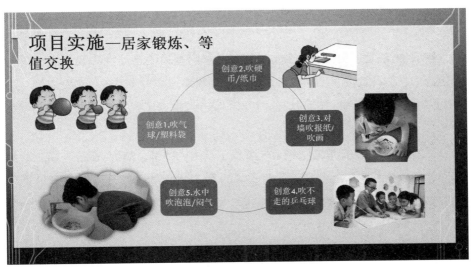

图4-11 项目小组聚焦的五种增加肺活量创意学练方法

在项目实施的紧要关头,团队面临了一个关键问题:在众多推荐的锻炼方式中,哪些锻炼方法能够最有效地增加肺活量?为了解答这一问题并达成共识,小组成员采取了一种既民主又包容的策略。

他们邀请了体育老师、科学老师和班主任共同参与讨论,并动员全班同学参与一次投票活动。投票的评判标准综合考虑了三个关键维度：锻炼的趣味性、实际效果以及操作的简便性。在一场充满激情的讨论和深思熟虑的投票之后，两种别具一格的练习方法——"吹不走的乒乓球"和"对墙吹报纸/吹画"，以其独特的魅力从众多候选项中脱颖而出，被一致选定为全年级推广的锻炼方式。（见图 4－12）

图 4－12　民主投票产生的"肺活量增加最佳锻炼方式"

这两种方法之所以备受青睐，不仅因为它们有趣的互动性和易于实施的特点，更因为它们在增加学生肺活量方面的显著效果。这些练习不仅激发了学生的创造力和团队协作精神，还因其趣味性和实效性，赢得了学生的广泛支持和积极响应。

这些富有趣味的锻炼方法极大地激发了学生的热情。然而，在校外自主锻炼的环境中，缺少专业肺活量测试仪器的情况下，学生开始思考一个新问题："如何评估这段时间锻炼的效果呢？"这个问题的出现，反映了学生对锻炼效果评估的关注和需求。

面对这一挑战，学生的创新思维再次被点燃："在数学问题中，我们经常会遇到多种解题方法。那么，我们是否也能够设计一个简易的肺活量自测工具呢？"为了帮助学生解决这一问题，教师从科学性的角度出发，结合统计学的知识为学生提供了专业的指导。引导学生通过两个角度来设计自测工具：一是阶段性自测，即通过定期的自我测试来跟踪和记录锻炼效果的变化；二是等值转换表，即创建一个参照标准，将自测结果与标准值进行对比，从而评估锻炼效果。（见图 4－13）

图 4 - 13　"自制"肺活量水平测试仪器与转换表

从学生层面,这一想法的提出展示了学生在面对问题时的创新精神和解决问题的能力的增强。对教师而言,这种疏导不仅帮助学生理解了如何科学地评估锻炼效果,也培养了他们运用数学知识和动手解决实际问题的能力。

这个体育项目化学习案例深刻地揭示了学生创造力与深度学习综合素养培育的完整旅程。在这一旅程中,学生置身于一个轻松愉悦的环境中,不仅掌握了增加肺活量的有效技巧,而且在团队合作与集体智慧的火花碰撞中,他们的协作能力和创新思维得到了显著锻炼。这种学习体验不仅促进了学生体质的提升,更让他们沉浸在学习的乐趣之中,感受到了探索的激动和成长的幸福。通过这样的探索性学习,学生在增强体质的同时,也在自主学习和创新能力的发挥上取得了显著进步,迈出了坚实的步伐。

(二) 项目化学习的实施策略

在项目化学习的过程中,从问题发现到方案解决的过程中实施策略可以概括为以下几点。

1. 明确目标与分工,提高团队合作的有效性

在项目启动阶段,使学生清楚地定义问题、明确项目的目标以及研究意义,对于团队合作是非常重要的。只有当大家对目标有共同的认知,每个成员都理解项目的愿景和期望结果,才能朝着同一个方向努力。

在项目实施的过程中,合理分工是确保团队合作有效性的关键。教师可以根据具体任务与小组人数给出适当的分工建议,使学生能根据自身的特点选择合适的角色,在活动前利用活动单(如图 4 - 14)等完成角色的分配,确保每个成员都有

明确的职责范围,避免出现任务重叠或无人负责的情况。

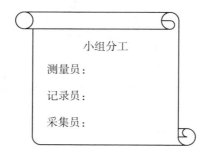

小组分工

测量员:

记录员:

采集员:

测量员:利用传感器测量苔藓生长得好的位置的温度、空气湿度和

光照度(1—2名)

记录员:在地图上进行标记,并记录测量的数据信息(1名)

采集员:采集少量苔藓,至少两种(1—2名)

图 4 - 14　利用活动单完成角色分配

2. 提供资源支持,提高项目学习的自主性

在项目化学习中,教师的角色不是"教"而是"导",学生是学习的主体,教师是指导者、促进者和资源提供者。要减少项目过程中教师的过度干预,提高学生的自主性,适当的资源支持是很有必要的。

例如,在"为苔藓'安家'"的项目中,何晓老师提供了如图 4 - 15 所示的参考资料,帮助学生对苔藓微盆景基质做出合理的选择。

什么样的基质适合苔藓种植

苔藓种植的基质一般不需要太厚,3-4厘米即可保障苔藓所需的营养和水分,如果容器较大较深,可以选择合适的基质填充底部。

适合种植苔藓的基质一般需要满足以下条件:

一、容易吸水保水的基质

大多数苔藓都喜欢潮湿的环境,但是长期积水容易使苔藓发霉。因此选择的基质应具有吸水性强的特点,能吸走多余的水分,同时有一定的蓄水能力,能维持一定的湿度。

二、低营养基质

苔藓可以在营养很少的情况下生长,因此请使用营养较少的土壤,高营养成分会导致藻类生长。

三、具有粘性的基质

出于造景的需要,有时需要使用适量有粘性的基质帮助苔藓、碎石等固定位置。

基质名称	图片	基质简介	价格(元/斤)
赤玉土		赤玉土由火山灰堆积而成,其形状有利于蓄水和排水。赤玉土吸水性和透气性都很强,适合植物扎根生长。	5.0
黄土		黄土颗粒细腻,吸水性和保水性较好,有一定的透气性,具有粘性。	1.5
园土		园土又称菜园土、田园土,因经常施肥耕作,肥力较高,具有粘性。缺点是干时表层易板结,湿时通气透水性差。	1.0
火山石		火山石是火山喷发过程中形成的一种有密集气孔的岩石。火山石具有保水和透气的特性,同时质地比较硬。	1.0
花岗岩		花岗岩结构细密,硬度高,吸水性比较弱,其颗粒均匀细密,不容易沾染污垢,容易清理。	9.0

图 4 - 15　苔藓微盆景的基质选择参考资料

3. 合理设计评价内容,以评促学实现能力增强

在项目化学习中,有效的评价策略对于促进学生的学习和发展至关重要。评价目标需与项目学习目标相一致,确保评价能够准确反映学生在项目中的学习效果。教师需要明确项目旨在培养学生的哪些知识、技能和能力等,然后根据这些目标来设计评价指标。

例如,"蘑菇工坊"这一项目的目标是期望学生运用科学方法进行研究,发现蘑菇与植物的区别,从而对植物产生更深的认识,那么评价就要围绕学生对科学方法的掌握程度、对菌类和植物的认识程度等。

此外,评价目标应涵盖多个维度,不仅关注学生的学术成就,还应考虑他们的团队合作能力、问题解决能力、创新思维等。这样,可以全面了解学生在项目中的综合表现。如,在一个艺术项目中,评价目标既可以包括学生的艺术技能、创造力、对艺术作品的分析能力,又可以包括团队合作中的沟通和协作能力等。

制定明确评价标准是落实评价的关键。评价标准应具体明确,具有可操作性。避免使用模糊的语言,让学生清楚地知道自己需要达到什么样的标准才能获得好的评价。教师可以利用评价量规,每个指标可以进一步细化为不同的等级,以便学生更好地理解自己的表现水平。(见表 4 - 5)

表 4 - 5　评价量规

评价方面	评价标准	对应等第
方案设计	方案没有遵循单一变量原则	☆
	方案遵循单一变量原则	☆☆
	方案遵循单一变量原则,且各条件设置基本合理	☆☆☆
实验实施	未能按计划实施	☆
	能按计划实施	☆☆
	能按计划实施,遇到问题能进行适当的调整	☆☆☆
结论分析	没有发现数据中的问题	☆
	关注到了数据中的问题	☆☆
	关注到了数据中的问题,并能作出一定的解释	☆☆☆

评价标准应在项目开始时就向学生公开,让他们了解评价的依据和要求。这

样可以让学生在项目实施过程中有明确的目标和方向,同时也能增加评价的公正性和透明度。例如,在项目启动会上,教师可以向学生详细介绍评价标准,并提供一些示例,让学生更好地理解评价的要求。在项目进行过程中,教师可以根据评价标准对学生的表现进行及时反馈,帮助他们改进和提高。

总之,通过精心设计和实施项目可以增强学生在项目学习中的兴趣和参与度,培养学生的综合能力和创新精神。在实施项目化学习时,教师要充分发挥引导和支持的作用,为学生提供良好的学习环境和资源,帮助学生顺利完成项目任务,实现学习目标。

三、实施技巧:自主管理、团队协作与创造力的协同

项目化学习通过真实的、有挑战性的问题情境,激发学生的好奇心和探究欲,从而促进创造力的发挥。在项目化学习中,学生需要运用已有知识解决实际问题,这一过程能够锻炼学生的创新思维和问题解决能力。在这个过程中,学生通过自主管理、团队协作,培养自主创新能力、沟通协调能力,还能够通过集体智慧激发更多的创新思维。

(一) 自主管理

1. 自主管理的重要性

自主管理是指学生在学习过程中能够自我指导、自我监控和自我调节的能力。在项目化学习中,自主管理能力的培养尤为重要,因为它能够促进学生的主动性和责任感,从而提高学习效率、增加学习效果。自主管理不仅涉及学生对学习任务的管理,还包括时间管理、情绪管理和人际关系管理等方面。通过项目化学习,学生能够在实践中学会如何自我管理,主动参与学习探究的过程,自我设定目标,自我监控进度,从而激发其内在的学习动力和创造力。

2. 自主管理与创造力的协同

自主管理与创造力在项目化学习中是相辅相成的。一方面,良好的自主管理能力能够为创造力的发挥提供稳定的学习环境和心理状态;另一方面,创造力的激发也能够增强学生的自主管理意识和能力。在项目化学习的过程中,学生需要自我

管理以确保项目的顺利进行,同时在解决问题的过程中不断激发和运用创造力。

以缪莹老师设计的美术综合项目"一起'拍'佳节"为例,该项目将传统文化与技术探究、艺术表现紧密结合,通过任务驱动、技术赋能,按探寻动画魅力、尝试动画拍摄、探究拍摄技巧、完善动画制作、分享动画成果五个阶段主题任务,分阶段渐进探究定格动画制作技巧,学生在这个过程中体验让道具"动"起来的乐趣。

学生在实践操作中所需的拍摄对象也以此为原型来制作。活动中提供的超轻黏土、彩色纸片等是学生喜闻乐见的个性化创作材料。学生自主设计、制作黏土角色与道具,实现定格动画拍摄,是传统文化传承与新技术融合创新的全新演绎方式。

A小组学生在学习单中自主设计角色与道具、创编剧本、绘制动作分镜。老师提供的超轻黏土是他们喜爱的创作材料。学生使用超轻黏土捏制了所需的角色与道具,如小粽子、龙舟等——依靠自己的力量做好动画拍摄的前期准备。

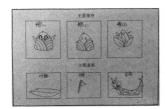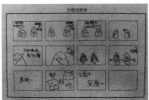

图 4-16　根据编写的剧情设计角色与道具、绘制分镜

通过设计的活动单串联各大关键活动,并运用操作手册、学习视频等资源作为实施技巧,引导学生自主探究学习如何拍摄动画,逐渐了解如何做好一名称职的小导演、小场务、小摄像——每个学生的分组和组内的"身份"都由学生自主商议决定,充分发挥其主观能动性。

图 4-17　使用彩泥制作角色道具并布置背景板,查看操作手册与视频

（二）团队协作

团队协作是一种为达到既定目标所显现出来的资源共享和协同合作的精神。在项目化学习中，团队协作与创造力的同步发展是教育过程中至关重要的一环。项目化学习是一种以学生为中心的教学模式，它鼓励学生通过参与和完成具有实际意义的项目来获取知识，培养技能。在这种学习模式下，团队协作和创造力的培养不仅是学习目标，也是学习过程的重要组成部分。

1. 协作共进，携手共赢

团队协作能够教会学生如何与他人沟通、协商和解决冲突。在项目化学习中，学生需要共同讨论、分工合作，这有助于他们学习倾听他人意见、表达自己的观点，并在团队中找到自己的位置。通过团队合作，学生能够学会承担责任，了解每个成员对项目成功的重要性。他们将学会如何依赖队友，同时也为队友提供支持。每个成员都是独立的个体，有自己独特的思维模式，这就有可能带来不同的视角和想法，这种多样性可以促进成员更全面的思考和丰富解决方案。

2. 协作生花，创新勃发

项目化学习往往涉及开放性问题，这些问题没有固定答案，需要学生发挥创造力来探索和解决。这种探索过程能够激发学生的创新思维。学生需要自主寻找资源和信息，这种自主性是创造力发挥的关键。学生在寻找答案的过程中，往往能够发现新的问题和新的解决方法。通过实际操作和项目实施，学生可以将创意转化为实际成果，并通过反思来优化和改进。这种实践与反思的循环是创造力发展的重要途径之一。在项目开始时，团队成员共同设定目标，这有助于统一团队的方向和动力。共同目标的设定过程本身就是一个创造性的过程，需要团队成员发挥想象力和前瞻性。团队中，每个成员都有不同的角色和职责，这种角色分配有助于发挥每个成员的特长，同时也促进了团队成员之间的技能互补和创造力的融合。

以张玉婷老师设计的"深度学习案例——迪士尼攻略设计"为例。

为了最大限度地发挥学生的自主性，激发学生的创造力，整个活动过程都由学生自行组织开展，教师只是适当地提供帮助。但值得一提的是，在设计迪士尼攻略的过程中，如何平衡学生的个性化体验与普遍兴趣对学生而言是一个比较大的挑战。因此，在设计攻略前，应先组织学生开展讨论。

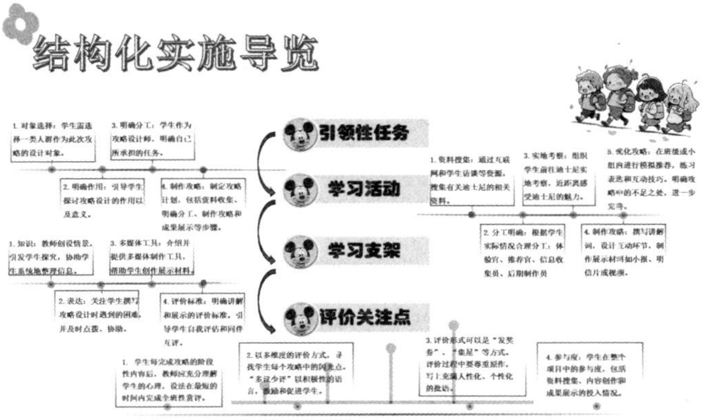

图 4-18　迪士尼攻略设计示图

组建小组，明确分工

教师和同学商讨，了解如何组成小组最合理。整个小组中必须设立的岗位有：体验官、推荐官、信息收集员、后期制作员等。在引导中，教师要明确指出"体验官"需要具备写出心里所想、眼中所见的语文能力；"推荐官"需要具备一定的表达能力，否则无法将看到的事物具象化，不利于小组制定攻略；"信息收集员"对电脑操作，包括检索信息、整理信息具备一定的能力；"后期制作员"同样对学生的电脑水平提出了一定的要求。学生可以自发组队，填写志愿，写出最想担当的组内工作，然后教师根据志愿表，按照队员的实际能力进行适当的调整，帮助每个小组尽快完成建队。整个过程，尊重学生个体意愿，鼓励学生自主选择自己最想担任且有能力胜任的岗位。

合作排摸，设计问卷

在组建团队后，可以利用午间休息和班会课的时间来集体讨论并设计一份调查问卷。这份问卷的设计应该基于现实情况，旨在激发学生们的创造力和深入思考。

明确目标受众：

学生首先要确定这份攻略的目标对象是谁。针对不同人群，比如家庭、情侣、朋友团体等，需要提供定制化的迪士尼游玩攻略。在攻略中，要体现出合理性和人性化，确保攻略能够满足不同游客的需求。

深入挖掘细节：

问卷的设计要尽可能细致，这样才能更容易地编写出详尽的攻略。通过细致的问卷，学生可以收集到更多关于游客喜好、需求和预期的信息，从而编写出更加精准和个性化的攻略。

预见并规划未来：

学生要考虑到游玩过程中可能出现的各种问题，并提前做好预警或预案。通过问卷，可以了解不同人对于突发状况的处理方式，这样在制作攻略时，学生就能提前为游客提供解决方案，增加他们的游玩体验好感度。

团队合作与创意激发：

在设计问卷的过程中，要鼓励团队成员积极贡献想法，每个人的独特视角都能为问卷的设计带来新的灵感。班级可以组织"头脑风暴"会议，让每个人都有机会发言，共同探讨如何使问卷更加全面和深入。

反馈与迭代：

在问卷设计完成后，学生要进行小范围的测试，收集反馈，并根据反馈进行调整。这样可以确保问卷能够真正地捕捉到游客的需求，并且随着时间的推移不断优化。在团队协作中，创意碰撞与迭代，往往能够激发出新的灵感和解决方案。团队成员可以通过讨论、试验和反馈来迭代和完善他们的创意。

在项目化学习中，团队协作与创造力的同步发展是一个动态的、互动的过程。通过这种学习模式，学生不仅能够获得知识和技能，还能够培养团队合作精神和创新能力，为他们未来的学习和生活打下坚实的基础。

如："一起'拍'佳节"案例中，活动采取小组三人分工合作的形式，三人的小岗位分别为"小导演""小场务""小摄像"。整个拍摄活动的开展需要三人相互配合、各司其职。拍摄动画需要三人及时沟通，遇到问题时运用学科知识尝试解决。在活动不断推进的过程中，小组成员的合作意识逐渐加强，协作力越来越强，为共同的任务做好阶段性的"工作"，获得自我肯定。

在这个项目中，学生通过合作完成实验拍摄任务，共同探索动画帧率和动作幅度的优化方式，创作出新的衍生脚本和背景图。这些成果不仅体现了学生的创造力，还展示了团队协作的力量。

跨学科学习活动设计举隅

画黄山奇石,做黄山代言
——我是黄山小导游

设计教师　马雪倩(语文)

学习主题	画黄山奇石,做黄山代言——我是黄山小导游		
学习目标	学科知识点: 1. 语文: (1)掌握自然景物的描写手法。 (2)了解导游词包含的内容,优秀导游须具备的能力。 2. 自然:查阅黄山风景区的相关地理文化知识,了解黄山奇石所在方位及其形成原因。 3. 美术:黄山奇石美景,感受黄山奇石的美及其特点。 4. 跨学科概念:联合思维、聚焦问题。 学科技能: 1. 语文: (1)抓住奇石特点,运用比喻、拟人等修辞手法,介绍黄山奇石。 (2)结合黄山奇石特点及形成原因,撰写导游词。 2. 自然:根据黄山奇石的方位,在绘制的游览图上进行定位。 3. 美术: (1)用简单线条画黄山奇石,绘制名片。 (2)结合黄山风景区中奇石的分布,绘制合适的旅游路线和导览图。 4. 跨学科技能:通过信息查阅及小组合作等形式,学会合作互助、信息筛选、人际沟通、问题结果等跨学科技能。 态度、习惯、行为: 1. 激发学生对祖国大好河山——黄山风景区的热爱之情。 2. 培养学生乐于思考,多角度运用多学科知识解决问题的能力,体会学科知识与生活的密切联系。		
学习年段	二年级	聚焦学科 核心素养	语文:语言运用、思维能力、审美创造 自然:科学思维、探究实践 美术:艺术表现、创意实践
内容组织	跨学科学习组织方式	以大任务——"我是黄山小导游"为导向的学习组织方式。创设"我是黄山小导游"的情景,让学生以"小导游"的角色融入学习,以小组合作的方式设计生动的导游词与合适的路线,带领班上的小游客云游黄山。	
	统领性任务	做一名优秀的黄山小导游。	

			1. 黄山奇石名片设计：查阅资料，了解黄山奇石，画一画自己喜欢的黄山奇石，仿照课文《黄山奇石》，为奇石写一段介绍词，制作图文并茂的奇石名片。	2. 黄山奇石成因讲堂：查阅黄山风景区相关资料，观看相关视频，总结梳理黄山奇石形成的原因。	3. 黄山奇石路线设计：查阅黄山风景区相关资料，了解自己喜欢的奇石的大致方位，小组合作、设计、绘制游览路线图。
内容组织	主干学科与关联学科	学科A	语文——解决问题：学生仿照课文，根据奇石特点，为黄山奇石取名，并运用一系列动词，以及比喻、拟人等修辞手法，撰写黄山奇石介绍词。提升技能：培养学生语言运用与表达能力。核心素养：提升学生语言建构与运用、思维发展与提升、审美鉴赏与创造这三大核心素养。	语文——解决问题：查阅黄山风景区相关资料，了解黄山奇石的成因，并能用浅显的语言进行介绍。提升技能：增强学生的阅读理解、信息整合运用及语言表达能力。核心素养：培养学生语言建构与运用这一核心素养。	语文——解决问题：确定游览路线，绘制游览路线图。增强技能：培养学生的语言表达与运用的能力。核心素养：培养学生语言建构与运用这一核心素养。
		学科B	自然——解决问题：结合《黄山奇石》一课课堂所学，引导学生通过资料的查阅，了解黄山风景区有哪些奇石，观察奇石的特点。提升技能：提升学生了解、探索自然的能力。核心素养：培养学生探究实践的核心素养。	自然——解决问题：学生小组合作，自主查阅黄山奇石相关的自然知识，观看相关视频，探究黄山奇石形成的原因，了解黄山各块奇石在风景区中的大致位置。提升技能：提升学生从科学角度探索自然的能力。核心素养：培养学生科学思维，探究实践的核心素养。	

内容组织	学科 C	美术—— 解决问题:根据黄山奇石的特点,画黄山奇石,为其设计、绘制明信片。 提升技能:引导学生综合运用多学科知识,进行明信片创作,增强学生的实际应用的能力。 核心素养:培养学生的艺术表现与创意实践的核心素养。		美术—— 解决问题:根据确定好的黄山奇石方位,绘制合理的游览路线,美化导览图。 增强技能:增强学生运用多学科知识的实际应用能力。 核心素养:培养学生创意实践这一核心素养。
学习过程	开展的学习活动	1. 查阅相关资料,了解黄山风景区的奇石及其特点。 2. 学生选择自己喜爱的奇石,根据喜好进行分组。小组合作,发挥想象,画黄山奇石。 3. 回顾《黄山奇石》一文,复习巩固运用动词、比喻、拟人等修辞手法描写黄山奇石的写作方法。仿照课文,小组合作,描写自己喜欢的黄山奇石,并根据自己理解,为奇石取新名字。 4. 制作黄山奇石名片。包含黄山奇石(图)、名称、形成原因等内容。	1. 观看、查阅黄山风景区相关视频与文本材料。 2. 小组合作整理、汇总黄山奇石的形成原因。 3. 分组介绍黄山奇石的形成原因。	1. 小组合作,共同绘制黄山的游览路线图。 2. 每组选派一名小导游,运用自己设计的"奇石名片""游览路线图"带领游客们云游黄山。

		1. 媒体材料： 黄山奇石如何形成的视频等相关资源。 2. 学习材料： (1) 黄山风景区介绍的相关文本、图片、网站。 (2) 课文《黄山奇石》。 (3) 相关景区、景点名片。 3. 学习过程指导： (1) 组织、指导学生查阅黄山奇石相关资料，根据学生的喜好进行分组。 (2) 回顾课文，复习巩固课文对黄山奇石的描写方法，指导学生小组合作，开展头脑风暴，交流奇石特点，为奇石取名，并仿照课文撰写黄山奇石的介绍词。	1. 媒体材料： 黄山奇石如何形成的视频等相关资源。 2. 学习材料： 黄山奇石形成原因相关文本资料。 3. 学习过程指导： (1) 指导学生搜集查阅黄山奇石的相关资料，如黄山风景区的地理位置、气候条件等，了解黄山奇石的形成原因。 (2) 引导小组成员分工合作，查阅相关资料，提取、整理关键信息。	1. 学习材料： (1) 风景区地图。 (2) 风景区导览图、游览图。 2. 学习过程指导： (1) 了解合适的游览路线标准。 (2) 小组合作学习其他风景区游览图，了解游览图必备要素。 (3) 绘制、美化黄山风景区游览路线图。 (4) 明确做一名优秀小导游的要求。
	教师提供的学习支持			
	过程性评价方式	1. 小组分工合作，以视频、图片、文字等形式记录每次阶段性学习成果，针对小组成员学习态度、合作、参与意识、组织与协调能力开展自评、互评、师评。 2. 开展阶段性成果交流，小组分享学习成果，针对分享的成果进行自评、互评与师评。		
学习评价	**总结性评价量规**（体现评价任务、评价内容、等级标准等要素） **"我是黄山小导游"评价表** 表格见下			

评价内容	评价标准	等级水平
我是黄山小导游	1. 声音洪亮，仪态落落大方。 2. 能顺畅、完整地介绍出奇石的特点，有较强的感染力。 3. 导游词、设计的名片与路线图三者有机、恰当结合，加上适当的动作。 4. 有恰当的道具、配乐。	典范 ★★★★

	评价内容	评价标准	等级水平
学习评价		1. 声音洪亮，仪态落落大方。 2. 能顺畅、完整地介绍出奇石的特点，有一定的感染力。 3. 导游词、设计的名片与路线图三者基本能结合，加上适当的动作。	完成 ★★★
		1. 声音洪亮，仪态大方，但有些紧张。 2. 能顺畅、完整地介绍出奇石的特点。 3. 导游词、名片与路线图三者基本能结合。	发展中 ★★
		1. 声音不够洪亮，整体有些紧张。 2. 基本能完整地介绍出奇石的特点，不够顺畅。 3. 导游词、名片与路线图三者未能很好地结合。	尚须努力 ★

设计说明：

《义务教育语文课程标准（2022年版）》跨学科学习任务群明确提出："要引导学生在广阔的学习和生活情境中学语文、用语文，提高交流沟通、团队协作和实践创新能力。注意引导学生掌握问题探究的基本步骤和方法，学会提炼、表达、呈现学习成果，着重培养学生综合运用多学科知识解决实际问题的能力。"小学语文跨学科学习最终的目的要指向问题解决。因此，结合二年级上册《黄山奇石》这篇课文及第四单元的单元目标介绍家乡及祖国的大好河山，根据二年级学生喜欢表现等身心特点，我设置了"我是小导游"的情境，让学生以小导游的身份参与"画黄山奇石，做黄山代言——我是黄山小导游"跨学科主题学习之中，通过小组合作学习的方式，融合语文、自然、美术等学科知识，为黄山风景区的奇石作画、写导游词，设计游览线路图，从而成为一名优秀的小导游。

在本次跨学科主题学习设计中，引入学生熟悉的角色与生活情境，围绕"做一名优秀的黄山小导游"这一统领性任务，根据导游所需具备的能力、素材，设计了"黄山奇石名片设计""黄山奇石成因讲堂""黄山奇石路线设计"这三大子任务。通过这三大子任务，学生能综合运用语文、自然、美术等学科知识，以查阅相关资料、联系所学内容、调查研究等方式，以小组合作学习的形式逐步完成各项子任务，从而为统领性任务的完成积累素材，奠定基础。 最后，各小组选派代表作为小导游，带领班上的同学云游黄山。 通过这样的方式综合呈现名片、路线图等子任务的学习成果，从而让统领性任务的解决水到渠成。

在评价上，教师注重过程性评价与总结性评价相结合，根据其阶段性及最终的成果，确立相应的评价标准，从而能更好地促进学生整个学习阶段学习态度、任务完成质量与学习水平的提升。 对最后成果的评价，也从多元角度出发，结合学生的表现力、小组合作能力、完成态度等方面给予评价，从而让评价更为全面。

这样的跨学科主题学习设计，打通了语文与各学科的联系，以主题统整的形式整合学科资源，然后通过学生体验性的参与活动，把知识学习和生活真实情境问题解决有机地结合起来，从而有效地促进学生核心素养的养成。

为学校周围的中餐厅提供正确的英文菜单

设计教师　朱柽瑶（英语）

学习主题	为学校周围的中餐厅提供正确的英文菜单		
学习目标	1. 了解翻译菜名时常用食材、烹饪、调味的英语表达方式。 2. 掌握翻译中餐英文菜名的几种方法。 3. 辨别出错误的中餐厅英文菜名，或能正确翻译菜名。 4. 能通过现代媒材、技术，设计出英文菜单，进行艺术实践，展现艺术美感。 5. 能对问题进行抽象、分解，制订简单的解决方案。 6. 能合理选择数字设备、平台和资源，通过任务分解的方式提高学习效率。 7. 感知与体验文化多样性的同时，认同中华文化，形成正确的价值观念，并初步具备比较和识别中外文化异同的能力。		
学习年段	五年级	聚焦学科核心素养	通过跨学科学习，提升学生翻译菜名方面的语言能力，同时帮助学生了解博大精深的中华美食文化，培育文化意识。此外，通过不断地归纳、分析所得信息和资料，讨论、表达观点，并与饭店以及英语村沟通、交流等，提升学生的思维品质和学习能力。

跨学科学习组织方式		策划实践型		
统领性任务		为学校周围的中餐厅提供正确的英文菜单		
子任务		（一）调查、了解中餐厅英文菜名在翻译上的问题	（二）辨别出错误的英文菜名或正确翻译菜名	（三）制作正确的英文菜单，并在学校周围的一些中餐厅中推广使用
内容组织	主干学科与关联学科 学科A	英语 1. 问题： 如何设计问卷调查。 2. 核心素养： 语言能力。 3. 技能： 能运用所学语言传递信息、描述问题，与他人进行有效沟通。	英语 1. 问题： 如何翻译菜名。 2. 核心素养： 语言能力、思维品质。 3. 技能： 能基本掌握翻译菜名的一些方法以及基本的表达。	英语
	学科B	信息科技 1. 问题： 如何运用 app 制作、发布问卷调查。 2. 核心素养： 信息意识。 3. 技能： 能根据学习与生活需要，有意识地选用信息技术工具处理信息。		美术 1. 问题： 如何设计、制作一份中英文菜单。 2. 核心素养： 艺术表现、文化理解。 3. 技能： 运用现代媒材和技术设计一份较为美观的中英文菜单。
	学科C	数学 1. 问题： 如何进行数据分析。 2. 核心素养： 推理能力。 3. 技能： 通过结果推断一般结论，形成实事求是的科学态度与理性精神。		

学习过程	开展的学习活动	1. 学生设计问卷调查。 2. 学生发放问卷调查（利用 APP"问卷星"）。 3. 分析、总结问卷情况。 4. 确定主要研究任务。 5. 通过评价表进行阶段反思并改进。	1. 学习菜名翻译时，所需常用的食材、调味、烹饪的英文表达。 2. 学习"翻译菜名的几种方法"。 3. 总结常见中餐厅错误的英文菜名翻译。 4. 辨别或翻译英文菜名。 5. 通过评价表进行阶段反思并改进。	1. 通过问卷调查确定学校周围外国人喜欢却没有英文菜单的平价中餐厅。如："顾一碗""兰州拉面"，并为其制作中英文菜单。 2. 形成一份翻译菜单的学习成果手册，推荐至"静安英语村"，丰富其教学课程。 3. 通过评价表进行阶段反思和总反思。
	教师提供的学习支持	1. 模拟情境，让学生亲自感受看不懂外文菜单所带来的困扰。 2. 提供问卷调查问题设计的样例，如： 你觉得中餐厅的英文菜单重要吗？ A. 重要　B. 一般 C. 不重要 3. 助力讨论，帮助学生精简并筛选掉能力达不到的研究问题。	引导学生将错误的英文菜名进行分类，如用词不恰当、直译等，以此帮助学生在后续任务中能更准确地翻译菜名或菜单。 2. 引导学生查询、借助权威资料，如文献、节目"舌尖上的中国"，或专业的翻译人员、外国友人来验证英文菜名翻译的正确性。	1. 和学生一起与饭店进行沟通，包括英文菜单的发放、印刷费用的承担等。 2. 与学生一起和英语村负责人沟通，宣传此次学习成果。 3. 引导学生在讨论、展示中对此次跨学科学习进行反思和总结。
学习评价	过程性评价方式	1. 小组内成员自评。 2. 小组之间互评。 3. 教师、专家通过每阶段的观察、小组汇报，给予评价。		

总结性评价量规（体现评价任务、评价内容、等级标准等要素）

"为学校周围的中餐厅提供正确的英文菜单"成果评价表

评价内容	评价维度	4—5分	2—3分	0—1分
任务一	1. 能够合理地设计问卷调查表，前后题目有逻辑，并具有代表性。			
	2. 能够有针对性地发放问卷调查表。			
	3. 能够科学、客观地分析、总结问卷调查情况。			
	4. 能够确定主要研究任务。			
	阶段反思： 〈成果〉： 〈不足〉： 最佳组员（长）： 最佳项目组：			
任务二	1. 了解菜名翻译时所需的常用食材、调味、烹饪的英文表达。			
	2. 能够掌握翻译中餐英文菜名的几种方法。			
	3. 能总结出常见中餐英文菜名的错误，并将其分类。			
	4. 能辨别出错误的英文菜名，或能正确翻译英文菜名。			
	阶段反思： 〈成果〉： 〈不足〉： 最佳组员（长）： 最佳项目组：			
任务三	1. 能为学校周围外国人喜欢却没有英文菜单的几家平价中餐厅制作中英文菜单。			
	2. 能形成一份学习成果手册，推荐至"静安英语村"。			
	3. 加深对中国饮食文化的了解。			
	阶段反思： 〈成果〉： 〈不足〉： 最佳组员（长）： 最佳项目组：			

	评价内容	评价维度	4—5 分	2—3 分	0—1 分
学习评价	总任务	项目总得分：			
		最佳组员（长）：			
		最佳项目组：			
		反思：〈成果〉：〈不足〉			
	评价形式有：小组内自评、组间互评、教师评、专家评(外教或专业翻译人士)。				

设计说明：

学校地处静安，周围有很多涉外餐厅，所以学生们在就餐时发现很多菜单翻译都很离谱，另外一些其他国家的人喜欢的平价中餐厅却没有英文菜单。于是学生结合牛津五年级"Food and drinks"的主题单元，尝试在真实世界解决真实问题，辨别或正确翻译中餐菜名，感受中华美食的博大精深，传扬中华饮食文化的同时，增强解决问题的能力。

在整个学习过程中，学生们不仅习得了很多与菜名翻译有关的知识与技巧，增强了语言能力，更是打破了学科边界，通过信息科技、数学学科进行数据统计、归纳、筛选，培育学生的思维品质，利用美术学科设计中英文菜单和学习成果手册，向中餐厅、英语村推荐。每一任务后的反思环节也能及时帮助学生总结经验，改善不足，增强学习能力。

跨学科整合将学生的学习与社会生活紧密联系在一起，在实际生活中增强发现问题、解决问题的综合实践创新能力。

案例 4-1

发现身边的校园"奇人"

一、项目简述

语文课程应该让学生成为"有心人"，不仅是铭记课本中的人物，更应该铭记那些与自己生活发生直接联系的人，通过走近身边的普通人，了解他们的生命历程，学会理解与欣赏他人。

本项目以任务情境"我班负责录制春芽电视台的'人物专栏'，要向全校师生推荐身边的校园'奇人'"为引领，通过发现、探访、展现、介绍校园"奇人"四个子任务，一步步引导学生寻找、观察、采访、推荐"奇人"。 在学习过程中，让学生将自己的校园生活经历与语文学习活动关联起来，能够主动观察校园中那些有特点的人，从读出人物特点转向写出人物特点。

二、项目设计缘由

部编版语文教材从三年级上册开始，每册教科书都设置了一个写人记事类的习作单元（表1），学习要求呈螺旋式上升。 通过几年的学习，学生有了一定的学习积累，掌握了描写人物的基本方法，能够抓住人物的特点进行描写。

表 1　部编版语文教材写人记事类习作任务及要求

年级		习作任务	习作要求
三年级	三上	《猜猜他是谁》	能选出一两点特别的地方，介绍自己的同学。
	三下	《身边那些有特点的人》	写一个人，尝试写出他的特点。能给习作起一个表现人物特点的题目。
四年级	四上	《小小"动物园"》	能抓住家人与动物的相似之处，写出家人的特点。
	四下	《我的"自画像"》	能从外貌、性格、最大的爱好和特长等方面写出自己的特点，并能用具体的事例说明。
五年级	五上	《"漫画"老师》	能抓住人物的主要特点，用一两件具体事描写自己的老师。
	五下	《他_____》	能选择某人给自己留下深刻印象的事情，把经过写清楚。能从多个角度把人物当时的表现写具体，反映出人物的内心。
		《形形色色的人》	能选择典型事例，通过描写语言、动作、外貌、神态、心理等，具体地表现人物的特点。

五年级下册第五单元是小学阶段最后一个写人记事的习作单元，在讲到《刷子李》一文时，学生知道了"奇人"就是那些平凡的、具有与众不同本领的人。班里的学生凡凡嘀咕道："刷子李的确厉害，我们身边有这样的奇人吗？"几位同学异口同声答道："有！"恰逢本学期将由我们班录制学校里的"春芽电视台"节目，何不以此为契机，结合本单元的学习，让学生将自己的校园生活经历与语文学习活动关联起来，细心观察校园中那些有特点的人，从读出人物特点转向写出人物特点呢？为此，我设计了本次活动的主题任务：在本学期我们班负责录制的春芽电视台"人物专栏"里，向全校师生推荐身边的校园"奇人"。

　　三、项目目标

　　1. 语文学科素养

　　（1）语言建构与运用：选择合适的写作对象，选取典型的素材，运用本单元课文中学习的人物描写方法，描述校园"奇人"的特点；能用多种方法表现人物特点（动作、神态、语言、心理描写等）；能通过描写周围人的反应，间接写出人物特点；能够合理地列出采访提纲，采访身边的奇人。

　　（2）思维发展与提升：掌握典型事例与人物之间的关系；能结合校园生活的体验，创造性地表达"我眼中的校园奇人"。

　　（3）审美鉴赏与创造：能够通过阅读、鉴赏写人记事的相关文学作品，感受语言文字的魅力，增强对这一类文章的鉴赏力；能够结合生活体验，选择身边的奇人，创造性地进行表达。

　　2. 学习素养

　　（1）探究性实践：建立知识联系。在阅读过程中，掌握描写人物的基本方法、典型材料与具体地表现一个人的特点之间的联系。

　　（2）创造性实践：敢于结合校园生活体验，选择身边的奇人，创造性地进行表达。

　　（3）社会性实践：能以较为规范的语言文字记录身边的奇人。

四、挑战性问题

1. 本质问题

如何抓住人物特点，选择典型材料，写出人物之奇？

2. 驱动性问题

同学们，本学期将由我们班负责录制春芽电视台"人物专栏"，我们的身边有不少"奇人"，或许是你熟悉的老师、同学，抑或是校园里面的工作人员，也许他们并不起眼，但各具特点。有的人性格风趣幽默、耐心细致……有的人在某一方面有着过人的本领，还有的人一开始你并不觉得他有特点，但在了解后渐渐发现了他的与众不同……拿起手中的笔，向大家介绍身边那些有特点的人吧！

五、项目实施

为了引导学生一步一步达成目标，我设计了 4 个相关联的子任务。

任务一：发现身边的校园"奇人"

通过之前的学习，学生已经明确了奇人的概念，那校园中有哪些"奇人"呢？讨论中，班级学生共选取了三类写作对象：身边的同学、老师、校园里的工作人员。部分讨论记录如下。

选取对象	学生推荐理由	教师点拨	讨论结果
同学小杜	他是飞毛腿，是班级中跑得最快的男生。	小杜在班级里跑得快，那他在年级中的跑步水平如何呢？也是跑得最快的吗？	不能被称为"奇人"
同学乐乐	1. 乐乐是个小个子女生，放在人群里根本找不到她。但是她把我们的队伍管理得特别好，特别有领导力。 2. 我观察到 12 个班级中领队都比较高大，且大部分是男生，但所有领队对比下来会发现乐乐是最会管理的一个，这样娇小又厉害的乐乐很独特。	通过与他人的对比，发现了同学的奇特之处，非常不错。	可以被称为"奇人"

选取对象	学生推荐理由	教师点拨	讨论结果
数学张老师	1. 张老师打乒乓球打得很好,他带着大家上乒乓拓展课。 2. 可是乒乓拓展课的另一位何老师也是教数学的,乒乓也打得好,数学老师中并不是只有张老师的乒乓打得好。	的确,打乒乓球是张老师的特点之一,但这个特点并非最具代表性。	不能被称为"奇人"
自然康老师	1. 我参加了康老师的社团,她的手工做得特别好,其他自然老师的社团都是和自然相关的,只有康老师开的是手工社团。 2. 康老师的桌子上有非常多的快递盒,一次性水瓶,还有一次性的餐盒。她的手工作品都是废物利用,变废为宝。	想要找出一个人的特点,要经过长期、细致地观察。	可以被称为"奇人"
维修工殷师傅	1. 班级里东西坏了,每次帮忙维修的师傅我觉得他特别厉害,非常万能,什么都能修。 2. 可是这个师傅的工作就是维修,所以他能修东西应该是一件很正常的事情,不算是他的一个特点。	我们在选择"奇人"的时候,要关注这个人的身份。	不能被称为"奇人"
门卫石叔叔	1. 我觉得门卫石叔叔很厉害,他记得住很多同学的名字。 2. 没错,有一次放路队的时候他不仅叫出了我的名字,还问我是不是丢了件外套,叫我去失物招领处领取。	看来记忆力好的特点给大家留下了深刻的印象,我们可以继续深入观察,看看能不能找到他更多的特点。	可以被称为"奇人"

在头脑风暴中,学生智慧交锋,灵感迸发,逐步理清"奇人"的概念:即校园中最具特点的人。

任务二:探访校园"奇人"之"奇"

怎样才能全面了解这些"奇人"? 经讨论,师生共同认为可以通过连续观察、面对面采访,深入地了解自己的写作对象。我根据学生所选的写作对象将他们分为不同的三组:一组观察有特点的老师,一组观察有特点的同学,另一组则观察有特点的学校工作人员,为期两周。观察过程中，填写《校园"奇人"观察记录表》（图 1 ）。 观察结束后，整理相关问题，共同列出采访提纲，对写作对象进行采访，完成《发现校园里的"奇人"采访记录表》（见图 2 ）。

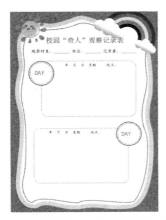

发现校园里的"奇人"采访记录表

组名：		采访人：		记录人：	
小组成员					
采访对象					
采访目的					
采访方式					
采访器材		纸和笔			
采访地点		采访时间			
采访问题记录	问题 1				
	采访问答				
	问题 2				
	采访问答				
	问题 3				
	采访问答				
	问题 4				
	采访问答				
	问题 5				
	采访问答				
采访总结					

图 1　校园"奇人"观察记录表　图 2　发现校园里的"奇人"采访记录表

彩虹小队负责观察手工达人康老师。 他们发现康老师是变废为宝专家，她手工课上的原材料都是快递盒、外卖餐具等人们眼中的"垃圾"。 观察过程中，我提示孩子们除了直接观察康老师的活动，还可以观察她课上学生的反应。 小队成员小芸同学在观察记录表中写道：今天是一年级的小主综课程，康老师略带神秘地宣布今天做蝴蝶。 有个男生大喊："这有什么难的！ 我也会做！"康老师温和地笑了笑，让该生先别着急，并三下五除二折了一只会动的立体蝴蝶。 刚刚叫嚷着的男生此刻被惊叹得连连拍手。

火箭小队负责观察门卫石叔叔。 在观察过程中他们肯定了同学的推荐理由——石叔叔记忆力特别好；除此之外，他们还发现了石叔叔的第二奇：特别会哄孩子，其他门卫叔叔都搞不定的小朋友他统统能搞定，他会通过讲故事、玩手势游戏等方式来哄他们。 后续的采访中，他们听石叔叔说有一个叫晨晨的小朋友，刚入学时特别爱哭，足足哄了一个月才哄好。我建议火箭小队找到当事人"现身说法"，就这样，火箭小队找到了晨晨了解情况，发现石叔叔的确是当之无愧的哄娃高手。

图 3　学生采访校园"奇人"　　图 4　学生找到当事人"现身说法"

深入了解校园"奇人"后，教师引导学生根据观察、采访记录，整理收集到的素材，确定所写"奇人"的特点，列出备选材料。

任务三：展现校园"奇人"之"奇"

本任务旨在引导学生筛选典型材料，提炼写作方法，完成《我眼中的校园"奇人"》习作。

通过本单元的学习，学生知道了写人的典型材料是指最能反映人物特点的代表性事例或材料。除了本单元的课文，我还选取了三、四年级及五年级上的选文（见表2）作为回顾阅读，帮助学生进一步明确什么是典型材料的同时也归纳出写作方法：用多种方法表现人物特点，如神态、语言、动作、心理等；正面、侧面相结合，还可以通过描写周围人的反应，间接写出人物特点。

表 2　课内阅读与回顾阅读篇目

课内阅读	《人物描写一组》《摔跤》《他像一棵挺脱的树》《两茎灯草》《刷子李》《我的朋友容容》《小守门员和他的观众们》
回顾阅读	《司马光》《手术台就是阵地》《我不能失信》《西门豹治邺》《王戎不取道旁李》《小英雄雨来（节选）》《黄继光》《军神》

正式写作前，学生需要在任务二的基础上，以"写出人物特点"为目的，列出备选材料（至少3则），筛选出最能表现人物特点的1—2则典型材料，运用到写作之中。

彩虹小队的同学们选取了手工达人康老师用一次性吸管制作天鹅、用外卖餐盒制作招财猫的例子。这些例子都是正面描写，我引导学生再次回顾《刷子李》一文中描写曹小三反应的片段，提示学生可以通过描写周围人的反应，间接写出人物特点。彩虹小队小芸同学思考后说："我可以引用观察记录中'小男生从不屑到佩服'这一事例，这样可以从侧面体现出康老师手工的逼真。"

准备写石叔叔的小刘同学坦言："其实我一开始对石叔叔的印象并不好，我有些怕他，不过，这段时间的接触让我对他彻底改观了。我想用前后对比的方法写一写他！"我肯定了小刘同学的想法。

在思维碰撞中，孩子们不知不觉将课内的学法迁移到了写作当中。习作完成后，同学们在班级内进行了交流。部分习作如下。

老 石

刘承熙

一师附小，能人如林，此间出了一位奇人门卫，把这本就虎虎生威的大铁门，守得严丝合缝、有条不紊，人称"老石"。

老石，说来也不老，三四十岁的样子，眉心却烙着深深的皱纹。学校的保安叔叔们都个顶个的亲切，可偏就老石长了一张"扑克脸"，不苟言笑，好似千年寒冰般的冷酷无情，不由得令人敬而远之。

与老石的第一次"交锋"，大约是在三年级时。我住得远，总习惯早早出门，便也能早早到校。可学校有个规矩，不准提前进教室，得在大厅里排队候着，常惹得大家抱怨连连。一日，正逢老石上早班，好巧不巧，人有三急，得！我决定铤而走险，一溜烟儿地跑出了队伍、风似的朝楼梯口奔去……奈何你老石本事再大，这偌大的学校你也不一定能揪出我来。好景不长，午休时，老石还是寻来了。班主任刘老师同他交谈了几句，说罢，眉头一皱，目光落在了我的身上，顿时面上阴云密布……唉！看来老石可真是块石头啊！顶没有人情味儿了！

这件事儿时时在我心中翻腾，那股子气愤久久也不能散去。原来不光对学生，对老师甚至家长，老石全都一视同仁、毫不松懈。“注意安全！不能奔跑！别乱停车！不登记不能进校！”这声音打丹田出来，仿佛可以把人震到数里之外，威严可怖，而他的脸上依旧没有任何表情，也没有任何温度。

直到有一天，那是开学的日子，我和往常一样在大厅里排着队。一个一年级的小男孩儿突然在队伍里呜呜地哭了起来，他委屈地噘着小嘴，嘟囔着要找妈妈。一位和蔼可亲的门卫叔叔见着了，上去安慰他，可男孩儿反而哭得更凶了，甚至在地上打起了滚。见门卫叔叔败下阵来，我也上前尝试着想要安抚他，要知道我可是小区里远近闻名的孩子王！可我使出浑身解数也不顶用，哎，真是拳头砸在了棉花上！这时，老石走了过来。糟糕！这小孩儿不会是要挨骂了吧？等等，老石脸上居然露出了陌生的笑容，仿佛冰山在阳光下渐渐融化，显出了隐藏在冰冷外表下的温暖内心，三言两语间，哄得小男孩儿由雨转晴，咯咯地笑了起来。老石摸了摸男孩儿的脑袋，转过身对我点了点头、微微一笑。一阵暖风轻轻拂过，羞愧溢满了我的心，歉意驱散了我的狭隘，心头涌起了无限的敬意……

打这天起，我再也不抱怨了，每天早晨上学，我都能在校门口望见一束光——这束光是奇人老石，也是每个平凡小人物身上的不凡。

手工达人康老师

沈高扬

外卖餐具、一次性吸管，在普通人眼里可能只是进食的工具。而在手工达人康老师的手中，它们变得与众不同。

那是我第一次走进康老师的办公室兑换奖品，可当我看到她的办公桌时，眼前的一切让我目瞪口呆。桌上除了一台电脑，一个茶杯以外，摆满了高高低低、各式各样的"废品"——圆形的、方形的外卖餐具、一次性矿泉水瓶、快递盒……难道康老师收废品吗？我丈二和尚摸不着头脑。这时，正翻箱倒柜的康老师看穿了我的不解，神秘一笑，悄悄对我说："要不要欣赏一下我拿这些做的作品？"顿时我打起了十二分精神，想看她是怎样摆弄这些"废品"的。

康老师首先拿出了一顶"帽子"，我有些懵。"您拿这顶帽子干嘛呀？""仔细看看……"哇！你猜怎么着？这"帽子"竟是由一个扁平的外卖圆盒作为主体，用一根绒线包裹、编织而成的。接着康老师又拿出了用同样方法制成的招财猫、汤姆猫等作品，活灵活现，太酷啦！"怎样？"康老师得意地向我挤挤眼，哎！康老师，您这"手工天花板"太高了，我够不着呀！

康老师不仅会玩"一次性碗盆变变变"，还练就了"无敌吸管功"。自从参观过康老师的小宝库，我就报了康老师的社团，有一回康老师拿了一些红蓝吸管告诉我们今天要制作天鹅。我纳闷极了：吸管？天鹅？有啥关系呀？没等我想完，康老师就已经沉浸在制作当中了。只见她拿起剪刀，"咔咔"两下将蓝吸管剪为三截。"当当当""嘶嘶嘶"行云流水般弯曲吸管，撕开胶贴，安上蓑羽……她越做越顺，有几下她的手速似乎比演戏法的刘谦先生还快，还没等我缓过神来，一只栩栩如生的天鹅已经呈现在大家眼前。它小巧玲珑，展翅欲飞。这只"天鹅"从头到脚虽都是用吸管制成，但身形姿态恰到好处，令人喜爱。如果摆在蓝色的背景板上，乍一看根本看不出是手工作品。

这就是我身边的手工达人康老师，你就说奇不奇吧？

任务四：介绍身边的校园"奇人"

几周以后，学生录制了春芽电视台"校园奇人推介会"：小刘同学为大家推荐了门卫石叔叔，小沈同学向大家推荐了手工达人康老师，西西同学则推荐了厨艺大师梅老师……这样的推荐活动让学校里其他班级的孩子们也了解了我们身边的校园"奇人",点燃了学生的习作热情,在"形形色色的人"这一单元习作中,学生们纷纷选择了校园内外的各类奇人作为素材。

六、项目成果

1. 通过观察、寻找、讨论,发现校园里有特色的"奇人",完成《校园"奇人"观察记录表》和《发现校园里的"奇人"采访记录表》。

2. 结合校园生活的体验,完成《我眼中的校园"奇人"》习作,并选取优秀习作编撰成《校园"奇人"录》。

3. 录制春芽电视台的"人物专栏",向全校师生推荐校园"奇人"。

七、项目评价

1. 对核心知识的评价

活动主题	发现身边的校园"奇人"			
活动要求	结合校园生活,完成《我眼中的校园"奇人"》一文,并在春芽电视台节目中向全校师生推荐。			
评价内容	评价标准	完全符合	基本符合	不符合
习作内容	能选取1—2则典型事例			
	突出人物特点			
	文章内容完整			
	语句通顺连贯			
	运用多种写作方法			
	情节生动有趣			
节目效果	表达流畅自然			
	语言富有感染力			
	态度大方			

2. 对学习实践的评价

评价项目	评分标准	评价方式	星级
表达	理由充分地推荐对象并阐述理由。	小组互评	☆☆☆☆☆
合作	愿意主动与小组同学共同寻找校园里的"奇人"。	小组互评	☆☆☆☆☆
观察	主动观察,能发现身边的校园"奇人"。	自评	☆☆☆☆☆
采访	愿意大胆与人沟通,采访时条理清晰,准确地表达自己的观点。	小组互评	☆☆☆☆☆
		师评	☆☆☆☆☆

八、项目反思

在创造性实践方面,应鼓励学生大胆尝试联系自己的生活经验,将视野拓宽到校园外,家庭、社会当中。本项目由于时间仓促,在实施过程中,仅以身边的校园"奇人"为抓手,但其实学生的家庭生活、社会生活中也不乏这样的奇人,应给予学生更为充分的空间,拓展到学生家庭中的"奇人",学生接触到的社会中的"奇人",使他们更为充分地发挥自己的创造力。

在评价设计方面,应更加关注评价指标的多元性与互动性。目前的评价设计较为笼统,无法准确追踪、评价学生在整个项目中的具体行为,还需进一步优化。

（案例提供者：上海市第一师范学校附属小学　刘涵）

案例 4-2

"如何制作一顶'国庆帽'"

一、低年级跨学科主题活动的设计

本次跨学科活动具有实践性、情境性、整合性等特点,自然带动其他学科共同参与,下面将对跨学科活动设计流程的关键节点进行阐述,如图 1 所示。

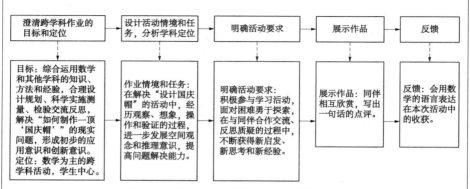

图 1　跨学科活动设计流程的关键节点

1. 创设驱动性问题

帽子，日常除了穿戴，还具有很强的装饰作用。人们会在欢度节日的时候，戴上五颜六色的帽子进行庆祝。所以我们试想，是否可以让学生设计并制作一顶属于自己独一无二的"国庆帽"，在祖国妈妈生日的这天——国庆节，戴上它为祖国妈妈庆生，以培养学生的核心素养，弘扬学生的爱国主义精神。基于此，引导学生提出本次活动驱动性问题："怎么运用学习过的知识设计并制作一顶国庆帽？"

2. 挖掘学科核心素养

所涉及学科和知识点包括：数学学科——年级"度量"和"身体尺"中所学习的测量方法，"两位数加法"中所学习的计算方法，培养空间观念、应用意识和运算能力；劳动学科——综合运用测量、统计、设计、应用等知识和方法获取数据，完成制作，提高劳动能力；艺术（美术）学科——在美化"国庆帽"的过程中，学生发挥想象，进行审美感知，增强应用意识，提升创意实践素养；道德与法治学科——结合"国庆""中国"等核心元素了解中国独有的艺术表达元素，培养民族自豪感，提升文化自信。

"怎么运用学习过的知识设计并制作一顶国庆帽"是本活动的驱动

性问题，其本质在于分析帽子由哪些元素组成，该如何测量以及计算，因此教师进一步对此问题进行拆解，成为三个子问题：子问题 1：帽子的主要组成部分有哪些？ 需要获得哪些数据？ 子问题 2：如何计算国庆帽所需要的长度？ 子问题 3：如何为国庆帽的制作做好准备？ 基于此，我搭建了学习支架，方便在学生操作实践的过程中及时提供帮助。

3. 制定主题活动内容

本主题活动注重引导学生经历从明确任务、制定标准、设计方案，到确定国庆帽的尺寸、制作、检验和美化，以及展示作品和评价反思的全过程。 具体任务序列如下。

表 1　本主题活动的任务序列

学习任务序列	子任务
任务一： 明确任务，制定标准，设计方案	子任务 1：确定标准及思维支架。 子任务 2：讨论帽子的组成部分和所需数据。 子任务 3：确定国庆帽设计方案。
	课后任务：完善国庆帽设计方案。
任务二： 设计、制作、检验"国庆帽"	子任务 1：明确测量方法和工具。 子任务 2：确定国庆帽的尺寸。 子任务 3：绘制国庆帽设计图。
	课后任务：裁剪帽子草图的各个部分，进行初步拼接尝试和形状调整。
任务三： 美化、展示、评价"国庆帽"	子任务 1：装饰美化国庆帽。 子任务 2：展示并介绍国庆帽。 子任务 3：依据过程标准，开展评价。
	课后任务 1：长作业美化"国庆帽"，戴着帽子庆国庆。

在跨学科学习解决驱动性问题的过程中还会基于过程性评价标准对学生进行学习引领，启发学生综合运用所学知识解决问题、倾听同伴的智慧，并且在解决问题的过程中勇于探索、发挥创造力。

二、低年级跨学科主题活动的实施

1. 出示情境、提出问题

学生在二年级道德与法治课"欢欢喜喜庆国庆"一课中了解到国庆节是庆祝祖国生日的节日，从而给驱动性问题提供一个真实的情境，引导学生思考：怎么运用学习过的知识设计并制作一顶国庆帽，来庆祝祖国妈妈的生日呢？ 接着，我与学生们确定了此次活动制作国庆帽的评价量规，调动起了学生们的学习积极性。

2. 实践探究、激发灵感

学生们通过观察发现生活中生日帽大多用卡纸来制作，他们发现用卡纸来制作的帽子方法最简单，容易操作，不过有同学提出不同意见，卡纸制作的帽子容易变形，重复利用的可能性低。 生活中的帽子材质可不止一种，学生们的灵感瞬间被激发，纷纷表示可以通过生活中常见的材质将国庆帽设计制作好。

3. 建构知识、解决问题

可是，如何利用选定的材料进行国庆帽的制作呢？ 结合经验，同学们确定制作"国庆帽"需要考虑的重要因素不仅包括帽子的材料，还有装饰的图案、帽子的组成部分和最重要的帽子尺寸。 怎么制作一顶适合自己脑袋大小的国庆帽呢？ 学生们提出了新的疑问，这时教师组织学生进行小组讨论，设计测量头围的方案，让学生自主地将旧知识与能力进行构建，此过程也是在解决子问题 1 和子问题 2。

学生初步提出了三种测量方案：借助一年级学过的"身体尺——一拃长"来估算头围的长度、用软尺直接测量、用绳子间接测量。 学生们发现用"身体尺"来测量很方便，但是每个人量出来的结果都不同，进一步体会统一长度单位的必要性，给学生自主尝试交流的空间，对比不同的测量方法，引导学生能根据测量对象选择合适的测量工具，实现方法优化，深化学生的数学理解，将学生的直观感受和操作用数学的语言进行表达。 用软尺或是绳子来测量，引导学生提炼方法，积累测量经验。

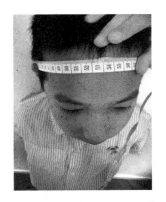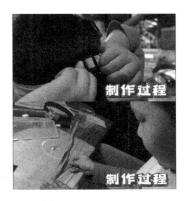

图2　本主题学生的测量活动和制作过程

明确了测量头围的工具和方法,学生们再次以小组形式进行讨论和思考,头围和帽围的长度应该一致吗? 有学生提出:帽围的长度>头围实际长度,多出的一段作为粘连,如该学生实际头围长度 51 cm,则帽围可以取 55 cm。若是帽围的长度=头围实际长度,进行比较分析,哪种方案更好,创造性地获得"帽围的长度>头围实际长度"的新启发。鼓励他们勇于尝试,创造性地解决问题,在测量过程中学生们有的进行头围的测量、有的记录数据,在动手动脑中解决问题,发挥创造力。

4. 设计制作、落地产品

学生们首先在 PAD 的画图软件上进行初步的国庆帽设计,再考虑到是为祖国妈妈庆生日,所以国庆帽上的元素"国庆""中国红""国旗"等元素必不可少,小组成员们也发挥自己的想象力,对国庆帽进行美化。有的小组国庆帽采用了彩色卡纸、有的使用了绒线、塑料。教师鼓励孩子们发挥创意,尝试不同材质的组合和设计,创造出独一无二的国庆帽。

在最后的推荐环节,每个小组都将自己设计制作的国庆帽进行展示,并用图文结合的方式将国庆帽的制作过程拍成视频,制作成 PPT,介绍小组发现问题、分析问题和解决问题的过程,分享在解决问题过程中的所思、所想、所学,让孩子们在此过程中体会用数学的眼光观察现实世界、会用数学的思维思考现实世界、会用数学的语言表达现实世界。 最后，在国庆节期间，学生们纷纷戴上了自己设计制作的国庆帽，真正做到了"欢欢喜喜庆国庆"，至此，学生们设计制作的国庆帽获得了真实的运用和认可。

图3 本主题活动的学生作品

三、低年级跨学科主题活动的思考

通过开展"如何制作一顶'国庆帽'"这一跨学科主题实践活动，我们取得了初步的成效。 学生按照小组确定了设计制作方案、产品标准和过程标准，完成了国庆帽的设计、制作、检验和美化，并且在整个跨学科实践活动学习的过程中，能够联想到原有的学习经验，综合运用其他学科方法尝试解决问题，能积极、主动地参与活动，表达想法的同时还能倾听同伴想法，不断获得新的启发。

1. 驱动问题促进学科融合

在探索"如何用学过的知识设计制作国庆帽"这一真实问题的过程中，学生逐渐领悟到，要设计出一个既实用又美观的国庆帽，关键在于能主动地将数学、劳动、美术、道德与法治四个学科相关的知识和方法自然而然地融合起来。 其中，数学的理性让学生能自主选择合适的工具，运用学过的知识测量出头围的数据，确定国庆帽的尺寸；劳动方法让学生动手改造能力和思考能力都得以飞速发展；美术的创意让学生能全情投入设计出既美观又具有吸引力的国庆帽，从而增强学生的审美创造能力；道德与法治培养学生民族自豪感。 而这正是学科融合的精髓——它不仅仅是知识的简单叠加，而是通过学科间的自然融合，激发出学生对国庆帽更深层次的理解和创新。

2. 小组合作推动活动发展

班级学生有序地进行分组再分工并记录，借此培养学生的协作能力和人际交往能力。 但在活动的过程中，我还发现方案的不足与需要调整的地方，例如个别小组在任务分配时产生了不均衡的情况。 发现问题后，我立刻帮助小组组长进行组内协调，力求发挥出每一位同学的积极性、创造性，培养学生们的团队协作能力、沟通能力和解决问题的能力。

3. 知识支架引领学生发展

跨学科主题活动需要有一定的知识储备，学生需要对相关知识有一定的了解。 在"制作国庆帽"主题活动开始时，通过让学生自主设计、选择材料、测量、裁剪、拼接和美化装饰，发挥学生主体性，借助生活经验、动手实践，探索"帽围的长度＞头围实际长度"，逐步确定了更为精确的帽围尺寸。 这一过程不仅促进了学生对国庆帽设计的深入思考，也锻炼了他们解决实际问题的能力。

然而本次跨学科实践活动，我也发现其存在的不足。 首先，"国庆帽"材料的选择还不够有深度，可以设计实践活动让学生自己罗列材料种类，全面考虑，例如从设计行业的要求出发，关注如何确保国庆帽的环保性；从结构与功能的视角出发，关注如何将国庆帽更日常化；从产品标准和过程标准的角度出发，关注更好地使用思维支架，促进问题解决等。 其次，分析各类材料的利弊，再进行选择、合理使用，帮助学生全面、有深度的思考，而这些都将成为后续进一步深入研究的方向。

（案例提供者：上海市第一师范学校附属小学　印瑛）

第五章

创造性学习的技术赋能

　　技术赋能教育的核心在于打破地域和时间的限制，重塑学习模式，让儿童的学习体验更加丰富、灵活和高效。创造性学习的技术赋能包含三个方面：学习策略指导、学习支架运用和数字技术运用。通过学习策略的课前、课中、课后设计，结合多样化资源和个性化路径，可以很好地提升学习效能。学习支架通过知识连接、思维进阶和巩固拓展，引导学生深入探索。数字技术作为新伙伴，以丰富资源、思维可视化任务、深度操作体验和精准数据分析，辅助学生深度学习，促进内化理解和创造力发展，为教育带来全新可能。

第一节　学习策略指导:提升学习效能的钥匙

　　一师附小以教育数字化转型为抓手,着力于"两个聚焦"赋能学生高质量学习与发展:聚焦"技术赋能"融合创新,探索新课堂;聚焦"学习数据"促进教与学的深度改进。同时,学校还在此基础上以数字化基座打造数字校园,进一步打造基于数据的一站式数字化平台,使教育数字化走向教育智能化,赋能创造性学习过程。①

　　可以肯定的是,在创造性学习过程中,学习策略发挥着核心作用,促进学生知识的理解与掌握,激发学习兴趣,培养思维与创造力。随着信息技术与智能技术的飞速发展,我们迎来了前所未有的学习支持。本节将聚焦课前、课中、课后三个教学阶段,探讨策略与技术双重赋能,提升学生学习效能。通过实例与分析,我们将展示技术如何助力学生更高效、自主地学习,为未来的教育打开全新可能。

一、课前策略:准备与预习的深度激活

　　课前阶段是创造性学习的起点,其核心在于激发学生的学习兴趣,帮助他们建立对新知识的初步认知框架,并为后续的学习打下坚实基础。

　　1. 多样化预习资源:激发学习兴趣

　　在课前准备阶段,传统单一的文本预习材料往往难以充分调动学生的学习积极性。而信息技术的快速发展为我们提供了丰富的多媒体预习资源,如生动有趣的科普视频、直观形象的动画演示、互动性强的在线模拟实验等。这些资源以其独特的视听效果,能够迅速吸引学生的注意力,激发学生的学习兴趣。

　　例如:在小学语文《火烧圆明园》一课的预习阶段,教师搜集并整理关于圆明园的历史图片、复原动画以及相关的纪录片片段,通过网络平台发送给学生。这

---

① 鲁慧茹,姚月玥. 以数字化技术赋能学生的高质量学习和发展——上海一师附小教育数字化转型之实践[J]. 现代教学,2023(19):76—77.

些资源不仅展示了圆明园昔日的辉煌与后来的毁灭,还通过生动的画面和解说,让学生仿佛置身于那段历史之中。学生在观看这些多媒体资源时,不仅能够直观地感受到圆明园的壮丽与可惜,还能对课文内容产生强烈的探究欲望。他们会想要了解更多关于圆明园的历史背景、建筑特色以及火烧圆明园的具体经过。这种由多媒体预习资源引发的兴趣,将为学生接下来的课堂学习提供强大的动力。

2. 个性化预习路径:提升预习针对性

在小学教学中,学生之间的个体差异是显而易见的。有的学生可能对语言文字敏感,有的学生则对数理逻辑更感兴趣;有的学生基础扎实,学习进度快,而有的学生则需要更多时间和支持来掌握新知识。面对这样的差异,传统的"一刀切"预习方式往往难以满足所有学生的需求,甚至可能导致部分学生因预习内容过于简单而失去兴趣,或因预习难度过大而感到挫败。

个性化预习路径的设计,正是为了解决这个问题。通过智能推荐系统或教师根据学生的学情分析,为每位学生量身定制预习任务和学习路径。这些任务不仅考虑了学生的学习进度和能力水平,还融入了他们的兴趣偏好和学习风格。

例如:在小学英语三年级"Around my home"一课中,学生在原有基础上,新增了两个介词 next to 和 between 的学习,智能推荐系统会根据学生在之前介词学习中的表现,为他们定制不同难度的预习材料。对于基础较弱的学生,系统会推荐包含大量例句和练习的预习任务,帮助他们巩固之前介词的用法;而对于学有余力的学生,系统则会推荐一些拓展阅读和句型练习,以进一步增强他们的语言运用能力。这种个性化的预习路径,确保了每位学生都能在适合自己的难度上得到提升,避免了预习过程中的无效重复或过度挑战。

3. 预习交流机制:促进预习有效性

预习交流机制是提升预习成效的关键。在线学习平台教师发布预习任务后,针对客观题数字平台能根据教师预设好的答案及时反馈正误,针对主观题提供学生线上感想、困惑留言等,激励学生主动探索预习难点,促进相互启发。使教师能快速把握学生预习状况,识别学习问题,调整教学策略。同时,学生间的合作与交流增强了预习的实效性和针对性。预习不再只是学生的单打独斗,而是师生共同参与、共同进步的过程。这样的预习反馈机制,为学生的深度理解知识、创造性学习奠定了坚实基础。

在小学数学"小探究——'分数墙'"一课的预习阶段,教师在平台上为学生设计了可任意平均分且可拖动的彩色直条,让学生尝试利用直条进行"建墙"的预习活动。亲手"建墙"让学生体会到平均分的过程和分数单位的直观意义。师生在平台上都能看到同学的"建墙"成果,学生能对同伴的成果进行讨论与学习,对于一些分错的情况,平台能及时反馈。这样的互动交流充分提高了学生预习探究的效率和积极性。

二、课中策略:互动与探究的深度挖掘

课中阶段是创造性学习的核心,关键在于通过互动、探究和合作学习。尤其在 AI 时代,更应注重学生发现问题、提出问题的能力,在课堂中引导学生以对新知的创生为核心任务,充分激活学生的创造力。

1. 多样化学习工具:深化探究体验

多样化学习工具为学生提供了前所未有的探究体验。这些工具,如实验器材、数字软件、互动平台等,不仅丰富了教学手段,还满足了不同学习风格的需求。通过动手实践、模拟操作、在线小组协作等多种方式,学生能够更深入地探索知识,亲身体验知识的形成过程,从而激发好奇心和求知欲。多样化学习工具的应用,使学习过程更加生动有趣,也极大地增加了学习效果和探究深度。

例如:在小学自然"森林中的食物链和食物网"这一课上,教师利用 AR 技术,为学生打造沉浸式热带雨林探究环境。借助设备,学生仿佛置身雨林。镜头扫过,大树、藤蔓、花朵、动物跃然眼前,学生可近距离观察、聆听。聚焦大树,屏幕即显其信息,虚拟生物随之出现,展示生态联系。教师设计"寻觅生物""构建生态链"等互动环节,引导学生探究。极大地提升了学生的探究体验,不仅增长了知识,更激发了他们对大自然的热爱与探索欲。

2. 多维度互动:展现思维全过程

课堂立体互动模式,强调师生、生生间多维度交流,促进思维碰撞。数字化平台的使用能助力课堂立体互动,将学生的思维可视化。平台即时呈现学生表现,通过数据分析,教师能精准把握学生个性。教师在平台中可调取学生思维轨迹,作答截图直观展示了学生的创造思维,教师只要在学生知识的疑点和盲点处点评

指导,并鼓励学生交流表达,深化理解。数字化平台不仅让思维创造过程可见可感,还促进了知识共享与思维拓展。

例如:在小学数学"组合图形的面积"教学中,教师利用数字化平台发布任务,让学生自主探究思考如何将组合图形转化为已经学过的基本图形。学生们积极参与,采用割、补、剪、拼等积变形等多种方法。教师在后台调取典型方法展示,数字化平台还记录了思考轨迹,便于学生回看和讨论。这些典型解答引发了课堂热烈讨论。学生们在交流分享、对比反思中总结提炼方法。这种互动模式不仅促进了学生对转化思想的理解,更是充分激活了学生学习的创造性。

3. 个性化学习路径:走稳成长每一步

每个学生都有自己独特的学习风格和能力水平,因此,在误中阶段,教师应设计个性化的学习路径,以满足不同学生的需求,支持他们的创造性学习。通过为学生提供定制化的学习任务和挑战,教师可以鼓励学生在自己擅长的领域进行深入探索,借助智能学伴为学生及时评价反馈,同时在新知创生方面发挥创造力。

例如,在小学自然"水的循环"一课中,教师可以根据学生的学习水平和兴趣,设计不同难度的学习任务。对于基础较弱的学生,可以提供关于水循环的基本概念和过程的阅读材料,并引导他们进行简单的实验观察;对于能力较强的学生,则可以鼓励他们自己设计实验来探究水循环中的某个具体问题,如"如何模拟雨水在地表的流动和渗透过程"。通过这样的个性化学习路径设计,学生能够在自己适合的难度范围内进行创造性学习,在新知创生方面发挥创造力。

三、课后策略:巩固与拓展的深度延伸

课后阶段是深度学习的巩固和拓展阶段,关键在于通过复习、反思和拓展学习,帮助学生巩固所学知识,深化理解,并将知识应用于新的情境中。

1. 基于数据分析,实施靶向精准指导

基于数据分析,实施靶向精准指导是个性化学习的重要趋势。这一策略通过收集学生的学习数据,如课堂任务完成度、作业完成情况、考试错例分析、课堂参与度等,运用先进的数据分析技术,深入挖掘数据背后的规律和趋势。教师能够据此精准识别每位学生的学习难点、兴趣点及潜在优势,从而制定个性化的学习

计划和教学策略。

例如：教师利用上海市"作业助手"系统，能够精准分析学生课堂目标的达成度。通过学生提交的作业数据，教师快速识别学生个体错误，并引导学生主动观看错题解析。针对学生错误原因，系统定向推送相关微视频，促使学生深入反思，增强元认知能力。同时，系统还能精准推送跟进练习，检核学生学习成效。这种基于数据分析的靶向精准指导，不仅减轻了教师辅导负担，还增强了学生自我反思和解决问题的能力，使学习更加高效、科学。

2. 基于工具实现自我评价与调控

基于工具实现自我评价与调控，是一种高效且个性化的学习方式。在现代人工智能的快速发展下，各种在线学习平台和工具如雨后春笋般涌现，为学生提供了丰富多样的自我评价与调控资源。教师可以充分利用这些工具，设计出多维度的评价指标，在此基础上，教师引导学生根据自己的学习表现和数据，进行自主的自我评价。学生可以对照评价指标，客观地分析自己的学习情况，明确自己在哪些方面做得比较好，哪些方面还存在不足。这种自我评价的过程，不仅有助于学生更全面地认识自己，还能激发他们的学习动力和积极性。

例如：教师利用智能评价系统全面记录学生的学习轨迹，包括预习、课堂任务、作业提交及互动参与等，并生成个性化学习报告。根据课程目标和教学要求，教师设计了多维度的评价指标，引导学生定期登录平台查看数据并进行自我评价。一名学生发现自己在口语表达上有所欠缺，特别是在发音和流利程度方面。于是，他在 AI 帮助下制订了针对性的学习计划，利用平台上的口语练习资源和英语角活动进行练习。经过一段时间的努力，该学生的口语能力显著增强，更重要的是，他学会了如何自我评价和调控学习，这对他的未来发展具有重要意义。

第二节　学习支架运用：引导深度探索工具

在创造性学习的进程中，培育学生的自主学习和深入探究能力显得尤为关键。学习支架犹如导航之灯塔，能够为学生构建通往创造性学习的桥梁。随着数字技术的持续发展，学习支架的形式与功能也日益多样化。支架设计应当注重知识建构的连接性、思维进阶的探究性以及迁移运用的实效性,尤其是开放性学习支架对学生高阶思维的培养发挥着至关重要的作用。本节将聚焦于知识连接、知识探究、知识拓展三个方面,探讨如何有效运用学习支架,引导学生进行深入的探索。

一、知识"连接"的学习支架:唤醒概念构建的认知储备

在深度学习视域下,激活概念建构的认知经验是促进学生深入理解大概念、形成系统性知识体系的关键环节。正如《大概念教学》中所强调的,学生已有的知识和经验是学习新知识的重要基石。

1. 情境支架:激活经验

情境支架的设计需要遵循真实性、启发性、层次性、引导性、多元性、适时性和互动性原则,以确保其能够有效地支持学生的学习过程,激发学生学习兴趣,激活学生大脑中已有的知识经验,引导他们在知识的海洋中探索。

例如:小学英语 4A M4U3 P3 课时围绕话题 Shopping in the supermarket,在超市购物的语境中,从商品的摆放区域、价格的比较和优惠券的合理使用,发现购物乐趣,倡导智慧消费,激活学生经验和创造力。学生能通过商品的价格比较和优惠券的合理使用,选择并介绍最佳购物方案。

小学数学"平行四边形的面积"一课,教师为了贴近学生生活,创设小区里选车位的真实情境,顺势提出比较长方形和平行四边形面积大小的真实问题。面积的度量是面积单位的叠加,由于平行四边形是学生第一个遇到不能直接用面积单位去度量的平面图形,学生调动原有的学习经验把不完整的方格拼成一格。教师设计数字互动学件引导学生自主借助"画板""选色板"等控件,启发学生在比较不同的拼凑方法中,得出都是用"每行面积个数×行数"求平行四边形面积。同时,为进一步探究平行四边形面积公式做准备。

2. 图表支架:梳理知识的脉络

图表支架不仅能将复杂的知识体系以直观、结构化的图表形式展现,帮助学生快速把握知识的整体框架,还能够引导学生深入理解各部分之间的联系与逻辑。通过构建图表支架,学生能够在主动探索中逐步建构起完整的知识体系,使知识的整体建构变得更加高效和深入。

例如:图5-1是小学数学几何单元的复习课。在复习课中,教师通过"点—线"的知识导图结构,帮助学生厘清直线、线段、射线、角、角的度量、角的计算等相关概念和概念之间的逻辑联系和发展关系,有利于学生将零散的知识进行整体的构建,对单元知识的认识更为完整,培养学生系统思考的能力。

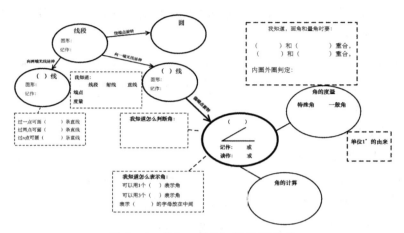

图5-1 "点一线"知识导图结构

图5-2是在小学英语五年级 Warm-up 环节复习上一课时的语篇内容,由于语篇的内容呈现的是 Kitty 在病程期间不同阶段的对话,借助鱼骨图可以提炼语篇内容且直观地显示出病情的状态变化。学生在数字化平台通过答案型拖拽题匹配 Kitty 在病程期间的症状以及他人给出的建议,通过分角色口语朗读复习巩固不同病症以及核心句型 What's wrong with ...? 和 You should ... 的表达。这一设计不仅帮助学生梳理了知识脉络,也充分促进了学生知识的深度理解与运用。

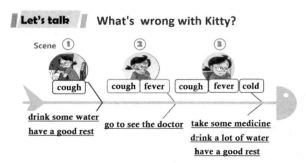

图5-2 What's wrong with kitty? 示图

二、思维进阶的"探究"支架:激发思考深入的创造动力

1. 问题支架:引领学生思维进阶

教师通过精心设计的问题引导学生思考、探究和学习,如启发性问题、开放性问题、关联性问题等,能激发学生兴趣,促使学生在问题驱动下主动求知,促进知识整合与迁移,培养思维能力。

例如:等量代换是数学中的一种基本的思想方法,也是代数思想方法的基础。它的理论比较抽象。在二年级"换一换　算一算"的教学中老师选择了用曹冲称象的故事引入,让学生带着问题"曹冲是如何称出大象重量的"观看视频,当学生发表观点说曹冲称出了石头的重量就知道了大象的重量,接着教师又以"为什么曹冲称出石头重量就知道大象重量"这一问题为支架,引导学生深入思考等量代换的本质,关注到由于石头的重量与大象的重量是相等的,所以,曹冲可以把大象换成石头来称出大象的重量。初步感知相等的两个量可以代换。然后再算一算。同时,曹冲称象的故事激发了学生的学习兴趣,让他们在解决问题的过程中体会到智慧的力量,并且学会了用数学的眼光观察现实世界。

2. 阅读支架:支持个性化学习

促成学生发现科学来自人们对生活、自然的思考。学生生活经验有限,如何帮助学生从生活中发现问题,通过科学阅读丰富学生的科学认知,便是阅读支架的作用。通过阅读支架,学生对多媒体资料有了细致的观察,通过批注功能对资料进行圈画、批注,留下思考痕迹。这既丰富了学生的所见所闻和经验事实,又可以激发学生对自然现象的好奇心和探究热情,使其创造性地提出自己的见解。

例如:在探究课上,《水的循环——探索雨的形成与降落》是教师为学生提供的关于雨的形成与降落的科普文章,内容涵盖水循环的基本环节、雨的形成条件,以及雨对地球生态的重要性。教师设计阅读支架,让学生围绕"为什么水会蒸发成水蒸气""云中的水滴是如何聚集形成雨滴的""雨的形成对地球生态有哪些影响"问题展开阅读。要求学生可以边阅读文章边圈画批注,同时能通过询问 AI 助教帮助理解。学生们通过自主学习展现了对相关知识的极大热情,课后还以小组为单位使用热水、冰块和透明的塑料袋模拟水蒸发、凝结和降落的过程,充分培养

了自己的自主探究能力。

3. 评价支架:提升学生创造力

以评促学,在数字化转型背景下,真正能做到评融于教,为学生探究实践注入新活力。数字化评价支架正在做到伴随式,教师能随时通过技术手段及时反馈师评和生评,不仅提高了评价的效率和准确性,还让评价更加多元化、个性化,促进学生思维进阶。

例如:在自然学科"植物有叶子"一课中,老师引导学生利用叶的形态特征和颜色特点来进行设计、制作叶子贴画,并将自己完成的作品展示给学生,激发他们的想象力和创造力,学生借助系统拍照功能上传作品照片,滚动展示各个小组的成果,通过平台功能开展小组互评,分享交流后继续改进创作。在这个过程中,教师与学生合作共创,将自然学科的科学知识与美术学科的审美意识相结合,教师的跨学科整合能力增强,数智技术带给教学过程的创新,使教师能够更有效地激发学生的学习兴趣和创造力。

三、巩固拓展的"延伸"支架:开启持续创造的引擎

1. 资源支架:个性发展的有力支撑

这里的资源支架是指利用现代信息技术手段,根据学生学习数据的反馈,为学生提供有针对性的丰富的学习资源和资料,以满足其个性化的学习需求。也就是我们所说的因材施教。根据学生的实际情况,既能帮助学生巩固所学知识,深化理解,也能引领学生将知识应用于新的情境中,拓宽知识视野和思维空间。

例如:在数字化教育转型过程中,学校使用的"三个助手"软件平台上有各种作业资源、作业展示、作业评价与反馈的板块及功能。比如,教师常用的"备课助手",教师可以布置课堂同步练习、口语练习等,系统能自动识别准确率,AI自动纠错并给出错误反馈。而"作业助手"有让学生开展小组讨论,合作完成作业,更有跟进个别学生高频错题推送知识点强化题的进阶功能。教师还能通过"作业报告""查看详情"等功能展示优秀作业。在平台上学生可以通过"拖拽""投票""资源书包"等方式发表各自的想法、建议,资源在学生间实现快速共享,共同学习。

2. 反思支架：提升学生的思辨力

反思评价支架能够引导学生对自己的学习过程和学习成果进行反思和评价，促进自我提升和进步。教师可以通过自我评价表、学习日记等形式，为学生提供反思评价的支架。

例如：在数学单元复习课中教师设计了"单元自我诊断表"，研究通过"评一评""查一查"与"想一想"三大板块，引导学生有序反思自己的阶段学习成效。三大板块的目标如下：①评一评：教师根据单元学习目标给出单元重点、难点知识需达到的程度，供学生自我诊断，并设置备注栏供学生简单谈单元整体学习感受。②查一查：教师在纸笔测试卷中为学生提供各项考查点评价、解题备注评价等供学生对自己错题作进一步错误成因分析。③想一想：设计"互动板块"，引导学生想一想在这一单元中哪些知识点掌握较薄弱需要教师进一步讲解，或者哪些方面较感兴趣需要教师为其进一步指导、拓展等。并根据学生的需要进行资源的推送。这体现了教师对学生数学素养（学习反思力）培养的渐进性考量。梯阶式支架，根据学生不同年龄特点、数学素养培养序列，达到学生学习反思力有序增强，并能因材施教。

第三节　数字技术运用：辅助深度学习新伙伴

在创造性学习的广阔天地里，数字技术正扮演着日益重要的角色，成为学生们探索知识、增强能力的得力新伙伴。它不仅优化了学习路径，还极大地丰富了学习体验，激发了学生们对未知世界的好奇心和探索欲。随着大数据、人工智能等前沿技术的不断突破，我们的课堂也发生极大转变，本节将围绕如何聚焦"技术赋能"融合创新，促进学生创造性学习开展。

一、以"丰富的资源"助力学生自主学习的课堂

在数字化背景中，丰富的文本资源、视频资源、微课堂等都是促进学生多样化学习的丰富内容，教师通过分析整合海量资源，设计自学任务，搭建自学支架后推

送给学生。学生就能根据自己的学习程度、学习接受能力进行观看学习,已经会的可以不用再学,直接完成课前任务单,不会的可以反复多看几遍,再完成课前任务单,这样教师在课堂中只要根据课前任务单的数据分析,针对学生知识的盲点适当点拨就能事半功倍。

例如:小学数学在"折线统计图"的教学中,传统教学"折线统计图认识"需要4—5课时。我们通过大单元视角,将该单元涉及的基本知识提前录制五分钟微视频推送给学生自学,并根据教学重、难点设计了五道习题,让学生自测。在课堂中教师根据自学数据精准点拨,仅用一课时就完成了教学内容,这样的教学大大提高了学习的效率。

二、用"思维可视化"任务促学生充分交流的课堂

思维可视化的任务多种多样,旨在帮助学生将抽象思维转化为具体、可视化的形式,从而加深对知识的理解和记忆。在数字化与互动式教学的浪潮中,充分利用数字化手段,通过"思维可视化"任务促进学生深度思考和充分交流。这一实践理念与布鲁姆的认知理论高度契合,布鲁姆强调认知层次从记忆、理解到应用、分析、评价和创造的递进,而思维可视化正是借助数字化工具帮助学生跨越这些层次,实现创造性学习的重要途径。

例如:在小学数学"分数墙"这一课中,借助分数墙比大小时,许多教师在设计任务时只是将教材中的分数墙以及例题用动态的方式呈现在大屏幕中,大部分交流方式只是用语言表达自己的观点或者是解决方法。这样的模式十分依赖表达者的讲述能力以及倾听者的理解能力,极具挑战性,效率不高。那么以何种方式表达出学生的思维,是大部分数学课堂的壁垒。我们的老师通过技术赋能在平台的直观操作,能将学生的思维过程可视化。学生可以一边拖动分数墙一边讲解自己的思路,作为倾听者,也能极快地理解同伴的想法,并进一步补充。

如任务片段 2:分母有倍数关系的分数加减法

$$\frac{2}{5} + \frac{4}{10} \qquad \frac{2}{5} - \frac{4}{10}$$

师:老师发现这样的两种做法,你们觉得都对吗?

生：在分数墙上我发现，$\frac{2}{5}$ 和 $\frac{4}{10}$ 是相等的，可以把 $\frac{2}{5}$ 换成 $\frac{4}{10}$，进行相加减，也可

以把 $\frac{4}{10}$ 换成 $\frac{2}{5}$，进行相加减。

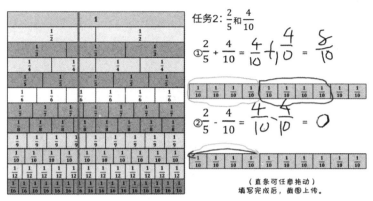

图 5-3　学生作业"分数墙"

师：为什么要把 $\frac{2}{5}$ 换成 $\frac{4}{10}$？

生：这样两个分数的分数单位就相同了，可以在 $\frac{1}{10}$ 的直条中相加减。

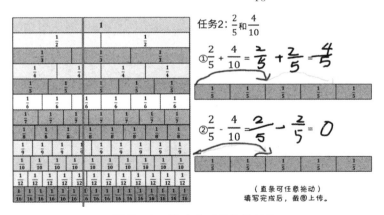

图 5-4　学生作业"分数墙"

师：你们能看懂另一位学生的想法吗？

生：$\frac{4}{10}$ 换成 $\frac{2}{5}$，两个分数的分数单位也相同，可以在 $\frac{1}{5}$ 的直条中相加减。

借助直观的学习支架和可视化的过程,学生更容易清楚表达自己的想法与见解。也有助于满足不同学生的学习需求,促进每个学生的理解和进步。这样的任务呈现方式不仅能够培养学生的数学思维,而且还能让学生充分感受到数学知识在现实生活中的有效运用,强化学生的学习体验。

三、借助"深度操作体验"促学生内化理解的课堂

布鲁姆的认知理论强调通过实际操作和体验来促进知识的内化,小学深度操作体验的数字任务设计丰富多彩,旨在通过数字化工具和实践活动促进学生创造性学习。这些任务涵盖了数学、科学、编程及创意表达等多个领域。在数学领域,学生可以利用数字化图形拼接软件,通过拼接图形深入理解几何知识,锻炼空间想象能力。在科学领域,学生通过数字化科学实验软件模拟实验,体验科学探究过程,培养观察和分析数据的能力。在编程与机器人领域,学生编写程序控制机器人完成任务,提升逻辑思维和 STEM 素养。

例如:在小学四年级"垂直与平行"的教学口,为了引导学生深刻理解平行线之间的垂直线段最短这一重要几何性质,教师巧妙地借助几何画板这一数字化教学工具,设计了一项动点移动的操作体验任务。在这项任务中,教师首先在几何画板上绘制了两条平行的直线,并在两条平行线之间设置了多个可移动的动点。学生们可以任意拖动这些动点,形成不同长度和位置的线段。随着线段的移动,学生们可以直观地观察到线段长度的变化,特别是当线段与平行线垂直时,其长度达到最短。不仅激发了学生的探究欲望,也促进了学生的深度理解。

四、基于"精准数据分析"的诊断改进课堂

通过精准数据分析来诊断学生的学习情况,并结合 SOLO 分类理论进行个性化教学,成为提高教学质量的重要手段。教师通过平台布置活动任务,学生在完成任务后,针对客观题立即自动获得诊断反馈,并能在平台反馈指导下,自主改进解决问题的方法。人机交互提高了诊断反馈的效率。针对主观题,教师能通过平台反馈的过程性数据,分析学习疑点,及时调整教学策略和个性辅导方案。充分

针对不同学生的认知水平进行差异化教学。

例如：以小学体育二年级"小沙包投准"课为例，教师利用多媒体视频播放投掷的慢动作、出手时机和角度的动作特写等，让学生更加直观的形成连贯动作的认知，高效率地解释了教学内容；其次，通过雷达上的灯光，直观地呈现出学生击中目标的精准度，准确度越高，雷达灯亮得越多、投掷的力度也就越大；移动目标物的投准练习中，更是结合移动标靶上的数字显示，评价学生的出手时机，反馈学生对投准知识的熟练掌握程度。整节课教师结合心率手环的实时数据反馈，以评促教，对心率负荷不足的同学加以激励和干预，调整练习的难度和切换投准的目标，保障学生的学习兴趣和效果，同步保障了本节课运动目标的达成程度。

案例 5 - 1

技术赋能　融合创新　促学生创造性学习
——"平年与闰年"课例

一、背景说明

"平年和闰年"是沪教版数学三年级第一学期第三单元"时间的初步认识（三）"中第 3 课时的教学内容。本单元教学内容包含年、月、日的初步认识、平年与闰年的认识、制作年历和小练习。

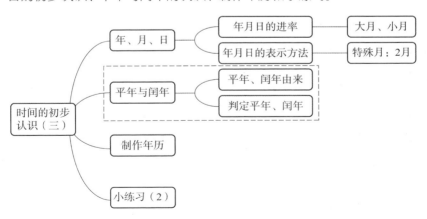

三年级的学生在生活中已经积累了许多关于年、月、日的知识，也

有部分学生听说过平年与闰年，知道"四年一闰"，但是大部分并不了解"四年一闰"的含义，以及"为什么会有这样的规律产生"。同时，由于没有学过多位数除以一位数，导致对于判断平年、闰年的方法也比较单一。因此本课尝试借助"三个助手"平台的任务推送和支持性学习工具的灵活选择，引导学生围绕本课的两个核心问题"闰年出现有怎样的规律""闰年是怎么来的"展开探究，通过观察、比较、交流、归纳等自主探究活动，引导学生主动建构知识，促进学生创造性的学习。

二、设计思路

综上分析，本课时拟解决的主要问题如下。

核心问题：闰年的出现有怎样的规律及为什么会有这样的规律？

① 会根据 2 月份的天数判断平年和闰年。

② 通过对一组连续年份年历中 2 月份天数的观察、比较、分析，初步发现平年与闰年出现的规律。

③ 会运用多种方法判断平年和闰年。

④ 结合科普知识，主动探究闰年形成的原因，培养理性精神。

引导学生经历"提出问题——观察比较——发现规律——探究原因——总结方法"的过程中，提升学生数感、推理意识、应用意识、创新意识等核心素养。

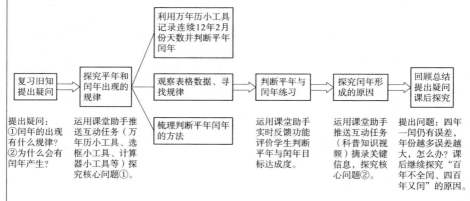

三、实施过程

片段一：探究闰年的出现有规律吗？

教学片段	平台操作
活动一:探究闰年的出现有规律吗? 1. 思考解决问题的方法。 生①:可以用手机查一查。 生②:要找到规律,可以多查几年2月的天数。 2. 探究平年闰年出现的一般规律。 (1) 利用万年历记录连续12年2月份天数并判断平年闰年。 (2) 观察表格数据,发现并记录平年与闰年的出现规律。 学生资源:学生能个性化选择万年历、计算器、选框工具探究闰年出现的规律。 生①:任意4年里有一个闰年。我的这张表格里,2024年、2028年、2032年都是闰年,其余年份都是平年。我发现的规律是三个平年之后就会出现一个闰年。 生②:我的表格中1988年、1992年、1996年都是闰年,其余都是平年。我发现每4年中就有一个闰年。 生③:我发现相邻的两个闰年年份相差4,1992年加4年是1996年,1996年加4年是2000年。用闰年的年份数依次加4或者减4得出的年份都是闰年。	1. 教师在平台推送任务。 2. 学生运用万年历小工具,可以任意选择某一年的2月,点击按钮,就会生成一张从这年起连续多年2月的统计表。并根据万年历判断这一年是平年还是闰年,系统自动反馈判断结果。

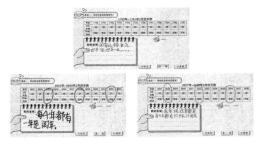
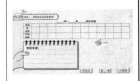

课堂生成资源:(师生互动探讨错误规律)

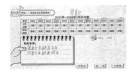

师生互动思辨完善规律
生②:我不同意,双数年中有些是平年。例如她表格里2022年、2026年这两个双数年也是平年啊。
师:单数年份都是平年你们同意吗?那怎样的双数年才是闰年呢?
生③:除以4没有余数的双数年就是闰年。
学生利用计算器小工具验证
该生自我纠正修改规律:单数年都是平年,双数年份有平年也有闰年,要除以4没有余数的才是闰年。

| | 3. 学生能将发现的规律用符号圈画出、用文字表达等,并通过截屏上传功能反馈至教师端。教师能任意调取学生资源对比反馈。
4. 互动任务还为学生提供了这样的选框小工具,供学生任意圈选4年验证规律。 |

片段二：探究闰年是怎么来的？

教学片段	平台操作
活动三:探究闰年是怎么来的? 1. 视频科普,了解"四年一闰"的由来。 2. 分析规律形成的原因,记录自己的理解。(写一写、画一画) **学生资源** 生①:能,地球绕太阳公转一圈是365天5小时48分46秒,一年如果都按365天算,大约少算6小时。4年一共少算24小时也就是一天,所以要增加一天,把少算的24小时补上,这一年就有366天。 生②:他画得很清楚,不仅解释了为什么要增加一天,还标出了这一天就是加在第四年的2月。所以第四年就变成了闰年。  **学生质疑,课后探究** 生③把5小时48分46秒看作6小时,不是还有误差吗?那么这个误差怎么办?	1. 教师将备课助手中的视频切片资源,推送到学生端供学生根据自己的需求戴上耳机观看,学生可以边看视频边记录边思考闰年形成的原因。 2. 学生的理解思考可以通过截屏上传功能提交至教师端,教师可在后台任意调取学生资源反馈。 

四、成效反思

1. 智能反馈评价提高了课堂互动效率

学习多样化更开放:学生利用万年历小工具,任意选择起始年份,生成连续12年的表格,还能借助万年历查询2月天数,判断平年或闰年。 并能获得及时反馈评价,平台对于填错天数或判断错误的答案,直接给出提示,让学生仔细看一看、想一想,这样的智能反馈大大提高了教学效率。

2. 丰富的学习素材促学生深度探索

因为学生素材更丰富了,每个孩子选择的起始年份不同,在表格中闰年在每4年中的位置也会不同,素材多了,信息量大了,对于平年闰年交替出现的规律的总结带来了一定的挑战。 但是数字课堂的优势是能直面这一挑战，每个学生都能将自己的发现，画出来，写出来，通过截屏上传功能能提交至教师端。 教师获取的生成资源就会丰富，教师就能灵活调取有效资源供学生深度交流，观察得出不论起始年份是几，每四年里，都有一个闰年，只是闰年出现的位置不同而已，这样的学习更多样也更开放。 同时这样的数学课堂还能充分直面学生的差异性，为学生搭建探究支架。 任务中设计选框工具作为探究支架，方便学生在自己的表格中拉一拉，任意圈选 4 年，这样不需要教师来总结讲授"每4 年"的含义，也促进了学生对这一规律的理解。 同时生成资源中的一些宝贵的相异构想虽然是错误的，却非常适合学生进行思辨，争论。一位学生探究归纳出单数年都是平年，双数年都是闰年，老师在后台及时调取这一资源引发了同学们的争论，在争论后，这个学生自发修正了自己的结论，得出单数年都是平年，闰年一定是双数年，这样严谨的有深度的结论是通过生生互动思辨后，才促成的。

3. 多样工具助力学生个性化学习路径

此外在练习巩固任务中，让学生判断给出年份平年或闰年，传统课堂因为受限于学生还没有学习"用一位数除"，大部分学生方法较为单一，只能根据已知的闰年用加减计算推算。 但是有了这个互动数字任务，学生解决问题的方法多样了：除了根据已知的闰年用加减计算推算，可以利用万年历查找 2 月天数作出判断，还可以利用平台提供的计算器计算判断。 而且平台提供了学生二次作答的机会，当学生判断错误时，会出现提示，让学生再想一想，或利用其他方法验证，再订正。智能反馈提高了练习的效率。

4. 跨学科学习素材促学生知识深度建构

活动三是了解闰年形成的原因。 我们知道年、月、日是基于天体运动的客观自然规律形成的，本是天文学知识，很显然是跨学科学习的素材。 在数学课上很多老师认为这是其他学科知识，要说明闰年的形成有难度，一年是 365 日 5 小时 48 分 46 秒，太复杂，小学生难以理解。 传统课堂做得较好的方式也只是全班学生同步观看一遍教师提供的视频资料，让本就已经会的学生发言回答一遍，其实大部分学生还不明白。 针对这样有意义的跨学科素材，利用数字化课堂就能使学习方式变得更灵活：每个学生在规定的时间内戴上耳机自行观看，摘录关键信息，促进对闰年形成原因的个性化理解。 学生摘录信息时可以暂停视频、不理解的地方可以反复观看。 同时每个学生把自己思考的过程记录下来，反馈给老师。 教师兼顾不同层次学生的作品，展示、对比，高效互动，汲取优点。 通过这些生成性资源的学习，进一步帮助学生理解闰年形成的原因。

5. 激发数学学习的持续兴趣：从课堂迈向课外探索

小学阶段数学教学的核心目标之一，在于点燃并培育学生对数学学习的浓厚兴趣。 一堂成功的数学课，应能让学生全程保持高昂的学习热情和探索欲，直至下课铃声响起仍意犹未尽，主动寻求与老师继续探讨数学奥秘的机会。 这样的课堂体验，不仅让学生即刻感受到数学的魅力，更为他们未来投身于数学研究埋下志趣的种子。 因此，在本节课的设计中，我们的目标远不止于让学生理解地球公转周期与 365 天之间的误差如何导致闰年的产生。 我们更希望引导学生发现，即便通过每 4 年增加一天的方式来调整日历，仍存在细微的误差。 那么，如何进一步精细调整以消除这一误差呢？ 这个问题成为了激发学生课后深入探索的引子。 课后，学生们对这一问题表现出了极大的兴趣，他们纷纷投身于创造性的深度学习之中。 有的学生选择通过估算的方法来探究，有的学生则积极查找相关资料，还有的学生通过仔细比对历年日历来验证"百年不闰，四百年又闰"的规律。 这样的课后探索活动，不仅加深了学生对数学知识的理解，更重要的是，它开启了学生持续创造的引擎，鼓励他们在数学的世界里不断求索、勇于创新。

（案例提供者：上海市第一师范学校附属小学　姚月玥）

第六章

创造性学习的评价艺术

　　创造性学习的评价艺术,它不再满足于仅仅对学习成果的衡量、对标准答案的复现,而是更加关注于对学习过程的深入理解、关注于学习者在创造性思维中的探索和创新。创造性学习评价,努力让儿童有机会展示知识建构过程,教师的价值在于将教学与评价有机结合,引进研究性思维和开放性问题,促进学生高层次思维与创新能力发展。创造性学习的评价强调质性指标与量化维度的结合,以及过程性、形成性和终结性评价的融合。创造性学习的评价要注重激励性、发展性和综合性相结合的深度学习系统支持,以更好地促进学生的全面发展与创造力培养。

在传统教育模式中，评价常常侧重于量化的测试成绩，强调对知识的掌握与记忆。这种评价方式具有较强的指向性和局限性，往往无法全面反映学生的学习过程和能力发展。随着教育理念的逐步进化，尤其是在深度学习的框架下，学习评价的方式、目标与内涵也逐步发生了深刻的转变。创造性学习的评价不再满足于仅仅对学习成果的衡量、对标准答案的复现，而是更关注于对学习过程的深入理解、关注于学习者在创造性思维中的探索和创新。

第一节　评价目标的转变：从知识到能力、从结果到过程

在传统教育体系中，学习评价的目标通常聚焦于学生的知识掌握情况，以考试成绩或作业分数作为衡量标准。然而，随着教育理念的不断进步，尤其是在激活创造力的深度学习实践背景下，评价的目标逐渐发生了深刻的转变。尤其是从知识到能力、从结果到过程的转变，成为了现代教育评价体系的重要方向。这一转变不仅仅是评价内容的更新，更是教育理念和实践的根本性变化，深刻影响着教学目标的设定、教学方法的选择以及学习效果的评估方式。

一、从知识积累到能力生成的认知边界突破

在现代教育理论和实践背景下，传统的教育评价模式主要依赖于知识的积累和对结果的最终评价。然而，随着教育理念的不断更新，尤其是在深度学习和创造力培养的需求下，单纯的知识传授模式已难以满足新时代的要求。现代教育的核心不再是简单的知识灌输，而是着眼于能力的生成与认知边界的突破。这一转变促使学习评价的目标发生深刻变化。

1. 学习本质的深刻反思

认知边界的突破意味着对学习本质的深刻反思。从传统的知识传授模式到现代的能力生成模式，这一转变要求教师重新审视知识和能力之间的关系。知识不再是孤立的事实，而是能力生成的基础；能力的生成不是与生俱来的天赋，而是在实践中不断积累和提升的结果。教师应通过有效的评价手段，帮助学生突破认

知局限,发挥更加全面和深刻的能力。

2. 知识与能力的结合

从知识积累到能力生成的转变,要求教育评价体系不仅关注学生获得的知识量,更要重视其在实际应用中展现的能力。这一转变的关键在于如何突破传统认知边界,将学生从单纯的知识接受者转变为主动的知识构建者。传统认知理论强调的是"知识点"的掌握,通过反复记忆和重复训练来强化学生的知识储备。而现代认知科学的研究则表明,知识的积累并非学习的终极目标,能力的生成才是教育真正要追求的方向。这种转变意味着学生不仅要记住"什么是",更需要理解"如何做",并能够在新的情境中灵活运用这些知识。因此,这种认知边界的突破主要表现为知识与能力的有机结合。

总之,从知识积累到能力生成的认知边界突破,是现代教育理念的核心变化之一。这一转变不仅是对教育目标的重新定义,更是对教育评价方法和实践的深刻影响。

二、从静态结果到动态过程的学习价值重构

在传统的教育评价体系中,学习成果往往被视为静态的终结物,即以分数、等级、考试成绩等量化方式来评价学生的学习效果。然而,这种静态结果的评价方法虽然可以清晰地呈现学生在某一时刻的学习状态,但往往忽略了学生在学习过程中的成长、变化以及潜力。因此,从静态结果到动态过程的学习价值重构,不仅是对学习评价的深刻反思,也是推动教育进步和创新的关键一环。

1. 静态结果评价的局限性

静态结果的评价机制通常把学习视作一个结束性、目标明确的过程,强调的是知识点的掌握与应试能力的增强。这种评价模式固然能够提供一定的反馈,但它忽视了学习过程中学生思维、情感、动机等多维度的变化。更为重要的是,静态的评估标准无法有效反映学生个性化的学习路径和不同的学习风格,导致了一种"一刀切"的教学模式,限制了学生创造力的充分发挥。

2. 动态过程评价的优势

与静态结果相对,动态过程的评价体系关注的是学生学习的持续性和变化

性,注重学生在学习过程中所表现出的思维深度、理解层次、学习策略的使用,以及解决问题的能力。动态过程的评价不是简单地依赖期末考试或一次性测试的结果,而是通过一系列的持续跟踪和反馈机制,捕捉学生在学习过程中不断变化和进步的轨迹。这种评价方式更为细致和全面,能够真实地反映出学生的长期发展和能力积累。

3. 从静态结果到动态过程的转变

一是评价目标的深刻调整。传统的学习评价目标主要侧重于结果的衡量,例如考试分数、作业成绩等,这些目标本质上侧重的是知识的记忆和再现能力。然而,随着教育理念的更新,学习评价的目标逐渐从单一的知识掌握转向能力的提升和过程的追踪。现代教育强调的是学生的综合能力,包括创新能力、批判性思维、合作能力等,这些能力的培养是一个动态的过程,不可能通过一次考试或某个固定的时间点来完全评估。新的评价目标主要聚焦于对学生在学习过程中思维发展的关注、对学生解决问题能力的评估、对学生情感和动机变化的考察,以及对学生个性化学习路径发展的支持。

二是评价方式的多样灵活。传统的评价工具主要依赖于标准化测试和纸笔作业,评价结果通常是定量的、一次性的。而在动态过程评价的框架下,我们需要引入更多形式的评价方式,如学生自评、同伴互评、项目式评价、过程档案等。这些评价方式能够更好地捕捉学生学习的全过程,特别是在创造性思维、问题解决等复杂能力上的发展。通过这种方式,我们不仅能够评估学生的最终成果,还能够关注到他们在学习过程中的努力、策略以及解决问题的路径,全面把握学生的成长过程。

三是评价反馈的实时有效。在传统的评价体系中,学生的成绩往往在学习的某个阶段末尾才被评定,往往错过了对学生学习过程的及时反馈。相比之下,动态过程评价则强调在学习的全过程中对学生的实时评价和反馈。这种即时的反馈可以帮助学生发现自己的问题并加以改进,同时也能够激励学生在整个学习过程中保持持续的学习动机。

总的来说,从静态结果到动态过程的学习价值重构,是一场关于教育评价理念的深刻变革。它不仅要求我们重新思考如何评估学生的学习成果,更要求我们认识到教育的核心价值在于激发学生的潜力、培养学生的创造力和创新精神。在这种新型的评价体系中,学生的学习过程不再是简单的知识获得过程,而是一个充满探索、创造和自我超越的动态成长过程。

三、从质性指标到量化维度的评价逻辑革新

在现代教育评价体系中,质性指标与量化维度的关系一直备受关注。传统的评价体系通常侧重于定性的评估,重视个体学习过程中的主观感受与精神层面的探索,但随着教育理念和实践的不断发展,特别是在深度学习背景下,单纯依赖质性指标已显得不足以全面反映学生的学习情况。为此,将质性指标转化为量化维度,已成为提升评价体系科学性与合理性的必然趋势。这一转变不仅仅是对评价工具的革新,更是对评价逻辑本身的深刻再造。

1. 质性指标的优势与局限

质性指标通常强调对学习者个性、情感、思维深度等方面的观察与描述。这类指标能够深入了解学生的学习动机、兴趣、情感态度等层面,具有很强的灵活性与针对性。然而,质性评价的主观性较强,且评判标准较为模糊,缺乏统一的操作性和可比较性。因此,质性评价在实际操作中容易产生偏差,难以满足对教学质量和学习成果的客观衡量要求。尤其在大规模教学或跨地区、跨文化的教育实践中,质性评价的标准化和可操作性问题尤为突出。

2. 引入量化维度的必要性

为了弥补质性评价的不足,教育评价体系逐渐引入了量化维度的思路。量化指标通过具体的数字和数据反映学生学习成果及过程中的变化,使得评价更加客观、精准与系统。量化评价通过数据驱动的方式,能更直观地展示学生在知识掌握、技能提升、创新思维等方面的进展,同时为教师和教育管理者提供有力的决策依据。

3. 从质性到量化的逻辑创新

将质性指标转化为量化维度并非简单的数字化处理,而是一个深刻的逻辑创新过程。这不仅需要教师明确什么样的质性表现能够通过量化形式进行准确表达,还需要设计多样且全面的量化维度,以避免过度简化或机械化的问题。具体来说,有三点特别重要:**第一,精确表达质性表现**。例如,学生的创造性思维可以

分解为几个子维度:问题的多样性、解决问题的深度、创新性的思考角度等,并为每个维度设定量化评分标准。通过对这些维度的具体评分,可以从多个角度综合反映学生的创造力水平。**第二,多样化与全面性设计**。在转化质性指标时,必须避免单一量化标准,而应通过多维度的量化指标来综合评估学生的整体表现。例如,学生的知识掌握程度、批判性思维能力、团队合作效果等都可以作为评价的量化指标。这些指标既能反映学业成绩,也能揭示深度学习过程中展示的多样化能力。**第三,考虑不同学习阶段需求**。随着学习深度的提升,学生的表现不仅仅体现在知识获取上,还包括对问题的深度思考、对复杂情境的应对能力等更高层次的认知表现。此时,量化维度的设计不能局限于基础知识点,还需将复杂的认知过程纳入评价体系。例如,学生在面对实际问题时,能够从哪些角度切入? 运用哪些知识和技能来解决问题? 这些都应在评价体系中得到体现,并通过合理的量化标准加以衡量。

4. 平衡质性与量化评价

值得注意的是,质性指标向量化维度的转化并非意味着对学生个性化差异的忽视。相反,恰恰是通过精确的量化维度,我们可以更好地识别和关注学生的独特性和潜力。量化并不意味着"一刀切",而是为教师提供了更细致、更具个性化的评估工具。在实际应用中,量化维度与质性评价应当相辅相成,形成一种互为补充的动态评价机制。量化维度能够提供一个宏观的、可比的评价框架,而质性评价则能够关注学生学习过程中更加细腻和个性化的变化。

总之,质性指标向量化维度的评价逻辑革新,是实现教育深度学习与创造力培养的关键一步。通过精确的量化维度,我们不仅能够更好地评估学生的学习成果,也能够更加科学地激发学生的学习动力与创新潜力。

第二节 评价指标的构建:指向创造力培育的深度学习

评价指标的构建是深度学习实践中的一个重要环节,特别是在指向创造力培育的教育过程中,如何设计和实施科学的评价体系成为了关键。创造力作为一种复合型的能力,它不仅仅局限于知识的获取和技能的提升,更在于思维的广度、深度以及自我表达和创新性解决问题的能力。因此,针对创造力的评价指标不仅要反映学生在学习过程中的认知发展,还应涵盖其情感、动机、社会互动等方面。本节将从多维度构建创造力培育的深度学习评价指标,力求通过系统化的评价体系,为教育实践提供更加科学、合理的参考。

一、深度学习的评价坐标:认知、自我与人际的多维解析

深度学习作为一种富有挑战性且极具潜力的学习方式,它不仅注重知识的内化,更强调学生在学习过程中的全面发展与综合能力的提升。为了有效评估深度学习的效果,尤其是其在激发创造力方面的作用,必须设计科学且全面的评价坐标。

1. 深度学习评测指标

我们从认知、自我和人际三个维度出发,进行了多维度的解析与考量,为深度学习提供更加精准的指导与支持。下面就是我们研制的"深度学习评测指标(试用版)"。(见表6-1)

表6-1　深度学习评测指标(试用版)

一级指标	二级指标	三级指标	评价标准	评价观测点(供参考)	备注
认知领域	基础认知	知识记忆	准确记忆和复述所学基础知识,并长期保持。	1. 课堂讨论中的知识点引用准确率。 2. 复习时关键信息的回忆情况。 3. 测试中记忆性问题的回答正确率。	
		概念理解	准确理解并阐释所学基础概念和原理。	1. 课堂提问中的概念理解。 2. 作业中的概念应用。 3. 用自己的话解释所学内容。	
	应用认知	知识应用	将所学知识应用于新情境。	1. 将所学知识在新情境中应用的灵活性。 2. 在不同情境下知识的迁移能力。	
		问题解决	运用所学知识解决实际问题。	1. 在实际情境中的问题解决策略选用。 2. 针对复杂问题进行分析的合理性。 3. 提出解决方案的效率与结果。	

一级指标	二级指标	三级指标	评价标准	评价观测点（供参考）	备注
认知领域	高阶认知	批判性思维	对信息进行分析和评估，提出建设性的批评。	1. 问题分析的多角度性与逻辑推理性。 2. 讨论中见解与质疑的独到性及论证能力。 3. 不同观点的识别、分析与评估。	
		创造性思维	提出新颖、独特且有价值的想法和解决方案。	1. 解决问题时的创新方法和思路。 2. 创意活动中的独特想法、解决方案与创意贡献。 3. 创新想法的实用性与可行性。	
		系统性思维	理解和分析复杂系统的相互作用。	1. 系统分析任务中的表现。 2. 模拟复杂系统时的策略采用。 3. 跨学科项目中的系统设计与知识融合。	
	信息素养	信息获取	有效地搜索和获取所需信息资源。	1. 信息查询的熟练性。 2. 信息来源的多样性。 3. 信息获取的有效性。	
		信息评估	评估信息的可靠性和准确性。	1. 对信息来源的判断与选择。 2. 对信息真伪的辨别与筛选。 3. 对信息评估的批判性思考。	
		信息应用	有效地应用获取的信息进行学习和创新。	1. 在学习过程中对多源信息的分析、整合、组织与呈现。 2. 在问题解决时利用信息工具的学习支持。 3. 在利用信息创作中的创意表现。	
自我领域	学习动机	内在驱动	对学习活动或内容有内在的兴趣、热情和价值认同。	1. 对学习内容的兴趣表达。 2. 学习活动中的主动性与积极性。 3. 学习活动的参与度与活跃度。	
		目标导向	主动设立学习目标并努力实现。	1. 学习目标设定的具体性、清晰性和挑战性。 2. 学习目标实施中的进步意愿与高成就追求。 3. 学习目标实施过程中的努力程度与持续性。 4. 学习目标的达成度。	

一级指标	二级指标	三级指标	评价标准	评价观测点（供参考）	备注
自我领域	学习动机	情感体验	在学习中体验到积极的情绪体验。	1. 学习活动中的积极情绪表现。 2. 对奖励、认可与荣誉的反应与追求。	
	学习元认知	自主监控	主动监控学习过程并识别问题。	1. 学习进度的检视与调整。 2. 学习效果的评估与反馈。 3. 学习困难的识别与解决。	
		自主调节	选择并调整适合自己的学习策略提高学习效率。	1. 基于不同学习任务需求的策略选择。 2. 基于学习障碍的策略应对。 3. 基于评价反馈的策略调整。 4. 基于长期项目的策略优化。 5. 学习策略选择的灵活性、合理性和适用性。 6. 学习策略运用的有效性。	
		自主反思	客观评估学习效果并提出改进措施。	1. 对学习成果评估的准确性和客观性。 2. 对学习过程反思的深入性。 3. 对学习经验总结的全面性。 4. 对学习问题改进的有效性。	
	学习意志	毅力	面对困难和挑战时持续努力、坚持到底。	1. 在长期学习任务中的表现与坚持度。 2. 面对学习障碍、挑战时的态度与应对方式。 3. 面对失败时的恢复力与韧性。	
		自律	自我管理和控制学习时间与学习行为。	1. 自主投入学习活动的时间分配与管理。 2. 在学习过程的纪律表现。 3. 遵循计划完成学习作业和任务的情况。	
		自信	对自己完成学习任务的能力有信心。	1. 在面对新任务时的自信勇气。 2. 在学习过程中的主动应对与自我激励。 3. 在实现目标后的自我肯定。	
人际领域	沟通与表达	表达	以恰当方式表达自己的思想和观点。	1. 表达自己想法、观点所选方式的组合性与恰当性。 2. 表达自己想法、观点时的清晰性、逻辑性、连贯性与生动性。 3. 表达自己想法、观点时的有效性。	

一级指标	二级指标	三级指标	评价标准	评价观测点（供参考）	备注
		倾听	积极倾听他人意见并给予适当反馈	1. 对他人观点的聆听表现。 2. 对他人观点的复述与理解。 3. 对他人观点的反馈质量。	
		交流	主动参与交流互动并达成共识。	1. 参与讨论的主动性、积极性。 2. 参与讨论的互补性、协商性与求同性。	
	协作与领导	团队协作	在团队中主动分工并互相配合，完成共同任务。	1. 在小组项目中的合作态度与表现。 2. 在面对组内不同意见时的沟通方式与协商表现。 3. 在团队中承担的角色及其贡献。	
		领导决策	在团队中发挥积极的领导作用，引导团队达成目标。	1. 在团队决策中的主导性与号召力。 2. 在决策推动中的组织力、协调力与执行力。 3. 在学习过程中对团队成员的支持与激励情况。 4. 在遇到团队冲突时的应对策略与协调表现。	

2. 深度学习评测指标的多维解析

一是认知维度。深度学习的核心在于知识的深度加工与意义建构。传统的教育评价往往集中于学生对知识的记忆和理解，而深度学习则要求学生能够在已有知识的基础上，进行知识应用与问题解决，进行系统性、批判性思考与创新性解决问题的训练。在认知维度上，评价指标应该注重学生能否在学习过程中逐步形成复杂的知识结构，是否具备将不同领域的知识进行关联的能力，是否能够通过自我反思与思考进行知识的再创造。因此，评价的标准不仅要看学生的学习成果，还要观察学生在学习过程中是否能够展示出真正的理解与创新，逐步形成复杂的知识结构，并具备跨领域的知识关联能力。

二是自我维度。深度学习应强调学生主动参与学习的过程。因此，我们不仅要关注学生在学习过程中的内在动机、情感体验以及自我目标的设定，更要关注学生的元认知能力,即学生对自己学习过程的监控、反思与调整能力。这种能力的提升对深度学习至关重要,因为只有当学生能够意识到自己的学习策略是否有效,才能及时做出调整,并在此基础上不断进步。此外,自我维度的评价还要关注学生能否面对挑战时保持积极的心理态度与坚韧的精神。

三是人际维度。深度学习并不仅仅是孤立的个体行为,它更是一个社会性过程,强调通过与他人的互动与合作来促进知识的深化与创新。在这一维度中,评价应关注学生在团队合作中的表现、沟通与协作能力,以及如何通过与他人合作来共同解决复杂问题。

总的来说,深度学习的评价坐标是一个多维度、全方位的评估系统。通过对认知、自我与人际三大维度的全面解析,不仅能够更加精准地评价学生的学习效果,更能为教师提供个性化的教学反馈,帮助学生在深度学习的过程中发挥最大潜力,从而实现全面发展与创新。

二、创新潜能的立体图谱:特质、实践与成果的精准映射

在激活创造力的深度学习过程中,创新潜能的评价是一个核心议题。评价创新潜能不仅仅是对学生成果的简单评判,更是一种对学生内在能力、外在实践和实际成果的多维度分析。为了帮助教师更准确地描绘出学生在学习过程中的成长轨迹,并为进一步的教育改进提供精准的指导,我们基于对创造力内涵的深入理解,又精心绘制了一个系统化的学生创新潜能表现性评价图谱。

1. 创新潜能表现性评测指标

这一评测指标由思维特质、人格特质、创新实践、创新成果四个重要维度所组成。下面就是我们研制的"创新潜能表现评测指标(试用版)"。(见表6-2)

表6-2　创新潜能表现评测指标(试用版)

一级指标	二级指标	评价标准	评价观测点(供参考)	关键分析指标
思维特质	发散性	能从多个角度或维度出发,提出多种不同的想法或解决方案。	开放性问题下的创意生成	想法数量 想法种类
			小组讨论中的提案	提案数量 提案间差异度

一级指标	二级指标	评价标准	评价观测点（供参考）	关键分析指标
			跨领域的思考	不同学科视角的应用情况
			创意作品中的表现	主题多样性 表现丰富性
	聚合性	能从众多信息中筛选出最相关内容，并有效整合形成结论。	复杂任务下关键信息的识别与选择	问题定位精准性 信息筛选准确性
			项目任务中解决策略的筛选和优化	不同策略识别、筛选的准确性 不同策略整合、优化的有效性
			项目汇报时展示的信息结构	资料整合度 报告逻辑性 总结提炼度
	批判性	能对现有观点、假设或解决方案进行质疑，并基于证据进行客观分析，形成自己的独到见解。	辩论或讨论中对他人观点的质疑和反驳	质疑频次性 意见合理性 反驳有效性
			面对给定的信息或结论时的表现	验证主动性 验证方法性
			面对权威观点时的表现	表达勇气性 见解独到性 理由充分性
人格特质	探索性	面对未知领域或新事物，能表现出强烈好奇心，主动采取行动去了解和研究，并勇于尝试。	面对未知领域时的兴趣表达	好奇心强弱 提问频率与质量 学习主动性
			面对新知识、新技术、新方法时的表现	掌握所用时间 实践应用意愿 实践应用成功率
			面对新挑战时的表现	接受挑战意愿 尝试不同方法次数
	变通性	面对新情境、新挑战，能快速适应变化，灵活调整思路或策略，尝试新方案。	面对学习进程中受阻时的表现	策略调整快速性 策略变通主动性 策略改进有效性
			面对不同意见或反馈时的表现	听取意见态度 接纳意见程度

一级指标	二级指标	评价标准	评价观测点（供参考）	关键分析指标
			面对团队合作中角色转换时的表现	不同角色适应性 换位思考灵活性
	乐观性	面对挑战与困难，能始终保持积极向上心态。	日常交流中的语言风格	正向词汇使用频率 鼓励他人次数
			对未来可能性的看法与规划	达成目标信心水平 期望值设定合理性
			面对困难任务或失败挫折时的态度与反应	积极态度展现频率 负面情绪恢复速度 失败原因建设性反思占比
	坚韧性	面对挑战与困难，能坚持不懈地寻找解决方案直至达成目标。	解决复杂问题过程中遭遇失败后的表现	再次尝试意愿强度 再次尝试所需时间 尝试解决坚持次数
			长期项目执行过程中遇到障碍时的表现	项目坚持度 任务完成率 创造性解决问题数量
创新实践	问题发现与提出	能敏锐识别实际情境中的潜在问题，并能清晰、准确地将其表述出来。	对日常生活中问题的发现	观察细致度 问题敏感性
			个人想法转化为探究问题	目标设定合理性 问题聚焦精准性 预期改进实用性
	方案设计与实现	能合理规划并有效执行项目方案，确保资源和技术的有效整合及应用。	方案设计	创新性 实用性 规划性 操作性
			资源整合	获取途径多样性 资源配置利用率 项目推进支持度
			技术应用	适配性 应用比例 项目效益提升率
			策略运用	适用性 灵活性 有效性
			项目管理	时间节点完成率 风险控制解决率

一级指标	二级指标	评价标准	评价观测点（供参考）	关键分析指标
	成果产出与优化	能高效地将创新想法转化为实际成果，并持续改进以达到最优效果。	预期目标达成情况	目标完成比例 内部自评得分 外部评价得分
			对现有成品的跟踪反馈	重复测试一致性 反馈渠道多样性 反馈机制持续性 反馈响应及时性
			对现有成品的持续改进	迭代改进周期 改进建议采纳率 改进性能增幅
	团队协作与沟通	能通过高效的沟通与协调促进团队成员间的合作，以达成共同目标。	任务分配与执行过程中的参与表现	任务分配后启动时间 个人责任明确度 成员间讨论频次 建设性意见提出数量 对他人观点反馈质量 节点目标按时达成率
			团队内部信息的共享情况	信息传递及时性 信息反馈有效性 信息理解一致性
			面对分歧或冲突时的处理表现	寻求共识努力程度 主动调解行为频率 解决分歧冲突速度 各方意见最终采纳比例 共识达成后响应时间
	创意表达与呈现	能通过多样化且有效的方式清晰、吸引人地传达创意理念。	创意内容的表达	概念简明性 介绍完整性 亮点凸显性 形态新颖性 技术适配性
			创意作品的呈现	形式吸引性 布局合理性 介绍点睛性 体验深度性
			互动元素的运用	观众参与度 反馈有效性

一级指标	二级指标	评价标准	评价观测点（供参考）	关键分析指标
创新成果	独创性	提出的想法或提交的作品、产品具有独特性和新颖性。	讨论中提出的观点	想法新奇性 观点独到性
			问题解决时采用的方法	方法非传统性 方法非唯一性
			提交的作品、产品	风格个人性 视角独特性 设计原创性
	实用性	提出的想法或提交的作品、产品具有实际应用价值。	提交的想法、作品或产品	问题解决实际情况 用户反馈情况 受益人群规模 社会影响力

2. 创新潜能的立体图谱解析

从思维特质角度看，创新潜能不仅依赖于学生的思维能力，还包括其思维方式的多样性和灵活性。思维特质涵盖发散性思维、聚合性思维和批判性思维，这些特质决定了学生如何产生新的想法、整合信息并进行理性分析。

从人格特质角度看，人格特质反映了学生在面对未知和挑战时的态度和行为，包括探索性、变通性、乐观性与坚韧性。其中探索性是创新的原动力，能够促使学生主动探索未知领域；变通性则体现了学生在面对问题时能够迅速调整思路，寻找多种可能性；乐观性与坚韧性会使得学生面对困难更能从容应对、勇于挑战、坚持到底。这些特质是创新的内在驱动力。

从创新实践角度看，我们还关注学生的实践过程。实践是创新的孵化器，它提供了学生将理论知识转化为实际操作的舞台。在这个过程中，学生不仅仅是知识的接受者，更是创造性思维的实践者和应用者。通过实践，学生能够将学到的知识与实际问题相结合，从中发现问题并尝试提出解决方案。这一过程能够帮助学生更好地理解所学内容，并激发他们的创新灵感。在这一评价框架中，我们不仅关注学生的成果产出，更关注其在创新实践过程中的思维转变、策略调整与方案优化，更关注其在团队中的合作情况、在任务中的思考深度以及在问题解决过程中的创意表现，以此综合评价其创新潜能。

从创新成果角度看,我们将学生的创新成果也纳入表现性评价之中。创新成果不仅是学生创新潜能的体现,也是对其创新能力的实际检验。创新成果可以表现为一个小创作、一篇小论文、一项小发明,或者一个具有实际意义的小项目。无论成果的形式如何,我们更关注于其独创性、实用性和社会影响力。

　　总之,创新潜能的立体图谱是一个动态、多维的评价框架,它通过匹配参考评价观测点和关键分析指标来综合分析学生的创新特质、实践过程和创新成果,全面呈现学生在深度学习中的创新能力。通过这一图谱,教师在学习设计中能更好地关注创造力培养的关键点,在具体实施过程中更加准确地识别学生在不同学习阶段的创新潜能,并为其提供更加个性化的教育支持。这不仅有助于学生个人能力的增强,也为整个创造力培育提供了更加科学、合理的评价依据。

三、评价导向的策略指引:标准、弹性与个性的动态平衡

　　在当今的教育实践中,评价导向的策略指引已经逐渐成为激活学生创造力的关键环节。如何在评价过程中平衡标准、弹性和个性,是提升深度学习效果和促进创新潜能发展的核心任务。教育评价不仅仅是对学生知识和能力的考量,更是引导学生思维深度、培养创造力的有效手段。

　　1. 标准:提供明确方向与基础框架

　　标准在评价体系中的作用不容忽视。标准的设定为评价提供了明确的方向与通用框架,它为教师提供了一个基准线,能够帮助教师明确教学目标、规定学习任务,并对学生的表现进行客观、系统的评估。在深度学习的过程中,标准不仅是衡量学生是否掌握了知识的依据,更是检验学生是否具备了在复杂情境中进行批判性思维和创造性解决问题的能力。因此,评价标准的设计应当注重多维度的体现,不仅要包括基础知识和技能的掌握情况,还要考虑到学生在解决实际问题时的思维灵活性、创新性及其合作能力。

　　2. 弹性:鼓励学科调整与实践创新

　　在具体实践中,我们则向所有教师清晰地传达以评价指标导向但灵活性运用的原则,强调指标的参考指南作用,而非僵化不可变。如此,既保证了指向创造力

培育的深度学习的方向,又能激发教师的创造力。因为对于不同学科而言,其深度学习的形态、方式、实施路径以及学科创造力表现都可能会有所不同。因此,在实际操作过程中,我们允许甚至鼓励各学科根据自身学科的特点对通用评价标准进行适当调整或补充,使之更加贴合学科的具体情况及特色。除了允许对通用评价指标做出适应性修改外,我们还积极倡导和支持教师们探索新的评价方式,或是开发与特定课程内容相关的特殊评价工具等。这样,不仅有助于丰富和完善整个学校的评价系统,也促进了教师之间的交流与合作。

3. 个性:关注独特需求与发展路径

个性化是深度学习评价体系中的另一个关键要素。在教育中,单一的标准往往无法充分体现学生个体的差异性,因为每个学生都是一个独立的个体,他们在认知水平、思维风格、情感倾向、学习方式等方面各有不同。这种差异性要求我们在评价时需要通过个性化的方式,关注每个学生的独特需求与发展路径,确保每个学生都能在自己的节奏和方式下,实现最好的成长。个性化评价不仅是对学生独特能力的认可,也是对学生个人成长轨迹的尊重。在深度学习的评价过程中,个性化的设计能够使学生感受到被理解和被尊重,进而激发他们更强的学习动力和创新欲望。

总的来说,评价导向的策略指引应当是一个动态调整、不断优化的过程。在这一过程中,标准、弹性与个性的平衡,不仅是评价实践的核心内容,也是推动学生创新思维和深度学习的重要保障。学校应当在设计评价体系时,充分考虑到这些因素的互动关系,注重评价的多样性与个性化,确保每一个学生都能够在一个公平、开放、尊重个性的环境中,充分激发其潜能,迈向更深层次的学习和创新之路。

第三节　评价方法的融合:全面衡量深度学习与创造力

在深度学习与创造力培养过程中,传统的评价方法往往局限于简单的定量测量,忽视了学习过程中的复杂性和创造力的多维特性。为了更全面、准确地衡量学生的深度学习表现及其创造力激发,必须采用多元化、综合性评价方法。这一部分旨在探讨评价方法的融合,如何通过定性探索与定量验证相结合的方式,全面衡量深度学习和创造力的表现。

一、范式整合:定性探索与定量验证的优势互补

在深度学习的过程中,创造力的激发不仅依赖于直观的感知与灵感的闪现,还需要系统性和科学化的支持与引导。因此,如何通过适当的评价方法,充分挖掘并激活学生的创造潜力,成为当前教育领域中一项重要的课题。在这一过程中,范式整合显得尤为重要,尤其是在定性探索与定量验证之间的优势互补。这种范式的融合,能够有效地平衡和调动两者各自的优势,为深度学习与创造力的培养提供更加全面、立体的评价视角。

1. 定性探索:人文关怀与个体体验的深入理解

定性探索强调从个体的主观经验、情感反应、思维过程以及创意表达等层面进行理解与分析。这种方法具有强烈的人文关怀,它能够关注学习者在知识获取过程中的思维深度与创造性活动的发散性,帮助教师洞察学生的独特思维路径和个性化的创新方式。定性探索的核心在于对学生创意的启发、发散性思维的捕捉及其在复杂情境中的具体表现,常常通过访谈、观察、案例分析、作品解读等形式进行,重视的是学生的内在体验和情感反应。

评价重点:深入理解学生在学习过程中的思维路径和创意生成机制;关注学生的情感体验、动机和灵感,揭示其个性化的发展轨迹;提供丰富的定性数据,如详细的访谈记录、细致的观察笔记等,反映学生的学习过程。

2. 定量验证:精确测量与数据支持的客观评估

与之相对,定量验证则侧重于通过精确的测量工具与标准化的评价指标,对学习成果进行量化的评估。定量研究往往能够提供更加明确、客观的数据支持,在一定程度上帮助教师了解学生的学习进度、知识掌握程度及其创造性思维的具体表现。通过量化的分析,教师可以对学生的创造性进行科学测量,并进行横向和纵向的对比,发现规律,验证假设。例如,通过测试、量表、问卷等手段,可以明确学生在特定任务或特定情境下的创造力水平,为进一步的教育干预提供理论依据和数据支持。

评价重点：提供客观、可比的数据，量化评估学生的创造力水平；通过统计数据发现学习过程中的进步与挑战，验证教学效果；利用量化的反馈数据调整教学策略，优化教育实践。

3. 优势互补：克服单一评价方式的局限性

定性探索和定量验证各有局限性。定性探索往往受限于研究者的主观判断与解释，可能缺乏足够的客观性和广泛的代表性；定量验证则可能忽视学习过程中那些难以量化的情感、动机、灵感等因素，从而限制了对创造力多维度和深层次的理解。因此，单一的评价方式往往无法全面、准确地反映出深度学习中的创造力发展状况，也难以提供有效的教育反馈和干预方案。

为了克服这一局限性，范式整合的理念应运而生。范式整合并非简单地将定性与定量方法并列使用，而是在具体的评价实践中，创造性地将两者结合，形成互为补充、互为支撑的评价体系。具体来说，定性探索为定量验证提供理论和情境支持，通过深入了解学生的思维路径和情感体验，使得定量分析的过程更加具有针对性和实用性；而定量验证为定性研究提供坚实的数据基础，通过精确的数据收集和分析，使得评价结果更加可靠和具备广泛的适用性。

4. 动态调整：促进教育评价的灵活性与适应性

深度学习中的创造力不是一成不变的，而是随着学习过程的推进和学习者的个性发展不断变化的。因此，定性与定量评价方法的结合，必须着眼于更好地捕捉学生在不同学习阶段的创造力表现，依据定量数据的变化，基于定性评价的深入分析，灵活调整评价策略与教学干预，为每个学生量身定制个性化的教育方案，以满足其独特的发展需求。

总之，范式整合的核心在于通过定性探索与定量验证的优势互补，为深度学习与创造力的评价提供更为全面、精确的视角。通过这种融合，不仅可以更好地理解和把握学生创造性发展的多维度特征，还能够为教师提供更加丰富的评价数据和教学策略，从而在教育过程中激发学生的潜能，推动深度学习的深入开展。范式整合不仅是评价方法上的革新，更是教育理念与实践的深度融合，为每个学生提供了一个公平、开放、尊重个性的学习环境，使其在深度学习的道路上不断成长与创新。

二、全景评价:过程性、形成性与终结性的智慧拼图

在深度学习的评价体系中,我们致力于打造的是一种多维度、全方位的全景评价模式。它强调从不同的时间维度和发展阶段来衡量学习的过程与成果,既关注学习过程中的每一环节,又兼顾学习成果的终极体现。在这一评价框架下,过程性、形成性与终结性评价三者共同构成了一个完整的智慧拼图。每一种评价形式都有其独特的作用,能够为教师和学生提供多元化的反馈,从而促进学习的深化和创造力的激发。

1. 过程性评价:持续跟踪与即时反馈

过程性评价是全景评价中的一个重要组成部分,它关注学习过程中的每一步,强调学生在学习活动中的参与、努力和进展。与传统的终结性评价相比,过程性评价不局限于最终的考试成绩或成果,而是通过持续观察与反馈来了解学生在学习过程中如何发挥自己的能力,如何应对挑战并解决问题。过程性评价能够帮助教师及时了解学生的学习状态,发现问题并作出调整,从而避免学生在学习过程中陷入停滞。

在深度学习背景下,理解、应用和创造的综合能力培养是一个渐进的过程,需要学生在不断练习、反思和调整中积累经验。因此,过程性评价不仅要关注学生在学习内容上的掌握情况,还应当关注其在思维方式、学习策略以及自主学习能力上的进步。例如,教师可以通过定期的小组讨论、实验设计、任务完成情况等方式,对学生进行过程性评价。在这一过程中,学生会得到及时的反馈,知道自己在哪些方面做得好,哪些方面还需要改进,确保学习过程中的每个环节都得到有效优化。

2. 形成性评价:动态跟踪与潜力挖掘

形成性评价是在学习过程中逐步形成的,它不仅仅是对学习过程的简单记录,而是通过对学生表现的动态跟踪,为学生的进一步发展提供支持。形成性评价更注重对学生潜力的挖掘与引导,帮助学生在学习过程中逐步调整自己的方向与策略,激发其内在的动力与创造力。在深度学习的过程中,形成性评价有助于学生认识到自己在认知、情感和行为上的变化,促进他们对学习的积极反思和自

我调节。

形成性评价具有灵活性和实时性,它通常通过多种方式来进行,包括课堂提问、作业反馈、同伴互评、教师评语等,能够帮助学生在学习过程中看到自己的优点与不足,及时调整自己的学习策略。例如,在创造性思维训练中,学生可能会经历多次尝试和失败,形成性评价通过对每一次尝试的评价,帮助学生发现自己的创新点并激励他们继续探索。这种评价方式能使学生从学习的每一环节中都获得有价值的信息,从而不断优化自己的学习过程。

3. 终结性评价:综合总结与最终检验

终结性评价是全景评价中的最后一环,通常在学习或教学活动的结束阶段进行。它通过对学生整体学习成果的综合评估,衡量学生在某一阶段学习中的最终表现。终结性评价不仅是对学生学习成果的检验,也为教师提供了关于教学效果的重要反馈。传统的考试成绩、作品等,都是终结性评价的常见方式。终结性评价能够总结学生在整个学习过程中的表现,帮助教师了解学生的学习成果,并为学生提供明确的成绩或评价。

然而,终结性评价并不意味着对学习过程的忽视。事实上,它应当与过程性和形成性评价相辅相成,共同构成一个完整的评价体系。在深度学习框架下,总结性评价不仅仅是对学生知识掌握程度的评价,更重要的是对学生能力的综合考量,反映学生在整个学习过程中积累的知识、经验和思维方式。同时也能评价学生在创造性思维、批判性思维以及问题解决等方面的表现。例如,在一个创新项目的最终展示中,不仅关注学生的最终成果,还应考虑学生在整个项目过程中如何调动各类资源、如何解决问题、如何与团队合作等。

全景评价中的过程性评价、形成性评价与终结性评价三者并非孤立存在,而是紧密联系、相互作用的。过程性评价为学生提供了学习的即时反馈,帮助他们调整方向并保持动力;形成性评价通过对学生学习进展的动态跟踪,支持学生持续发展;终结性评价则总结了学生在学习过程中取得的成果,为学生的学习提供最终的反思与总结。这三者共同作用,构成了一个完整的、动态的学习评价体系,能够全面衡量学生的深度学习与创造力发展。

通过这种智慧拼图式的评价体系,教师不仅能够更好地把握学生在各个阶段的学习进展,还能够为学生提供更为个性化的指导与支持。全景评价不仅仅是对学生的评价,更是促进学生成长与发展的重要工具。科学合理的评价方式,使得深度学习可以得到更加有效的支持,学生的创造力和综合能力也能够在评价中得到全面的激发与培养。

三、系统建构:激励性、发展性与综合性的良性生态

在深度学习的系统支持中,激励性、发展性和综合性构成了创造力得以滋养的重要因素。教育体系的设计和实践不仅需要关注单一维度的支持,更应从全局出发,创建一个多元互动的生态系统,使得学习者在各个方面都能获得有力的支持和激励,从而促进其创造力的充分发挥。

1. 激励性:激发内在动机与持续动力

激励性是深度学习生态系统中的核心驱动力。学习者的内在动机往往是决定其创造力能否被激发的重要因素。深度学习不仅要求学生对知识进行深入的理解和思考,更要求学生能够主动探索和解决问题。因此,教育系统必须设计出一套有效的激励机制,使得学生在学习过程中不断体验到成就感与满足感,从而持续激发他们的学习兴趣和探索欲望。

激励性不仅仅来自外部的评价体系或奖励制度,它更应来源于内在的学习动机和自我驱动。在这一点上,教师的角色尤为关键。教师不仅是知识的传授者,更是学习动力的激发者。在教学过程中,教师应通过多元化的评价手段、富有启发性的引导和与学生个体需求相匹配的反馈,激发学生的内在兴趣和探索精神。通过营造积极的学习氛围,让学生在挑战中找到成就感,在失败中获得反思的机会,从而形成一个正向的激励循环。

2. 发展性:逐步提升与个性化成长

发展性是深度学习系统支持中的另一重要维度。深度学习强调知识的内化和应用,学习过程不仅仅是知识的积累,更是个体思维能力、问题解决能力和创新能力的不断发展。因此,教育体系的设计应当注重学习者能力的逐步增强,而非仅仅关注短期的成果。在这一过程中,系统性的发展性支持尤为重要。

发展性应从多个层面进行设计。第一是课程设计,课程应当逐步递进,既能

够满足学生当前的认知水平,又能够挑战其更高层次的思维能力;课程应当具有多样性,涵盖不同领域的知识,以促进跨学科的思维碰撞。第二是教学设计,教学方法和学习策略的设计也应具有发展性,应该注重培养学生的批判性思维、反思性学习和自主学习能力。第三是个别化指导,教师不仅要关注学生的知识掌握情况,更要关注学生思维方式的培养和个性化的成长轨迹。通过个别化的指导、差异化的任务安排以及适时的反馈,帮助学生挖掘自身的潜力,并引导其在不断挑战和自我超越中不断发展。

3. 综合性:多维度支持与全面发展

综合性同样是深度学习系统中一个不可忽视的重要因素。深度学习强调的是学生在多维度上的综合发展,而创造力的滋养也离不开多方面的支持。综合性支持不仅包括知识的多元性、技能的多样性,还包括情感、价值观、社会责任感等多层次的培养。通过综合性的系统支持,学生能够在知识的基础上形成完整的思维体系,具备创新意识并能够将创新落地应用。

在教育实践中,综合性支持意味着教师需要从多个方面着手,为学生提供多元的学习资源和发展平台。例如,可以通过学科交叉的课程设计,鼓励学生参与多元化的实践活动,增加学生在实际环境中的体验机会,以促进其跨学科的综合能力。同时,学校应当为学生提供更多的课外学习资源,如讲座、研讨会、综合活动、社团活动等,这些都能够为学生的全面发展提供必要的支持。

此外,教育评价体系的综合性也是不可或缺的。评价不仅仅局限于学业成绩,还应涵盖学生的创新表现、社会实践能力、团队协作能力等多方面的素质。综合性的评价体系能够帮助学生全方位地认识自身的优势与不足,从而在教育过程中不断调整学习策略,促进其多元发展的同时,激发其创新潜能。

总体而言,深度学习的系统支持需要通过激励性、发展性和综合性的有机结合,构建一个良性生态。这一生态能够为学生提供多层次、多维度的支持,使其在创造力的培养过程中,既能够感受到外部的激励,又能够在不断发展的过程中找到自我超越的动力,同时在多元的支持体系下,全面提升其综合素质。只有在这样的系统支持下,深度学习才能真正实现从愉快走向深度的教育进阶,最终培育出具备高度创造力的未来人才。

案例 6-1

深度学习中的过程性评价设计与创造力发展轨迹记录
——以人工智能科创项目设计为例

一、项目概述

（一）项目背景与目标

在人工智能技术迅猛发展的当下，将前沿科技融入基础教育，尤其是小学阶段的科创项目，对于培养学生的创新思维与实践能力具有重要意义。本项目以"智能识别"为核心，围绕"智能识别摄像头"这一原型产品展开，旨在引导学生深入探索智能识别技术的原理与应用，激发他们的创造力，鼓励他们将所学知识应用于解决实际问题，从而实现深度学习与创造力发展的双重目标。

具体目标：提升科技素养，让学生了解并掌握智能识别技术的基本原理及其应用场景；培养创新能力，鼓励学生进行创新设计，挖掘智能识别技术的新应用场景；强化实践能力，引导学生通过动手操作和项目实践，增强解决问题的能力；促进团队合作，通过小组协作完成项目任务，提高学生的沟通与协作能力。

（二）项目设计思路

项目遵循从体验到实践、从学习到创新的循序渐进式设计思路，分为六个阶段，确保学生在每个阶段均有机会展现和提升创造力。

1. 产品体验与功能解析。学生直观感受智能识别技术的魅力，明确其核心功能与潜在应用场景，为后续学习奠定基础。

2. 产品拆解与原理学习。学生深入了解智能识别技术的工作原理，掌握关键元件与技术流程，增强技术理解力。

3. 创新设计与应用转化。学生基于需求导向进行创新设计，将所学知识与生活实际相结合，挖掘智能识别功能的新应用场景，设计出具有创新性的产品方案。

4. 详细方案设计。 学生绘制外观草图、规划材质，并设计功能流程图，为产品实现提供详尽规划。

5. 系统开发与产品成型。 学生动手组装硬件、编写软件程序，并手工制作产品外壳，将创意转化为可运行的产品原型。

6. 测试、评估与反思。 学生全面检验项目成果，总结经验教训，促进自我成长。

二、项目过程性评价设计

为了全面、客观地反映学生的学习成效和成长轨迹，项目采用多维度的过程性评价设计，涵盖各个阶段的学习成果。

1. 产品体验与功能解析

评价形式：观察记录、小组讨论分析。

评价要点：操作方式的熟练性、观察细节的细致性、记录识别精度的准确性、问题发现与提出能力、思考过程的深度与广度、表达方式的清晰度、合作交流情况。

可视化成果：体验观察记录表、功能剖析讨论记录。

2. 产品拆解与原理学习

评价形式：项目过程观察记录、技术理解测试。

评价要点：动手能力、学习专注度、元件识别的准确性、代码理解的深度、功能流程图填充的完整性、技术原理的理解程度。

可视化成果：元件识别记录表、功能流程图填充草稿。

3. 创新设计与应用转化

评价形式：创意构思评价、设计方案评审。

评价要点：设计方案的独创性、实用性、可行性；团队合作的协同性。

可视化成果：创意方案展示 PPT、设计方案评审报告。

4. 详细方案设计

评价形式：设计草图评审、功能流程图评审。

评价要点：设计草图的创意性、美观性、实用性；功能布局的合理性；材料选择的可行性；功能流程图的逻辑性、完整性、清晰度。

可视化成果：外观设计草图、功能流程图。

5. 系统开发与产品成型

评价形式：硬件集成与连接评价、软件编程与调试评价、手工制壳与美化评价。

评价要点：硬件集成的规范性、正确性、稳定性；编程逻辑的清晰性；代码规范性、逻辑性、可读性；调试能力；手工制壳的创意性、美观性。

可视化成果：硬件连接图、编程指令截图、手工制壳过程照片。

6. 测试、评估与反思

评价形式：项目成果评价、项目成果汇报评价、反思总结评价。

评价要点：成果创新价值、技术实现水平；汇报表达的逻辑性、感染力；反思总结的深度、全面性。

可视化成果：成型产品、项目成果汇报 PPT、反思总结报告。

【点评】

本项目的过程性评价设计精细且全面，充分体现了对学生深度学习过程和创造力培育的全方位关注。

1. 评价内容丰富多样。过程性评价涵盖了从产品体验到系统开发的各个阶段，评价内容不仅包括知识技能的掌握情况，还涉及学生的创新思维、实践能力、团队协作等多个方面。这种多样化的评价方式有助于全面、客观地反映学生的学习成效和成长轨迹。

2. 注重过程与结果的结合。评价不仅关注学生的最终成果，更加重视他们在学习过程中的表现。例如，在产品拆解与原理学习阶段，评价要点既包括了学生对技术原理的理解程度，也考察了他们的动手能力和学习专注度。这种过程与结果并重的评价方式有助于激励学生积极参与每一个学习环节，实现深度学习。

3. 强调创新与实践能力的考察。在创新设计与应用转化、详细方案设计等阶段，评价明确指向了学生的创新能力和实践操作能力。通过创意构思评价、设计方案评审等方式,鼓励学生发挥想象力和创造力,将所学知识应用于解决实际问题。这种评价方式有助于培养学生的创新思维和实践能力。

4. 可视化成果展示学习成效。过程性评价中的各个阶段都设计了可视化成果,如体验观察记录表、功能流程图、设计草图等。这些成果不仅直观地展示了学生的学习成果,也便于教师和学生进行自我评价和反思。通过可视化成果的展示,学生可以更加清晰地认识到自己的学习进步和不足之处,从而调整学习策略,增加学习效果。

综上,本项目的过程性评价设计科学、合理且富有创新性,充分体现了对学生全面发展的关注和支持。这种评价方式不仅有助于促进学生的深度学习,更有利于激发他们的创造力和实践能力。

三、学生创造力表现记录与解读

本项目由两支学生团队(团队 A 与团队 B)各自开展项目实践。通过六个阶段的深入探索和创新设计,学生的创造力得到了显著提升。以下是各阶段的具体活动表现记录。

1. 产品体验与功能解析

(1) 互动体验与观察。 学生团队首先体验了“智能水果识别器”的功能,通过将各类水果置于摄像头前观察其识别能力,记录识别精度,并探讨其操作方式,以此作为实践的起点。

(2) 深度剖析功能。 在团队讨论环节,学生们被引导思考该应用的核心功能及其在日常生活中的潜在应用场景,从而加深对智能识别技术实用价值的理解。

(创造力表现解读:学生通过互动体验“智能水果识别器”,初步了解了智能识别技术的基本功能,如识别水果的形状和颜色。此时,他们的创造力主要体现在对操作方式的简单探索和对识别精度的记录上,尚未涉及深层次的技术理解和创新应用。在深度剖析功能环节,学生开始思考智能识别技术在日常生活中的潜在应用场景,如识别不同种类的垃圾、监测植物生长状态等。在这一过程中,他们的创造力得到了初步激发,能够从技术功能出发,结合生活实际,提出一些简单但具有启发性的创新想法。)

2. 产品拆解与原理学习

（1）产品解构与元件识别。 教师引导学生亲手拆解原型产品,结合学习手册辨认各部件,如人工智能视觉模块和语音合成模块,通过阅读代码和填充功能流程图,实现了对产品结构和工作流程的直观认知。

（2）原理探索与技术揭秘。 通过教师的详细解说,学生掌握了"智能水果识别器"的工作原理,即通过机器视觉捕捉图像、建立模型,并基于图像特征进行匹配识别（见图6-1）,这一过程不仅增强了学生的技术理解,也激发了他们对机器视觉技术的兴趣。

图6-1 "智能水果识别器"工作原理

教师还向学生展示了具有机器视觉的摄像头（传感器）,介绍它的识别对象范围:可以是图片、颜色、手势等。 学生尝试识别。

（创造力表现解读:学生在拆解原型产品时,主要关注各部件的名称和功能,如人工智能视觉模块和语音合成模块。他们对产品结构和工作流程的认知还停留在表面,创造力的发挥相对有限。随着对产品工作原理的深入学习,学生逐渐掌握了机器视觉技术的基本原理,如图像捕捉、模型建立和特征匹配等。这一阶段,他们的创造力得到了进一步增强,能够结合原理知识,对现有产品进行简单的优化和改进,如提出增加语音提示功能以提升用户体验等。）

3. 创新设计与应用转化

（1）需求导向的创新构思。 基于对原型产品的深入理解,教师引导学生团队通过小组讨论:"图像识别"这一功能还能镶嵌在什么产品中? 并且符合自己生活中的需要? 即我能利用图像识别设计一款怎样的产品。 如此,从学生自身生活需求出发,挖掘"图像识别"功能的新应用场景。

两个学生团队分别提出了各自不同的需求提案:团队 A 关注肢体残障人士的生活便利性,提出了智能门控系统的需求;团队 B 则着眼于提升家庭劳动的积极性,设想了一种基于劳动奖励的激励系统。

(2)产品概念与创新实现。 团队 A 创新设计了一个人脸识别门禁系统,摄像头识别到人脸后自动开启门禁,并在显示屏上展示互动的卡通动画,增添了使用乐趣。 团队 B 则创造了一个劳动币识别系统,通过摄像头识别不同颜色的劳动币,累积分数后激活奖励机制,旨在通过游戏化方式鼓励家务参与。

(创造力表现解读:在需求导向的创新构思环节,学生开始从自身生活需求出发,挖掘智能识别功能的新应用场景。团队 A 关注肢体残障人士的生活便利性,提出了智能门控系统的需求;团队 B 则着眼于提升家庭劳动的积极性,设想了一种基于劳动奖励的激励系统。此时,他们的创造力得到了显著增强,能够将技术与社会需求相结合,提出具有创新性和实用性的产品构想。在产品概念与创新实现环节,学生将创新想法具体化,设计出了具有独特功能的产品。团队 A 创新设计了一个人脸识别门禁系统,增加了互动的卡通动画展示,提升了产品的趣味性和用户友好性;团队 B 创造了一个劳动币识别系统,通过游戏化的方式鼓励家务参与,体现了他们在创新设计中的综合思考和实践能力。)

4. 详细方案设计

(1)外观草图与材质规划。 学生团队着手于设计图纸,细致勾勒出新产品的外观雏形,包括各个功能区与按键的布局、标识及其操作说明,并细心标注预期采用的材料,如木质、KT 板、纸板、塑料板等,确保设计既美观又实用。 以下是团队 A、团队 B 的外观设计草图。(见图 6 - 2、图 6 - 3)

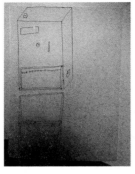

图 6 - 2　团队 A 的外观
设计草图

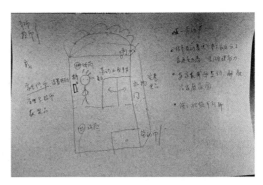

图 6 - 3　团队 B 的外观设计草图

　　两个团队的草图分别展现了他们对产品外观的独特构思，每一份设计都蕴含着对用户友好性和功能性并重的考虑。

　　（2）功能流程图设计。　通过绘制功能流程图，学生团队清晰地梳理了产品运行逻辑，从输入到输出，每一个步骤都被条理分明地呈现出来，为后续的编程工作奠定了坚实的基础。　两个团队分别展示出各自产品的工作流程，直观地反映了其独特的功能实现路径。　以下分别是团队 A、团队 B 的功能流程图。（见图 6 - 4、图 6 - 5）

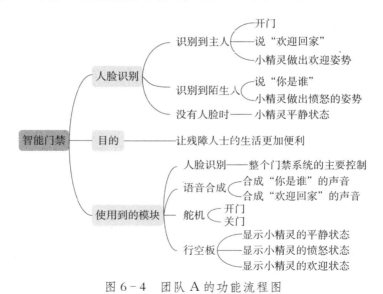

图 6 - 4　团队 A 的功能流程图

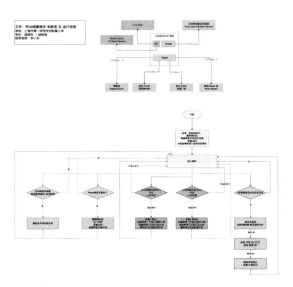

图 6-5 团队 B 的功能流程图

（创造力表现解读：在绘制外观草图和功能流程图时，学生初步展现出了对产品设计的创造力。他们能够根据产品功能和使用场景，勾勒出产品的外观雏形，并规划出功能区的布局和操作流程。尽管此时的设计可能在材料选择的合理性和功能实现的可行性上还存在一些不足，但经过反复讨论和修改，学生不断完善设计方案，使得产品的外观更加美观实用，功能流程更加清晰合理。团队 A 和团队 B 的外观设计草图和功能流程图，分别体现了他们对产品细节的深入思考和对用户需求的精准把握，以及对产品功能的细化和优化，创造力得到了进一步的提升和体现。）

5. 系统开发与产品成型

（1）硬件集成与连接。 在教师的悉心指导下，学生们参照 Arduino 学习资料，开始组装硬件。

团队 A 使用到的硬件有：Arduino 板、Huskeylens 人工智能摄像头、舵机、语音合成模块、行空板、电池盒、5 号电池 * 6。 简要连接图见图 6-6。

图 6-6　团队 A 的硬件连接　　　图 6-7　团队 B 的硬件连接

　　团队 B 使用的硬件有：Arduino 板、Huskeylens 人工智能模块、舵机、语音合成模块、LED 灯、LED 显示屏、数字大按钮、电池盒、5 号电池×12。 连接图见图 6-7。

　　（2）软件编程与调试。 利用 Mind＋这一图形化编程平台，学生团队根据先前设计的功能流程图，一步步编写程序代码，经历反复的测试与调整，直至程序能够顺畅运行。（见图 6-8、图 6-9）

图 6-8　团队 A 的编程指令

图 6-9　团队 B 的编程指令

两团队的编程指令截图展示了他们如何将抽象的逻辑转化为具体的执行命令，体现了他们在编程逻辑与实践操作上的双重进步。

（3）手工制壳与美化。 在确保内部结构稳固的基础上，学生团队着手于产品的外部封装，运用切割机、美工刀、热熔胶枪等工具，在教师的监督与协助下，手工打造产品的外壳，赋予了产品既实用又美观的实体形态。（见图6-10、图6-11）

 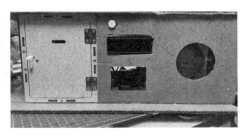

图6-10　团队A的外壳设计　　　　图6-11　团队B的外壳设计

（创造力表现解读：在硬件集成与连接环节，学生根据设计方案组装硬件，初步实现了产品的基本功能。此时，他们的创造力主要体现在对硬件组件的正确选择和连接上，对于硬件的优化和创新应用还处于探索阶段。在软件编程与调试环节，学生利用图形化编程平台，将抽象的功能流程转化为具体的程序代码。他们经历了反复的测试与调整，直至程序能够顺畅运行。这一过程中，他们的创造力得到了进一步的锻炼和增强，能够灵活运用编程知识解决实际问题，并对程序进行优化以提高产品的性能和稳定性.同时，在手工制壳与美化环节，学生运用各种工具和材料，为产品打造了既实用又美观的外壳，进一步体现了他们在产品设计和制作中的创造力。）

6. 测试、评估与反思

（1）全面测试与评估。 项目进入尾声，两团队在教室进行了现场演示和PPT汇报，通过自我评价和相互评审，结合填写的评价表，多角度、全方位地评估了项目成果。 这一环节不仅检验了产品的实际效能，也锻炼了学生的表达与批判性思维能力。

（2）深刻反思与总结。通过撰写项目报告，学生团队深入总结了项目实施过程中的学习收获、成长体验及存在的不足。以下是两个团队的具体项目介绍。

团队 A 项目介绍——"小精灵"智能门禁（见图 6－12）

图 6－12　团队 A——"小精灵"智能门禁

根据中残联 2022 年的统计数据，中国大约有 8500 万残疾人，这庞大的群体引起了我们的关注。对于肢体残障人士而言，日常生活中最简单的开门动作就可能成为他们独立生活的第一道门槛。因此，团队设计了刷脸自动开门系统，用于残障人士家庭门锁装置。同时，团队还设计了暖心的"小精灵"卡通形象，利用行空板与用户进行简单交互，如展现欢迎光临的动态效果等，让用户回家时能感受到温暖，仿佛拥有了一位电子宠物。项目通过刷脸自动打开门为残障人士回家提供了便利，体现人文关怀，促进他们积极融入社会生活。

团队 B 项目介绍——"劳动储蓄精灵"（见图 6－13）

图 6-13　团队 B——"劳动储蓄精灵"

许多家长为了让孩子专注于学习,往往忽略了家务劳动教育,弱化了孩子的自理能力,降低了其家庭参与感。为了鼓励儿童在家劳动,团队制作了"劳动储蓄精灵"。儿童通过做家务获得劳动币,AI摄像头智能识别劳动币的颜色并加分,达到储蓄目标后下方奖励仓门打开,儿童可获得玩偶奖励。机箱上方设有懒羊羊立牌,当达到目标后,懒羊羊旋转切换至喜羊羊,象征儿童实现了从懒惰到勤劳的蜕变。

(创造力表现解读:在全面测试与评估环节,学生通过现场演示和PPT汇报,对项目成果进行了多角度的评估。此时,他们的创造力主要体现在对产品功能和性能的检验上,能够发现并指出产品存在的问题和不足。在深刻反思与总结环节,学生通过撰写项目报告,不仅反思了产品设计和制作过程中的问题,还从技术应用、社会价值等更深层次的角度进行了思考,体现了他们在创造力发展中的自我反思和持续成长能力。)

这两个项目均从不同侧面展现了人工智能技术在解决社会实际问题中的巨大潜力,同时也映射出学生在科技创新实践中所展现的敏锐洞察力和社会责任感。

四、学生创造力成长轨迹分析

通过上述各阶段的创造力表现解读,我们可以清晰地观察到学生创造力成长的轨迹。

1. 从简单模仿到创新应用

学生在项目初期主要通过模仿和体验了解智能识别技术。随着对技术原理的深入学习和理解，逐渐能够将技术应用于新的场景，提出创新的产品构想，并将其具体化为可实现的产品方案。

2. 从单一思维到综合思考

在项目过程中，学生的思维方式从单一的技术功能思考，逐渐转变为综合考虑技术、用户需求、社会价值等多方面因素的综合思考。他们能够将技术与实际问题相结合，提出具有创新性和实用性的解决方案。

3. 从被动接受到主动探索

学生在项目初期更多的是依赖教师的指导和现有资料，但随着项目的推进，他们逐渐主动探索和学习相关知识，积极思考和尝试新方法，展现出较强的自主学习能力和创新精神。

4. 从个体创新到团队合作

尽管项目中每个学生都有自己的创新想法，但在团队合作过程中，他们学会了相互交流、协作和借鉴，将个体的创新思维汇聚成团队的集体创造力，共同完成项目任务。

五、项目过程性评价设计点评

不难发现，学生的这些变化与前面的过程性评价紧密相连，共同描绘出了学生创造力成长的鲜明轨迹。

从简单模仿到创新应用，正是评价中强调的实践操作与创新能力的具体体现。学生在深入理解和掌握技术原理后，能够将所学应用于新场景，这种转变正是过程性评价期望的学习成效。

同时，他们从单一思维逐渐发展为综合思考，不再局限于技术功能的单一视角，而是综合考虑用户需求、社会价值等多方面因素，这种思维方式的拓展与评价中对创新思维的重视密不可分。

此外，学生从被动接受知识到主动探索学习，展现了自主学习能力和创新精神的显著增强，这也正是过程性评价所强调的积极参与学习过程的直接结果。

最后，从个体创新到团队合作的转变，不仅体现了学生在团队协作中的成长，也反映了评价体系对学生全面发展，特别是团队协作能力培养的关注。

综上所述，学生的创造力成长轨迹与本项目的过程性评价设计形成了良好的呼应。评价体系的科学性和前瞻性在学生的创造力成长过程中得到了充分体现，为学生的全面发展提供了有力的支持和引导。我们坚信，在这样的评价设计下，学生将继续沿着创造力成长的道路稳步前行，不断挖掘和拓展自身的潜能。

（案例提供：上海市第一师范学校附属小学　李小东；解读评析：上海市第一师范学校附属小学　郑一春）

第七章

创造性学习的共生空间

　　愉快教育为创造性学习提供了良好的共生空间。我们倡导"儿童愉快发展"的理念，以"乐于读书，勤奋为乐；乐于服务，助人为乐；乐于锻炼，健体为乐；乐于交往，合作为乐；乐于参与，实践为乐；乐于开拓，创新为乐"为培养目标，让学生"在愉快中求发展，在发展中求愉快"。这种教育模式不仅关注学生知识的积累，更注重学生创造力的培养，使学生在轻松愉快的氛围中主动学习、积极探索。

第一节 学校文化的塑造：开放与包容的学习环境

一师附小积极致力于推进立体、全面的愉快教育，从而使愉快教育融入学校课程建设的各个方面与整个过程之中。

一、熔铸课程元素：校园环境融入的愉快教育理念

学校探索将课程元素和愉快教育的思想渗透到学校的环境建设过程中，努力将校园环境建设成为学校课程的重要组成部分，成为富有校本特色的动态课程。

校园的每一角、每一处都是有教育意义的，都是充满愉悦情趣的校本课程内容，学生耳濡目染，浸润其中，人人皆学，时时在学，处处可学。为此，学校重点打造了"十个一"的学习场景：

一楼——圆梦楼，可供孩子们探究实践的科艺俱乐部。

一馆——一师附小儿童文化中心，学生探索艺术的天地。

一园——农艺园，学生可种植系列农作物和花卉。

一池——金鱼池，观赏与养护结合。

一廊——特色长廊，每个楼层设置不同的展示内容供学生直观学习。

一台——春芽电视台，由学生定期自主开展各类活动直播。

一网——"HappyMe"校园网，由教师、学生共同主持、参与网上交互性学习和活动。

一角——阅读角，每个楼层开放书籍、报刊栏供学生自由阅读。

一墙——主动墙，每个教室设学生的学习成果展示区和综合壁报。

一牌——班级标志，每个教室门口有"全家福"照片和班级特色发展目标。

孩子们在这样的氛围中产生的是发自内心的愉悦快乐，激扬的是热爱学习、向往成长的热情，体验的是温暖诗意、美好生活的感受。

二、凸显儿童中心：关注学生多维度体验学习的愉快

愉快教育不仅凸显学生的主体地位，将学生发展作为学校办学的核心理念，而且强调学生在学习过程中来自心灵深处的愉快感受。愉快教育通过情感活动把对象与主体联系起来，并且贯穿于教育过程的始终。

在愉快教育实践中，教师努力把握情感诱导的契机，积极参加学生组织的各项活动，努力使自己成为他们中的一员，并认真精细地观察学生的情感行为和性格特点，了解学生的爱好和才能。在教育教学的各个环节中，针对学生不同情况，提出不同要求，并善于进行情感诱导，竭尽全力帮助学生获得成功，推动他们不断进步。

三、灵动学习过程：调动儿童内心深处的愉快感受

愉快教育强调学生学习过程中的快乐体验，愉快教育下的学生学习过程处于一种宽松和谐、灵活欢快的课堂氛围之中，教师与学生、学生与学生积极互动，促进学生对学习内容的理解和掌握。

愉快教育关注学生的情感体验，唯有学生全情投入、主动参与的学习过程才能真正调动学生内心深处的愉快感受。所以，上海市一师附小在实践愉快教育的过程中，倡导学生主动参与、乐于探究、勤于动手。课堂上，教师不再只重视向学生传授知识技能，而不顾学生的身心、人格、能力等是否全面积极发展，三维目标是教师组织开展教学活动的前提与基础；师生双方可以通过换位思考等方式来达成理解，教师可以淡化原本的权威，试着"走进"学生，学生也可试着以"小先生"的角色"走进"教师，在师生互动和生生互动的良好氛围中倾听着对方的话语，经历体会着对方的经历与体验，通过角色的互换最终增进学习理解，实现知识建构。

在愉快教育的课堂上，教师角色发生了真正的变化，努力成为学生学习探究的引导者、辅助者；教师充分尊重学生的兴趣和个体差异性，以平等、宽容合作的态度对待学生，使每一个学生在教学过程中都能够与教师一起参与教和学，真正成为教学过程中的主体。

四、丰富课程体系：校本课程体现愉快教育特色

在近年来的学校课程改革行动中，上海市一师附小坚持愉快教育实践与校本拓展型课程建设相得益彰，共同推进了新一轮课程改革的深入实施，也推进了一师附小愉快教育的优秀学校传统文化进一步锤炼升华。

一方面，愉快教育的实践已经成为一师附小办学实践中极其宝贵的精神财富，愉快教育的理念引领着一师附小的每一位教师深入开展校本拓展课程的研究实践，并对近年来一师附小的校本拓展型课程的开发、建设和实施产生了直接而深远的影响。

一是运用愉快教育的办学观审视校本拓展课程的开发、建设和实施，使每个学生都有幸福的童年，都能得到全面的发展。

二是运用愉快教育的学生观审视校本拓展课程的开发、建设和实施，把学生看成是有独立人格的人，把尊重学生的独立人格看作教育的前提和对待学生的基本态度。针对学生的不同特点，引导学生生动活泼、主动地发展。

三是运用愉快教育的学习观审视校本拓展课程的开发、建设和实施。学习是学生本身的自主活动，一切教育影响只有通过学生自身的积极活动才能转化为学生内在的精神财富，才能使学生得到成长和发展。

四是运用愉快教育的教学观审视校本拓展课程的开发、建设和实施。愉快教育历来提倡教学不只是传授知识的过程，也是师生情感交流的过程，教学不只是要学生去继承，还要学生去创造。

另一方面，一师附小校本拓展型课程的开发、建设和实施对愉快教育的科学实践以及基于愉快教育所积淀形成的优秀传统文化进行了内涵上的丰富与发展。

小学阶段自主拓展课程，以学科课程领域外的拓展学习为主。其主要育人要求是：在教师、家长的指导与协助下遍历学习领域，体验各科学习，经历选择过程，发现自己的兴趣范围，积累广域性、多科目的学习经验，培养并逐步养成基于爱好和兴趣的自主学习能力。

一是愉快教育的视野进一步拓宽。愉快教育实践的触角由基础型课程的课堂教学向综合、立体的课程领域发展，校本拓展课程的开发、建设和实施，为学生

的愉快教育实践、愉快和谐发展、健康快乐成长开辟了新的空间、新的乐园。

二是愉快教育的路径进一步丰富。愉快教育的力量支撑不仅来源于学校里的各学科教师，还有来自学生家长、社区教育的优质资源。在学校教师、同学家长、社区贤达的帮助和影响下，一师附小的学生通过接触、尝试学校的各类选修学习内容，了解学校的选修课程门类，发现适合自己的兴趣爱好，在不断地选择体验中循序渐进地积累并逐步形成了选择学习的意识和能力。

三是愉快教育的实践进一步深化。愉快教育不仅是让学生在学习的过程中有快乐放松的心情，愉快教育更应从富有本校特点的课程科目群设计入手，从开阔学生学习视野、发展思维、拓展应用等角度着手，构建多元的课程内容体系，使得学生在广域的学习中完善知识，在知识的运用中增强能力；在喜欢的科目学习中发现特长，在兴趣的发展中开发潜能。

四是愉快教育的策略进一步提效。在教学策略上，一师附小的校本拓展型课程更关注学生的亲历实践与亲身体验。作为愉快教育实践的新发展，必须注重学生积累体验多样化的学习经验、适应多样化的学习环境、形成个性化的发展轨迹，培养学生逐步养成独立思考、耐心倾听、善于表达等能力，培育学生的道德情操、品质意志与德育实践能力。

第二节　学习社群的构建：共创与共享的智慧空间

经过愉快教育 45 年来的实践，一师附小的课程与教学改革站到了前所未有的历史高位上。学校优质发展的品牌效应不断积聚和放大，学校教师、学生及其家长、社会各界对于一师附小的发展寄予了更高的期望。一师附小在感受到学校迅速发展巨大动力的同时，也面临着学校高位运行、品牌优质发展过程中的更大压力。

一、愉快课堂，探索学生全面发展

愉快教育打造了愉快课堂，建设了愉快课程，提供了丰富可选择的学习资源，满足了学生的个性发展。学校努力从陈鹤琴奠定的"活教育"办学之魂中追寻学校的办学初心,寻找愉快教育在新的历史时期进行新实践新突破的力量源泉与发展希望。

学校组织全体教师回顾愉快教育的数十年历程,20 世纪 80 年代初一师附小传承陈鹤琴先生的"活教育"思想,开展了以"爱、美、兴趣、创造"为要素的"愉快教育"实验,并率先提出了"让每一个学生都能拥有幸福的童年"的办学理念,实施智能教育、情感教育、意志教育并重的整体性人格教育,积极开展全方位的实践活动,让孩子们在愉快中学习、成长,求得发展,在成长发展中获得愉快。

最早的愉快教育探索就是从学校的德育活动入手,学校的德育工作经验特色也被提炼概括为八个字:"实践体验,感悟内化"。学校德育主题活动关注学生的知情意行,开展了大量形式多样、内容生动,极具附小特色的德育活动,探索学生全面发展,并由此积淀形成了许多卓有成效、富有影响力的品牌德育主题活动。

学校组织全校教师深入学习陈鹤琴"活教育"的思想与实践,从学校发展的源头活水处进一步寻找愉快教育以及学校高位创新发展的力量源泉,面对"活教育"培养"活"的人,以及对从儿童的心理特点出发有的放矢地开展儿童教育的"活教育"思想精髓再认识,引领和启迪着一师附小的学校领导和教师从儿童立场出发,进一步探索厚植于一师附小愉快教育沃土上接地气的教育创新实践。

从深入学习陈鹤琴"活教育"思想以及深化新一轮课程改革理解入手,上海市一师附小的愉快教育实践进一步回归深入关注学生全面发展的初心。特别是近年来,围绕对学生发展核心素养的讨论实践更使一师附小的学校领导和教师深入反思愉快教育的本质。由教师维度的教学领域改革进一步向学生维度的学习过程与学习优化延伸,在学习资源丰富可选择的基础上,进一步关注学生发展核心素养的培育,关注学生愉快教育下的品德意志等全面发展,以项目式学习推进学生兴趣学习愉快发展,成为"愉快教育"45 年实践的新思考、新抓手、新成果。

二、儿童立场,培育学生核心素养

从对党的十九大、二十大等重要文件和党中央关于教育工作一系列重要论述的深入学习讨论中,一师附小的学校领导、教职二进一步理解了基础教育的使命与职责、理解了深深打上一师附小办学文化印记的愉快教育在新的历史时代努力创新突破的路径与抓手。

习近平总书记明确提出：要加强德育工作，引导少年儿童从小就培育和践行社会主义核心价值观。强调少先队要坚持开展组织教育、自主教育、实践活动。团中央也提出：让社会主义核心价值观成为引导少年儿童健康成长的星星火炬。这些讲话都不约而同地表露出鲜明的"儿童立场"，即要把握少年儿童特点，使社会主义核心价值观教育形象化、情感化、榜样化、行动化。

用"儿童立场"来回溯研究学校原有的德育主题活动，不难发现，学校德育主题活动开展还存在以下方面不足：条线分隔多，综合统整少；内容重复多，系统设计少；活动标签多，感悟体验少；教师策划多，学生自主少；关注参与多，关注能力少。

这就意味着愉快的德育主题活动必须正视少年儿童在年龄、性别、性格，以及兴趣、素质等方面的差异，更多地从少年儿童层面着眼考虑，以儿童为主体，贴近儿童生活，植根于儿童的个性发展，让学生真正意识到自己是德行发展的主体，并在不同的年段德育主题活动中求得循序发展，使愉快的德育主题活动成为学校文化的载体，发挥其重要的育人作用。

一方面，愉快教育需要愉快课堂、愉快课程作为其核心支撑，另一方面，愉快教育又需要从育人的高度，以德育引领以及五育融合推动其提升境界，实现学生真正的核心素养培育。

三、特色文化，促进愉快教育新发展

在愉快教育 45 年的实践中，上海市一师附小努力深化了对愉快教育的新认知、新反思。

——愉快教育的根本是让学生的情感、精神在获得愉悦享受的基础上，实现境界升华，基于此，一师附小努力让学校课程建设回归初心，让学校教育返璞归真。

——乐学、爱学是愉快学习的前提：学习的兴趣在情景交融中唤起，学习的需求在分层递进中满足，学习的热情在师生互动中产生，学习的个性在尝试实践中展现。

——会学、主动学是愉快学习的核心。问题,让学生自己去发现;知识,让学生自己去探索;规律,让学生自己去揭示;学法,让学生自己回答;效果,让学生自己去评价。

——从培育学生发展核心素养的高度,让愉快教育进一步促进学校教育返璞归真、回归实心。对学生德育知识、德育意识、德育行动、德育能力的呵护引领,是新时代愉快教育的新发展、新突破。

在愉快教育 45 年的实践中,在新的办学形势下,上海市一师附小的学校领导、教师通过实践摸索,进一步提炼、总结了愉快教育的基本特征。

特征之一:在教育的培养目标问题上,强调愉快发展,在发展中求愉快,在愉快中求发展。既强调素质全面发展,又强调发展中的愉快、幸福,即"发展愉快"。在这里,"愉快"和"发展"相辅相成,互为手段,同为目标,形成有机联系的整体。确切地说,"愉快教育"包括两层含义:一是在发展中求愉快,二是在愉快中求发展。

特征之二:在受教育者发展的内外因问题上,强调在需要层次上充分调动学生的内在积极性。在培育学生发展核心素养目标追求下,进一步升华学生"爱、美、认知(兴趣)和创造"等优秀情感品质,运用一切教育手段去调动学生的内在积极性,这是落实愉快教育的"四要素"。

特征之三:在处理教育中知、情、意关系问题上,强调以愉快为核心的各种积极情感与认知的互促,达到知、情、意并茂。这一基本精神包括以下两方面内容:第一,以愉快为核心的各种积极情感与认知相互促进,是"愉快教育"中贯穿始终的一条主线。第二,在情知互相促进过程中带动意志发展,是"愉快教育"在协调知、情、意关系上不可忽视和分割的一个环节。以情、知互促带意,更易增强意志行为的自觉性;以情、知互促带意,更易强化意志行为;以情、知互促带意,更符合培养小学生意志品质的年龄特点;以情、知互促带意,更能提高愉快体验的深度。

上述愉快教育的三个基本特征,并非彼此孤立的,而是相互联系不可分割的。

特征之四:在"知、情、意"的基础上,重视学生的"行"。优秀品质培育的保证在于学生积极健康、锲而不舍的"行"。"行"即实践,是学生具体的道德行为,也是人们在行动上对他人、社会和自然所作出的行为反应,是人内在的道德认识和情感的外部表现行为,是衡量人们品德的重要标志。只有建立在正确的"知、情、意"基础上的具体德育行为、德育行动,才能为学生的人格养成、人生发展奠定牢固的基础,才能真正实现情感道德的升华。

正是基于以上思考,一师附小自 2016 年起,根据"愉快教育"的办学理念,以发展学生的核心素养为出发点,以培育"五会五能"的附小学生为总目标,整体优化"儿童立场"下的学校年段德育活动课程,以此为抓手,丰富愉快教育内涵,提升愉快教育实践,使其成为愉快教育新的增长点。

重视德育因素在学校课程以及学校特色文化建设中的有效落实,落实五育并举、全面育人,这是上海市一师附小愉快教育在 21 世纪最近十年的艰苦探索与创新实践,也是一师附小学校办学文化的新特色、新亮点。

第三节　协同机制的建立:家校社共育的创新生态

上海市第一师范学校附属小学是近代杰出的教育家陈鹤琴先生于 1945 年创办的一所实验性学校。20 世纪 40 年代,陈鹤琴校长主导了"活教育"的实验,50 年代至 60 年代中期,学校集中研究了"让儿童的聪明才智得到充分发展"这一课题。到了 20 世纪 80 年代,学校响应邓小平同志提出的教育要"三个面向"的指导精神,继续传承陈鹤琴的"活教育"思想,开展了以"爱、美、兴趣、创造"为核心的"愉快教育"实验,全面推进了智能、情感和意志三位一体的人格教育,努力探索适应新时期的教育模式。

学校高度重视家庭教育,结合学校"愉快教育"的办学特色,按照《中华人民共和国家庭教育促进法》《上海市中小学幼儿园家长学校建设标准》《上海市家庭教育指导大纲(修订)》和《关于健全学校家庭社会协同育人机制的意见》,并结合《上海市 0—18 岁家庭教育指导内容大纲》,学校积极构建学校、家庭、社会三位一体的育人格局,拓展工作思路,创新活动载体,努力探索家庭教育指导工作的新途径新方法,积极培养孩子良好的道德情感和行为习惯,通过一系列家校携手的举措,聚集教育合力,取得显著效果和良好的社会反响。近几年,我校的家庭教育指导工作正逐步走向规范化、科学化、制度化、创新型的健康发展之路,家校合作育人,构建良性互补关系已成为我校的一大亮点。

传统的教育模式主要侧重于学校教育,而家庭和社会的角色往往被边缘化。但实际上,家庭是孩子最初的学习场所,而社会则为孩子提供了丰富的实践和社交经验。忽视这两个方面,就意味着忽视了孩子全面发展的重要部分。此外,随着社会的变革,家庭结构和家庭价值观也发生了巨大的变化。这使得家庭教育面临着许多新的挑战。与此同时,社会的多元化也为学校教育带来了更多的挑战和机遇。因此,如何构建一个能够整合家庭、学校和社会资源,共同为孩子的成长提供支持的新型教育模式,成为教育改革的重要议题。这也是"家校社协同育人"理念应运而生的背景。

一、顶层设计,打造"聪慧家长·智慧课程"特色项目

家校社协同育人的顶层设计是构建一个全面、高效和持续的教育体系的基础。这一设计旨在确保所有参与方——家庭、学校和社会,都能够为学生的成长提供一致、连贯和高效的支持。

随着一师附小集团化办学模式的深入,学校面临全新的问题与挑战:学校现有 2 000 多名学生,这批学生家长年龄集中在 35—44 岁,大部分学历较高。由于家庭背景的多样性和文化程度的不同,家长们在教养观念、方式及效果上都存在显著的差异。尽管越来越多的家长开始注重家庭教育,但仍有部分父母在教育过程中存在误区。许多家长难以恰当地平衡自己的情绪,常常在过于严格和溺爱之间作出极端选择。与此同时,学校发展已处于高位状态,面对众多学校纷呈的家庭教育的特色发展,学校积极做好特色的分享与经验的汲取,寻找到家庭教育发展的突破口,形成思路,促进家校合作合力育人的模式开展,以进一步弘扬发展愉快教育特色。为了进一步加强学校家庭教育的指导,结合学校的战略发展规划和家长的实际需求及特性,"聪慧家长·智慧课程"特色项目得以推出。

"聪慧家长"——共分为"三个含义",即"会教养——汇方法——慧家长"。首先是面向全体学生家长,让他们在参与学校活动、家长学堂、课程共建的过程中,不断形成科学的现代家庭教育理念,规范自己的教育行为,提高教育素养,使越来越多的家长成为"会教育"的父母。其次,"汇集方法"。家长在各类活动和交流平

台中,能主动学习、交流互动,不断丰富、提炼、分享科学的教养方法,汇总出适合自己的个性化家庭教育方法。与此同时,不同职业、经历、爱好的家长能利用各自所长成为校本课程的开发者、科研者、评估者,他们能为学校的教学改革建言献策、贡献力量,是先行一步的"智慧家长"。

"智慧课程"——在孩子的成长旅程中,父母的学习能力和成长动力构成了家庭教育的核心资源。因而,在这一过程中,众多父母逐渐认识到,陪伴孩子的成长也是一门需要不断进步和学习的艺术。基于学校"关注个性,给孩子们更优质的愉快教育"的主旨,以智课程为载体,通过三大板块对家长开展家庭教育的指导,即"智活动课程""智拓展课程(H-PISA)""智家长学堂",形成校本化的家庭教育体系。在指导过程中结合"三个关注":关注学生成长规律,指导家长生成智慧;关注家长实际需求,指导家长提升智慧;关注教养个案,总结提炼,指导家长运用智慧,不断优化家庭关系和家庭教育的质量,促进家长和孩子共同成长,使附小每一个学子真正"拥有幸福的童年,获得全面的发展"。

立德树人是学校教育的宗旨,也是学校德育顶层设计的核心教育理念。我们力求在该项目的建设下,通过"智慧课程"培植出强大的枝干——智慧家长,他们能够在"学校教育""家庭教育""社会教育"三位一体的育人环境中,以先进的家庭教育理念不断提升家校合作育人的质量,持续增加家校协同教育的效果。同时,他们还致力于巩固学校的这一教育成果,努力打造一个正向的家庭和社会环境,进而实现家庭、社会与学校三者的教育协同。他们深入理解孩子的需求、全心陪伴、支持并助力孩子健康快乐地成长,为每位学生提供所需的养分,确保他们都具备纯净的心灵、健壮的体魄、创新的才华和充满活力的个性。家庭教育特色项目"聪慧家长·智慧课程"如同一棵智慧树,在三大板块、三个关注、三个含义、三位一体的共同作用下,使愉快教育的理念不断发扬,让每个孩子能在愉快中学习、成长,在成长中获得愉快,真正达到立德树人的目的。

二、构建全方位的教育体系,赋能家校社共育新生态

家校社协同育人的主要内容是构建一个多元、互补和高效的教育体系,确保学生在家庭、学校和社会三个主要环境中得到全面的支持和培养。

1. 智慧活动:增强家校社协同培养

第一,引入社会资源,开设一师附小"大"师课堂。一师附小的"大"师课堂活动旨在通过家长资源,为学生提供课外知识的拓展机会。受"基于'老爸老妈进课堂'活动促进小学生职业意识的实践研究"课题的启发,学校在班主任会议中对此活动进行了深入的推介。通过班主任的协调,学校向家长正式发出参与邀请函,愿意参与的家长被邀请于周二的课外活动时段亲临学校,为其孩子所在班级提供关于其职业领域的专业介绍,实施一次集中于"职业体验"的教育活动。每学期,全校一至五年级全部59个班级开展了至少1次的职业体验活动,家委会则进行素材和资料的积累。在此基础上,部分班级家委会在周末策划了实地体验实践活动,使学生能够将所学与实践相结合,更深入地体验职业教育。

在一师附小的特色"大"师课堂上,家长们根据学生的年龄差异,设计了独具匠心的分享形式。很多家长携带与职业息息相关的实物,为孩子们提供了更为直观的职业体验机会。同时,对于一些非常有代表性的职业,学校将根据情况邀请家长到校为学生进行一师附小"大"师课堂活动,并利用网络平台在全校进行实时直播,旨在让学生有更多机会深入了解不同的职业。例如:2023年上半年,我们邀请到了上海电视台主持人何卿,为每个家庭讲述了如何培养表达能力的专题讲座。临近暑假,我们邀请上海博物馆研究员邓和英老师为每个家庭讲述如何利用好假期时光,带着孩子参观博物馆。

此外,学校也鼓励老师和家长在一师附小"大"师课堂的基础上,带领孩子们在校外进行更为丰富的职业体验活动,为学生提供更为丰富的实践探索机会。

第二,开放校园场地,组织周末亲子"校园行"。家校社协同育人不仅是一种教育理念,更是一种教育实践。它强调了家庭、学校和社会在学生成长过程中的共同责任和作用。因此,开放校园场地,组织周末亲子"校园行"活动,正是这一理念在实践中的具体体现。它不仅为学生提供了一个全面、多元的成长环境,而且为家长和社区提供了一个参与、支持学生成长的机会。这种模式不仅有助于提高学生的学业成绩,而且有助于他们成为健康、有责任感、有公民意识的人。

学校选择周末开展亲子阅读、锻炼活动,旨在创造时间与空间拉近孩子和父母的距离,让父母更全面地了解孩子,共同学习与锻炼,将科学的家庭教育理论运用于实践。学校积极整合教师资源以及体育组的专业师资力量,根据现有资源,定期组织低年级学生和他们的家长参与以阅读与游戏为核心的亲子活动。这不仅让学生体验到读书与体育的乐趣，还有效地提升了他们的身体素质。同时，这样的活动也使家长深刻认识到，在孩子的成长过程中，他们的关心和陪伴是不可或缺的。在学校亲子阅读吧中，父母陪同自己的孩子一起选书，一起读书，读本好书。你能看到孩子依偎在妈妈的身旁，一同翻阅着一本连环画，还能看到爸爸腿上坐着个小人儿，和他讲着古老的童话故事……温馨的场面在阅读吧里比比皆是。在亲子运动中，父母和孩子们更是积极参与，大显身手。也让孩子感受到爸爸妈妈就是他们成长历程中坚实的后盾和可靠的合作伙伴。

通过组织亲子活动，家长和孩子在学校这一特定环境中得以共度宝贵时光，从而加深了彼此的情感联系。此外，家长能够直接了解学校的硬件设施、教育资源和教育环境，这无疑增强了家长对学校的信任和支持。更为重要的是，家长、学生和教师在这样的活动中共同参与，形成了一个真正的教育共同体，共同为学生的全面发展付出努力。

第三，成立亲子阅读联盟，徜徉书籍的海洋。成立亲子阅读联盟是家校协同育人理念的具体体现。它强调了家庭和学校在学生的成长过程中的共同责任和作用，以亲子间的"亲子阅读"为载体，既能激发学生的学习兴趣，还能确保学生在家庭和学校的双重关怀下健康成长。我校在区家庭教育指导中心的推动下，成为静安区"亲子阅读联盟"校。通过成立亲子阅读联盟，学校主动拉近了与家庭的距离。这不仅为家长提供了一个与孩子亲近的平台，也使家长更加了解学校的教育理念和方法。

学校先后请来社会各界知名人士、专家学者开展讲座，提高家长的教育参与度，为家长提供了学习如何更好进行孩子教育的平台，也让家长认识到，通过共同阅读，家长可以更好地了解孩子的学习和成长，同时也能够为孩子提供更为合适的指导和帮助。

学校通过网站平台提供在线资源：如相关的阅读指导、书籍推荐、阅读方法等，方便家长随时查阅和学习。同时，教授家长如何选择合适的书籍、如何引导孩子阅读、如何与孩子进行阅读后的交流等。暑假期间，学校还开展"读万卷书，行万里路"活动，通过实地体验，让孩子和家长更加深入地理解书中的内容，将所读与所见相结合，不仅可以增强家长和孩子的阅读兴趣，还可以培养他们的实践能力和生活经验。这种结合阅读和实践的活动模式，无疑会使亲子阅读联盟更加丰富和有意义。

2. 智慧拓展，提升育人效能

这一内容强调了通过智慧化手段和策略来增加教育的效果。在家校协同育人的背景下，这一理念可以从以下两个方面得到具体的体现。

一是课程设置与角色创新。 单一的课程设置和传统的教育角色已经不能满足学生多元化的学习需求和家长对教育的期望。拓展类课程是指那些超出常规课程范围，旨在培养学生的综合能力和兴趣的课程。这些课程的目的是为学生提供更广泛的学习机会，激发他们的学习兴趣和创新精神。可以包括艺术探索、社会实践、环境教育、创造教育等。这些课程不仅可以培养学生的知识和技能，还可以培养他们的创新思维、团队合作、批判性思考等能力。学校根据学生的兴趣和需求，选择合适的拓展类课程。

同时，为了更好地了解课程的实际效果和学生的学习需求，学校还设置了"课程体验员"与"学情观察员"岗位。通过这两个岗位，学校可以及时收集教学反馈，进而进行课程的优化和调整。"课程体验员"主要负责参与课程的实际教学，体验课程的实际效果，然后为学校提供反馈和建议。"学情观察员"则主要负责观察学生在课堂上的学习情况，如学习兴趣、参与度、互动情况等，并为教师提供教学建议。在研究中，项目组推动各拓展型课程教师研究针对不同群体学生实施辅差性个别辅导，提高性个别引导或生成性个别指导，特别是对在拓展型课程中学有余力、学有潜力的学生，学校倡导探索为其个人度身定制开设特需课程或个性化辅导模式，以满足学生的个性化学习需求。

课程设置与角色创新是家校协同育人的新策略。通过这一策略，学校可以更好地满足学生的学习需求，激发他们的学习兴趣，同时也加强了与家长的合作和交流。

二是家长学校课程建设。 在教育长河中，家长始终是孩子的第一任教师。他们的教育观念、方法和态度对孩子的成长有着深远的影响。随着教育的现代化和家校合作的深化，家长不仅在家庭中扮演教育者的角色，还有机会在学校中分享他们的教育经验和方法，为更多的孩子和家长提供指导。本研究项目着重于深入探讨家长的心理动态、识别其教育需求，并调整其教育心态。此外，我们对家长教育课程框架进行了完善与调整。这一过程对于那些具有较高学历且对教育有较高期望的家长群体尤为关键，因为它有助于更新他们的教育观念、对教育质量的认知以及对孩子成长的期望。此外，该项目还旨在增进亲子间的沟通、优化亲子关系，并增强家长在培养孩子方面的综合能力。

在当前的教育实践中，我校会在每周二迎来众多家长参与者。这些家长有的担任课程的记录者；基于其专业背景，他们也可能成为特定课程的授课者。有的家长甚至能够融合这两种角色，进而作为课程内容的传播者。这种独特的家校合作模式孕育出了一系列丰富多彩的特色课程，涉及多个领域。这不仅弥补了学科教师在某些非学科领域的知识空缺，还使得学生在校园内便能受益于各行各业专家的指导。这种创新的教育策略优化了学校与家庭、教师与家长以及学生与社会之间的互动，充分挖掘了家校社协同育人的潜能。

3. 智慧家长学堂，拓宽交流平台

智慧家长学堂主要是通过学校设立的网站、微信公众号、公益服务组织、家长讲座等服务平台，构建三位一体的教育网络，形成社会化教育合力。与此同时，通过家访、家长会、心理健康教育等多种渠道加强和学生家长的沟通，满足不同家长的需求。

第一，借助新媒体平台：开设家庭教育专栏"慧育童心"。在数字化时代，新媒体平台已成为信息传播和交流的主要渠道。家校协同育人，尤其需要利用这些平台，以更为便捷和高效的方式与家长进行沟通和互动。

"慧育童心"专栏围绕家庭教育的核心议题，如家庭教育方法、亲子关系建设、家庭教育中的心理健康等，为家长提供科学、实用的指导和建议。内容包括文章、视频、图文教程等多种形式，以满足不同家长的阅读和学习习惯。

"教子有方"——这是一个受到家长广泛青睐的栏目。由于我校集团化办学共分为两个校区，受场地限制，很多家长无法通过有效途径学习。为此，学校定期邀请教育学、心理学等领域的专家撰写专栏文章，通过公众号的定期推出，使更多的家长了解到发生在身边真实鲜活的案例，得到适切的教子方法。这不仅可以为家长提供更为深入和专业的知识，还可以增加家长对学校教育理念的认同和信任。

"慧听有感"——我们利用学校"朗读亭"，请家长读自己的教育故事，听自己的故事,感悟自己的故事。在教育实践中,我们系统地引入了伟人与名人家教的案例研究,旨在通过这些模范家长故事来提高家长的教育认知能力。通过名人家教的经验分享,我们期望启发家长的教育策略和智慧,确保他们在各种环境中都能无障碍地进行学习,从而获得教育的深入思考和新的启示。当前,"空中大课堂"已逐渐成为我校家长教育的核心组成部分,大量家长因此感受到了明确的教育方向、目标和动力。

第二,增设个性化家长学堂:面向特殊学生家长,开设个性化家长学堂。特殊学生家长往往面临着与常规家长不同的教育和抚养挑战。为了更好地满足这一特定群体的需求,学校增设个性化家长学堂,为他们提供专业的指导和支持。

在教育局的鼎力支持下,我校积极参与静安区中小学心理健康教育发展中心的家长心理辅导师培训项目。该项目为家长提供了无偿的国家三级心理咨询师公益培训,通过考核可获得相应的认证证书。这一举措为我校构建了一支专业且高效的心理健康教育家长团队。那些已获得国家三级或更高级别心理咨询师资格的家长,将其所学知识融入到家校服务中,为各班级和年级的学生家长定期提供心理健康指导。针对特殊学生家长的具体需求,学校设计一系列专门的课程。这些课程涉及特殊教育方法、心理健康支持、家庭环境的调整等。例如,如何帮助孩子提高社交技能、如何与孩子进行有效的沟通等。特殊学生家长是学校教育的重要合作伙伴。通过增设个性化家长学堂,学校不仅可以为他们提供专业的支持,还可以加强与家长的合作关系,共同为特殊学生创造一个更为有利的教育环境。

第三,延伸课程渠道:走向社会、走进社区。学校不仅仅是教育的中心,更是与社会和社区紧密相连的一个节点。延伸课程渠道,即将教育的触角从学校延伸到社会和社区,是一种全方位、多维度的教育策略。2021 年上海市政府提出了 15分钟生活圈的理念,我校也积极创建家校幸福圈,将家校工作面向区域,辐射更大的平台。品牌项目"家庭亲子戏剧坊",参加了上海市家庭喜剧大赛,3 组家庭获得了前十名的好成绩。科技项目中,我们亲子合作发明也取得了累累硕果,智能头盔、共享单车停靠仪器等与大学合作,得到了深度孵化。

学校积极整合社会资源,面向社区开展相关专题讲座。在历年的讲座咨询会中,有面向全市家长开展的特级教师公益讲座"好习惯是孩子成就优秀的实力";

名校长公益讲堂"如何培养孩子受用一生的规则和习惯""家长的言行是一门重要的课程"等；有德育教导面向全区家长开展的"家庭教育公益咨询活动"，与家长聚焦具体问题、具体方法，提供解决问题的思路与方法；有教导主任面向社区居民针对幼小衔接的专题讲座；有资深班主任的各类宣讲活动。延伸课程渠道，走向社会、走进社区，不仅可以为学生和家长提供更多的学习和交流机会，还可以培养他们的社区意识和社会责任感，真正实现家校协同育人的目标。

第四，微笑公益服务，解决家长后顾之忧。对于许多家长来说，他们在工作、生活中面临各种压力和挑战，可能没有足够的时间和精力参与孩子的教育。通过微笑公益服务，为家长提供各种支持，帮助他们消除后顾之忧，确保孩子在一个健康、和谐的家庭环境中成长。教育部办公厅出台《关于做好中小学生课后服务工作的指导意见》，学校积极响应并调动社会公益组织力量——"上海微笑青年公益服务中心"，共同为学生提供高质量的托管服务。这一合作模式形成了一个独特的服务体系：学校作为主体，负责提供场地和基础设施，确保学生的安全和学习需求得到满足；家长义工作为辅助，他们参与到托管服务中，与孩子们互动，分享自己的经验和知识；而"上海微笑青年公益服务中心"作为坚实支撑，则提供了专业的教育资源，并为学生和家长提供丰富的公益活动。结合学校的实际情况，我们制定了一套适合我校学生的托管共育课程——"微笑阅读"。这一课程旨在培养学生的阅读兴趣和习惯，特别是那些缺少父母陪伴的孩子。我们通过游戏化的阅读活动，将书籍和阅读方法有机结合，为学生提供了一个全新的学习体验。同时，我们还鼓励家长参与到这一过程中，与孩子一同阅读，培养他们的阅读习惯。此外，我们还将世界文化和历史知识融入课程中，让学生在阅读中既能增长知识，又能开阔视野。通过这一系列的活动，我们希望能够帮助孩子和家长共同成长，形成一个家长放心、学生开心的共育新局面。

三、砥砺奋进，共促家校社协同育人

在"十三五"时期，我校凭借积极申报与激烈评比，成功跻身上海市家庭教育示范校行列。2022年12月，学校再接再厉，荣获"十四五"静安区家庭教育示范校荣誉称号。

一直以来,学校秉持着严谨的学术态度,投身于项目研究。我们不仅深入探究家校社协同育人的策略、途径与方法,还精心梳理众多优秀家庭教育案例,努力探寻其背后的成功逻辑与规律。我们的目标是总结出一套科学、系统的"家校社协同育人"教育理论,并以此为基础,撰写出高质量、有深度的研究成果,为教育事业贡献智慧与力量。

展望未来,我校将持续发力,通过不断实践与探索,组建一支专业、高效的家庭教育指导团队。我们将致力于将最前沿、最优质的家庭教育理念与方法精准传达给每一位家长,同时积极搭建多元化的沟通渠道与平台,为家长们答疑解惑、排忧解难,全力促进家校社协同育人模式的深化与发展,携手各方共同为学生的成长保驾护航。

案例 7-1

活力领巾重实践,幸福社区助成长

为进一步贯彻落实《家校社协同育人"教联体"工作方案》与《中共中央关于全面加强新时期少先队工作的意见》文件精神,上海市一师附小少工委与曹家渡街道社区少工委紧密结合,联手打造"15 分钟少先队员幸福圈"。通过对区域内红色教育资源、实践活动资源、体育锻炼资源的全方位互动整合,开展既有意义又有意思的实践活动。旨在搭建"家校社"协同合作新平台,打造三圈育人的全新模式。

一、以政治引领为根本,拓宽"家校社"协同育人渠道

在新的时代背景下,少先队工作的灵魂就是政治先导。 一师附小少工委坚持党建引领,以家校社联动为重点,把少先队经常性参与社区治理实践活动纳入年度党建工作要点,以正确的思想为指导,确保少先队员健康成长,并为社区治理实践活动的开展奠定坚实基础。

1. 坚持党建主导,发挥校社联动

2020 年,曹家渡街道正式成立社区少工委,这一机构的成立标志着

"家校社"合作进入了一个新的阶段。社区少工委统筹居民区、中小学校、社会团体等多方力量，合力推进辖区资源有效整合，打通了少先队员联系、服务、引领"最后一公里"。

在社区少工委的带领下，围绕生态环境、社区治理等重点工作，精心打造"红领巾楼宇少先队""红领巾志愿服务队"等项目。通过"党员＋团员＋少先队员"大手拉小手模式，不仅让少先队员们能够在实践中学习，在服务中成长，更让他们深刻体会到了作为一名少先队员的责任与使命。

此外，我们还建立了"家校社"三方定期沟通机制，确保信息的及时传递与反馈。通过举办"家长开放日""社区体验日"等活动，让家长和社区更加直观地了解学校的教育理念与少先队员的成长情况，形成教育合力。

2. 强化校社合作，夯实组织阵地

为了进一步加强家校社合作，推动学生全面成长与社区和谐发展，学校少工委与曹家渡街道社区少工委建立了紧密的合作关系。每年的开学典礼、六一庆祝活动、教师节活动等重要节日和纪念日，曹家渡街道的相关领导都会走进校园，与师生们共同庆祝。这种互动不仅增进了彼此之间的了解和友谊，更为少先队员们提供了更多与社区接触、交流的机会。

同时，一师附小少工委将曹家渡街道社区党群服务中心作为少年儿童的活动阵地与组织活动的中心：依托街道的组织生活室，为少先队组织注入了新的活力，团结凝聚了更多的青少年投身街道发展的新场域，生动展现了家校社合作的紧密无间与和谐融洽。

此外，学校少工委积极拓展社区平台，促进少先队事业的全面发展。近年来，一师附小的少先队员们努力做到"向社区报到"全覆盖，积极参与"红领巾楼宇少先队"等活动的开展。少先队员立足自家楼道，积极开展垃圾分类、文明创建、反诈宣传等志愿服务活动。同时，我们还探索建立了"红领巾议事会"，以四和花园社区为试点，完善议事规则，实施"议案＋活动"的运行模式，成功打造了社区少先队标准化队室和队角。在这样的氛围中，队员们学会了倾听、学会了分享，更学会了如何在社区的大家庭中贡献自己的力量。这无疑为他们个人的成长与社区的发展注入了强大的动力，为少先队员素养的提升奠定了坚实的基础。

3. 建好活动阵地，推动学生成长

为了让"青春社区"更好地推进治理工作，近年来，一师附小少工委将项目、资源、力量进一步下沉到社区。通过深入调研和了解社区青少年的兴趣和需求，学校和社区少工委找到了彼此的链接点和共同点，实现了青少年意愿与社区服务的精准对接。这一举措不仅推动了少先队员们的成长发展，而且为社区的兴旺发展、蒸蒸日上注入了新的活力和生机。

在发挥辖区现有青年中心作用的基础上，街道少工委还新建了"静安 WE"青年中心，这一中心的成立进一步丰富了一师附小少先队员的活动空间。同时，学校更好地发挥了青年中心联系青少年的桥梁和纽带作用，为青少年提供了更多展示自我、交流互动的平台，让他们在互动中共同成长，在交流中绽放光彩。

二、以活动开展为主线，完善全方位育人实践体系

活动是少先队工作的生命线。为了引导少先队员们常态化参与社会治理实践，学校设计了一系列丰富多彩的活动，并建立了完善的实践体系。

1. 设计高品质化的专题课程

为了提升少先队员们的综合素质和实践能力，学校与街道各职能科室积极合作，共同设计推出了一系列高品质的专题课程。这些课程紧扣社会治理重点工作，涵盖了自然、科技、环保等多个领域。我们面向全校招募具有相关背景的老师，组建了一支"红领巾小创客"智囊团，为课程的实施提供了有力的保障。

通过 3 年的课程开展，少先队员们不仅学到了丰富的知识，还培养了创新思维和实践能力。 他们积极参与课堂讨论和实践操作,在课堂上充分展示了新时期青少年的风采和朝气。

2. 制作高参与度的实践手册

为了引导少先队员们更好地走进社会、了解社会、服务社会,我们与街道合作建立了一套完善的社会实践体系,制作了《一师附小 & 曹家渡街道活动实践手册》——每年利用节假日,吸引队员深入街道、社区参与实践。 这些活动包括参观红色实践基地、学习环保知识、参与社区服务等,增强了队员们的社会责任感和公民意识。

活动结束后,我们以奖章奖励机制,对表现突出的少先队员给予表彰奖励,授予"实践活动小达人"称号。 这种机制不仅激发了队员们的积极性和参与度,也促进了同伴之间的相互学习。

3. 搭建高互动性的联动平台

为了更好地推动"家校社"协同培养工作的发展,记录队员们的活动轨迹和活动内容。 2022 年起,我们尝试运用了钉钉平台的"活动记录小程序"。 通过这一小程序,学校和社区可以清晰地了解每个队员的参与情况和活动分享。 学生们还可以通过钉钉前端以"线上 + 线下"的形式参与各种活动,学校和社区则可以通过平台后端准确了解少先队员的活动信息与频次,实现活动时长在线认证和精准管理评价。这一联动平台的建立不仅提升了三圈育人的互动性,也为家长们提供了更多了解孩子在校外表现的机会和渠道。

三、以品牌打造为特色,探索少年儿童快乐成长新路径

品牌打造是少先队工作的重要载体,也是少先队工作的展示窗口。为了进一步探索少年儿童快乐成长的新路径,我们依托资源丰富的街道平台,打造了一系列具有特色的品牌活动。

1. "我向党旗敬个礼"

为加强对少先队员的爱国主义教育,学校少工委与街道社区少工委组织开展了主题为"我向党旗敬个礼"的系列活动。 活动中,少先队员们走进社区,近距离倾听社区"五老"讲述抗日战争时期的故事。

少先队员聆听了生动的故事后，不仅了解了党的历史和优良传统，更加坚定了从小跟党走的决心和信念。

此外，我们还与"五老"一起制作了北京天安门模型，让少先队员们在动手实践中接受了一次沉浸式的爱国主义教育。通过这些活动，少先队员们在学习知识的同时，也在潜移默化中培养了自己的爱国情怀和民族自豪感。

2. "唱支红歌给党听"

为了传承红色基因、弘扬革命精神，我们组织一批批队员走进社区，参与了以"唱支红歌给党听"为主题的红歌快闪活动。少先队员传唱歌颂党、歌颂伟大祖国、歌颂中国特色社会主义的歌曲，用激昂嘹亮的歌声抒发了少先队员热爱党、热爱祖国的心声。

红色歌曲以最生动的形式将中国共产党的革命历史与优良传统表现得淋漓尽致，活动不仅展示了少先队员的才艺和风采，而且使少先队员的凝聚力和向心力得到了加强。少先队员们通过唱红歌这一形式，深刻地体会到共产党的伟大、祖国的强大，坚定了为实现中华民族伟大复兴的中国梦而努力奋斗的决心和信心。

3. "党的光辉照我心"

为了让少先队员们更加深入地了解中国共产党的光辉历程，我们走进曹家渡街道的各个社区活动室，以"党的光辉照我心"为主题，通过绘制小报的展示形式，与不同学校、不同年龄的少先队员分享红色革命故事、中国的大国崛起之路等鲜活的故事。不仅带领更多的少年儿童珍惜眼前的美好时光，更能领悟到如今幸福生活的来之不易。

同时，学校与社区少工委共同组织开展了"童心向党"青少年绘画作品征集活动。少先队员们通过手中的画笔，将自己对党和祖国的热爱之情转化为一幅幅色彩鲜明的绘画作品。这些作品不仅展示了少先队员们的艺术才华和创造力，也传递了他们对党和祖国的真挚情感和美好祝愿。

4. "党的故事我来讲"

在迎接建党百年，喜迎党的二十大胜利召开等重要时刻到来之际，街道少工委走进学校，在一师附小的校园内开展"党的故事我来讲"的演讲活动。前期，少先队员们通过观看视频录像、阅读书籍等多种形式，就有关党章、党史等方面内容进行了收集和了解，并撰写成文。活动中，他们通过演讲、朗诵等多种形式，将生动的故事，栩栩如生的人物分享给身边的同伴，带动了更多的队员一同成长，获得了积极的反响。

为了进一步扩大活动的影响力，我们尝试借助新媒体资源——通过街道抖音官方账号开展了"党的故事我来讲"的直播活动。少先队员们在镜头前自信大方地讲述着党的故事和身边优秀共产党员的故事，感染着每一位观众。活动不仅锻炼了少先队员们的表达能力和自信心，也让他们更加深刻地认识到了优秀党员的崇高品质，更感受到中国共产党的伟大。

展望未来，一师附小少工委将继续与曹家渡街道社区少工委紧密协作，创新"家校社"协同育人形式，丰富活动内容，为更多的少年儿童提供更全面、更深入的学习实践"社会大课堂"的机会，拓宽视野，强化科技教育，培养德智体美劳全面发展的新时代好少年！

（案例提供者：上海市第一师范学校附属小学　贾为卿）

第八章

创造性学习的主体境界

教育关系是师生关系的核心。在教育活动中,教师是促进者、组织者和研究者,学生是参与者、学习者,同时又是学习的主人和主体。教育关系的建立,首先取决于教师的教育水平,直接受制于教师的专业知识、教育技能和人格力量等。创造性学习的主体境界体现了特定的教育关系,这种关系既能为师生双方提供最大的发挥主体力量的空间,又能使双方的力量形成有效合力。创造性学习致力通过平等对话、角色互换和情感共鸣,构建新型师生关系,激发学生创造力,努力以合作式问题解决、交互式知识构建和体验式学习引导等学习模式推动教学相长,通过深度教研、行动研究和共情修炼,助力教师专业与情感的蜕变,营造活力课堂,增进教学效果,为教育创新注入新动力。

第一节 师生关系新范式：共创伙伴

在创造性学习的背景下，传统的师生关系逐渐转变为一种共创伙伴的关系，这种转变不仅有利于激发学生的创造力，也为教师提供了更多的专业成长机会。共创伙伴关系强调师生之间的平等、尊重和相互学习，共同参与到知识的探索与创造过程中，同时这种转变也强调了教师与学生在知识建构过程中的平等与合作，旨在培养学生的创造力和批判性思维。

一、平等对话，构建共创基础

愉快教育强调尊重儿童、研究儿童、懂得孩子的天性、情感交流、自主学习、个性化教学，这些理念共同构建了一师附小新型师生关系的核心框架，形成了学校包容开放的学习生态，促进了平等师生关系的建构与发展。

1. 打破权威壁垒

在传统的师生关系格局中，教师常常被视作知识的绝对权威，学生则无奈地处于被动接纳的境地。在共创伙伴关系理念下，教师积极主动地摒弃高高在上的"架子"，以平等且开放的姿态与学生开展对话与交流。师生探讨的话题不仅仅局限于对课堂内的知识学习，可以延伸至学习方法的分享、思维方式的碰撞，乃至对生活百态、广袤世界的深入思索。教师不再是知识的独裁者，而是与学生同学共研的伙伴，这一转变不仅增强了师生之间的互动与合作，更促进了知识的共享与共创，取得了显著的成效。如语文学科"发现身边的校园'奇人'"案例中，教师引导学生讨论校园"奇人"的定义与特点，鼓励学生大胆分享自己的见解。学生们积极参与，各抒己见，思维的火花在交流中碰撞。教师不再是单方面地传授知识，而是与学生一同探讨如何挖掘身边人物的独特之处，从对同学、老师到校园工作人员的分析中，共同寻找那些容易被忽视却充满闪光点的"奇人"。无论是对"奇人"标准的界定，还是对具体人物事例的剖析，师生都处于平等的地位，这种对话模式为项目的顺利开展奠定了良好基础，也充分展现了共创伙伴关系中平等交流的魅力。

2. 用心倾听理解

在共创伙伴关系的构建中,教师被赋予了一项至关重要的能力要求:用心倾听理解。教师全身心地投入到与学生的交流互动中,能真切理解学生内心的想法、面临的困惑以及实际的需求,在倾听过程中教师能够精准捕捉与学生思维碰撞过程中的灵感。倾听代表着对学生个性的充分尊重,有力地促进了更加紧密、信任的师生关系的建立,为教育教学活动的深入开展筑牢了情感基石。如语文学科"传承经典文化,鉴赏国粹艺术"项目中,在大家讨论京剧鉴赏标准时,学生提出各种观点,教师不评判、不打断,认真倾听每个学生的观点和想法,从中捕捉到学生对京剧人物、故事和环境等方面独特的理解视角。对于学生在鉴赏过程中遇到的困惑,如对京剧表演中复杂动作含义的不解,教师耐心倾听后给予详细解答和引导。这种倾听让学生感受到尊重,从而更加积极地投入到京剧艺术的鉴赏与学习中,师生之间的信任也在这一过程中不断加深。

3. 共享决策权利

在共创的教育旅程中,教师赋予了学生更为充分的决策权,积极邀请他们深度参与到教学计划的制定、学习内容的选择以及评价方式的确定等环节中来。当学生得以在这些重要方面发挥作用,这种深度参与感能够激发他们在学习过程中的主人翁精神,从而赋予他们更强的学习主动权和成就感。学生不再是被动接受知识的容器,而转变为积极主动的知识构建者和学习主导者。如信息科技学科"家务劳动小能手"项目中,教师首先与学生共同探讨劳动教育的目标和意义,引导学生思考如何通过项目增强劳动意识。在确定项目核心任务:制作激励家务劳动的智能装置时,教师充分听取学生的想法,让学生参与到功能设计的决策中。学生们结合自身对家务劳动的理解和体验,提出了多种创意,如设计不同的劳动积分模式、有趣的奖励机制等。在评价环节,师生共同商议评价标准,学生积极发表意见,确定了从装置的实用性、创新性以及对劳动积极性的提高等方面进行评价。这一过程中,学生的决策权得到尊重,他们以更高的热情投入到项目中,自主探索信息科技知识,不断尝试改进装置,真正成为了学习的主导者,与教师共同推动项目的成功开展。

二、角色互换,增进相互理解

师生间的角色互换使双方能够站在对方的角度思考问题,极大地增进了彼此的相互理解。这种互换不仅激发了教师教学的创新灵感,还进一步深化了师生关系,促进了师生间的深度学习与共同成长。

1. 教师成为学习者

在共创伙伴关系中,教师转变传统的知识传授者的角色,成为了积极的学习者。建构主义理论强调,学习是一个意义建构的过程,教师作为学习者,通过与学生共同学习新知识、新技能,不仅能拉近与学生的距离,能更深入地理解学生如何建构知识,深刻体会学生的学习难点和心理状态,从而调整教学策略,更好地满足学生需求,促进教学相长。教师在持续学习中,不断优化自身的知识结构,以更好地引导学生进行深度学习。如数学学科"如何设计牛奶盒的包装,可以更节省材料"项目中,面对牛奶盒包装相关复杂知识,教师与学生共同研究各种包装形状、材质等。教师积极参与学生讨论,自身也深入学习。这种共同学习使教师更能理解学生的思维方式,从而在后续教学中,能更好引导学生从实际问题出发,探索数学知识在生活中的应用,助力学生深度学习。

2. 学生成为"小老师"

鼓励学生勇敢走上讲台,扮演"小老师"的角色,分享自己的见解、经验和发现。在这一过程中,学生不仅能锻炼表达能力、组织能力和领导能力,还能在传授知识的过程中深化自己的理解,获得成就感和自信心。同时,教师从学生的讲解中,能以学生的视角审视教学内容,发现教学中的盲点和不足,从而及时调整教学方法和策略。该策略也符合深度学习理论,学生在主动传授知识的过程中加深对知识的理解和应用,实现知识的深度加工。

3. 共同构建知识体

从确定学习目标、选择学习资源,到设计学习活动、评价学习成果,在共创过程中,每一个环节都可以体现师生的共同参与与智慧碰撞。通过知识的共同构建,师生能更深入地理解知识之间的内在联系和规律,形成更加完整、系统的知识结构。这不仅有助于增加学生的学习效果,促进他们对知识的深度理解和应用,还能促进教师的专业发展，使他们在与学生的互动中不断更新教学理念和方法。师生在共同构建知识体系的过程中，通过深度互动和合作，实现知识的深度整合和创新。

三、情感共鸣，深化共创情谊

当教师能够理解学生的困惑并给予及时鼓励，学生也能体谅教师的辛勤付出并积极参与到学习中时，双方就会形成情感上的共鸣，情感共鸣实现了师生在心灵层面的深度联结。这种共鸣不仅加深了师生之间的情谊，还激发了学生的学习动力。这种良好的情感基础使得师生能够更紧密地合作，共同推动学习进程，实现共创目标。

1. 建立情感链接

在创造性学习的背景下，共创伙伴关系的核心在于情感的交融与共鸣。教师洞察学生的情感需求，以真挚的关心、积极的鼓励和坚定的支持，与学生构建起坚固的情感桥梁。在面对困难时，这种情感链接可以转化为强大的驱动力，在愉快教育的积极氛围中，使得师生能够彼此携手奋进，共同迎接挑战。

2. 共享成功喜悦

无论是学生在学习过程中实现的点滴进步，还是教师在教学领域取得的显著成果，均为双方共同努力、深度共创的丰硕成果。愉快教育所倡导的积极体验的原则，在师生共享喜悦的过程中让彼此的关系更为紧密，凝聚力进一步增强，从而营造出充满活力、积极进取的学习生态，为推动后续师生共创提供持续动力。

3. 培养同理心

共创伙伴关系要求师生双方具备同理心，能够站在对方的立场上思考问题、了解需求。当教师努力理解学生的难处和困惑并给予他们足够的耐心和支持时，学生也会慢慢体谅教师的辛苦和付出，积极参与教学活动。在创造性学习的互动中，同理心的产生也是相互的，有助于师生构筑更加和谐、亲密的师生关系，为愉快教育的实践奠定坚实的人际基础。如"家务劳动小能手"项目中，李老师敏锐地洞察到学生对家务劳动的抵触情绪，以及家长对孩子参与家务的忽视。她鼓励学生主动承担家务，并利用信息科技知识制作"劳动储蓄精灵"来激励学生。在这个过程中,李老师不仅提供了技术支持,还耐心地引导学生克服困难,使得学生在参与项目的过程中感受到了来自老师的温暖与支持,从而激发了他们的学习动力和参与热情。当学生取得进步,如成功设计出智能装置,或是在家务劳动中表现出色时,李老师及时给予肯定和鼓励,与学生共享成功喜悦。这种积极的反馈不仅让学生感受到自己的努力得到了认可,也让师生之间的关系更加紧密。学生在老师的鼓励下,更加积极地参与到项目中,形成了良好的学习生态,为后续的共创活动提供了持续的动力。

第二节　师生互动新模式:共同探索与成长

在创造性学习实践中,师生互动的核心不仅仅是知识的单向传授和技能的机械训练,而是更加注重师生双方在探索过程中的相互启发、相互学习和共同成长。通过构建合作式问题解决、交互式知识建构和体验式学习引导等新型师生互动模式,可以进一步激发学生的潜能,培养他们的创新能力和批判性思维,同时促进教师的专业成长,实现教学相长。

一、合作式问题解决

在创造性学习模式下,问题解决不再是学生被动接受教师指令的过程,而是师生共同探索、共同定义问题的动态过程。这种问题解决模式不仅培养了学生的问题意识,还增强了他们学习的主动性和积极性。

1. 共同界定问题

教师不再是问题的唯一提出者,而是引导学生从实际情境中发现问题,培养他们的问题意识。教师可以通过创设真实或模拟的学习情境,激发学生的好奇心和探究欲,引导他们主动观察、思考和提问。例如,在科学课程中,教师可以带领学生参观校园内的生态角,引导他们观察不同植物的生长情况,从而提出"为什么有些植物生长得更快""不同植物对光照的需求有何不同"等问题。这样的情境不仅贴近学生的生活,还能让他们从实践中发现问题,增强学习的现实感和趣味性。

教师还可以引导学生学会从多个角度审视问题,培养学生的发散性思维和批判性思维。

2. 协作探究方案

当确定问题后,学生分组进行头脑风暴,教师提供专业知识和引导性问题,激发学生的创新思维。通过小组讨论、资料查阅、实验操作等多种方式,学生充分发挥创造力,提出各种创意方案。教师可以提供针对性的反馈和建议,帮助学生筛选和完善方案。在协作探究方案的过程中,教师培养了学生的自主学习能力和信息检索能力。例如,在数学课堂上,教师可以围绕一个实际问题,如:"如何设计一个最节省材料的包装盒",引导学生分组进行探究。学生通过查阅资料、测量计算、模型制作等多种方式,提出自己的解决方案。教师提供相关的数学知识和实验操作技巧,帮助学生更好地完成任务。这样的过程不仅锻炼了学生的实践能力,还培养了他们的跨学科整合能力和创新思维。此外,教师还可以利用现代信息技术工具,如在线协作平台、虚拟实验室等,为学生提供更加便捷和高效的协作环境。通过这些工具,学生可以随时随地与他人分享想法、交流意见,共同完成探究任务。

3. 共同评估改进

在评估过程中,教师可以引导学生从多个维度对方案进行综合评价,如效果、可行性等,并提出改进意见。学生则通过反思实践过程,发现知识掌握的薄弱环节和技能提升的空间。在共同评估和改进过程中,还培养了学生的自我评价和同伴评价能力。例如,在英语课堂上,教师可以组织学生进行小组口语展示,并引导他们从发音、语调、流利度等多个方面对自己的表现进行自我评价。同时,教师还可以邀请其他小组的同学对其展示进行评价,提出改进建议。这样的评价过程,不仅让学生更加客观地认识到自己的优点和不足,还培养了他们的批判性思维和同理心。在评估改进的基础上,教师还可以引导学生将优秀的解决方案进行分享和推广,这种方式可以增强学生的自信心和成就感,也可以激发他们对科学探究和创新实践的热情。

二、交互式知识构建

在创造性学习的实践中,知识构建不再是教师单向传授的过程,而是师生之间、生生之间互动交流、共同构建的过程。通过经验分享、知识整合和深度对话等方式，师生可以共同构建系统知识体系，拓展知识的应用范围。

1. 经验分享与启发

经验分享是交互式知识构建的重要环节，教师可以通过分享自己的教学经验和学科知识，为学生提供更加丰富和多元的学习资源。教师还可以邀请校外的专家或学者来校进行讲座交流，为学生提供更加权威和前沿的学术资源。除了教师的经验分享外，学生也可以分享自己的生活经验和个人见解。在经验分享的过程中，教师可以引导学生认真倾听他人的发言，并提出有针对性的反馈和建议。通过这样的互动过程，学生可以更加全面地理解他人的观点和想法，培养自己的同理心和批判性思维。

2. 知识整合与拓展

在交互式知识构建的过程中，师生需要共同整合碎片化知识，构建系统知识体系并拓展其应用。教师可以利用思维导图、概念地图等可视化工具，帮助学生更加直观地理解和记忆知识。教师还可以将课堂知识与社会实践相结合，引导学生将所学知识应用于实际问题的解决中。例如，在科学课堂上，教师可以引导学生使用思维导图将不同生物分类之间的关系进行整理和展示，让学生可以更加清晰地看到不同生物之间的内在联系和层次结构，培养他们的分类和归纳能力。

3. 深度对话与反思

教师可以通过深度对话引导学生反思学习过程和知识理解，发现知识掌握的薄弱环节和思维误区。同时，在对话过程中要注重培养学生的批判性思维、创造性思维和自我反思能力。让学生可以更加客观地认识自己的优点和不足，及时调整学习策略和方法，增强学习效果，增强自主学习能力。例如，在语文课堂上，教师可以组织学生围绕一个经典作品进行批判性阅读和分析，引导他们从不同角度评价作品的主题、人物、情节等方面。在大家各抒己见后，教师可以引导学生对自己和同伴的表现进行评价。

三、体验式学习引导

在体验式学习中，教师通过精心创设真实或模拟的学习情境，有效激发学生的兴趣,使学生在身临其境的体验中,主动探索并掌握知识与技能。这种学习方式,让学生在动手实践中学会了如何运用所学知识解决实际问题,同时还培养了学生的创新思维和团队协作精神。

1. 情境创设与引导体验

情境创设是体验式学习的基础,教师根据教学内容和学生的实际情况,创设真实或模拟的学习情境,引导学生在情境中体验和学习。教师注重引导学生主动参与和积极体验,通过利用现代信息技术工具(如虚拟现实、增强现实等),为学生提供更加逼真和沉浸式的学习体验。例如,在科学课堂上,教师可以利用虚拟现实技术带领学生"穿越"到古代文明时期,亲身体验历史事件的发生和发展过程。这样的体验,不仅可以激发学生的学习兴趣和好奇心,还可以帮助他们更加深入地理解历史文化的内涵和价值。

2. 实践操作与指导反馈

在实践操作中,学生可以将所学知识应用于实际问题的解决中,增强实践能力和解决问题的能力。教师在这个过程中给予及时指导和反馈,帮助他们不断完善技能和提高水平,同时培养了学生在实践过程中的自主学习和自我调整能力。例如,在科学实验中,教师可以引导学生自主设计实验方案、选择实验材料和工具、进行实验操作和数据记录等工作。在实验过程中,教师需要给予学生足够的自主权和空间,让他们充分发挥自己的创造力和想象力,同时密切关注学生的实验过程和结果,及时发现问题并给予指导和反馈。

3. 情感激发与价值认同

激发学生的情感共鸣和价值认同,可以增强学生的学习动力和内驱力,培养他们积极的价值观和人生观。关注学生的情感体验和心理需求,是教师提供的积极的情感支持和心理关怀。同时,将情感教育与社会实践相结合,引导学生将所学知识应用于实际问题的解决中,培养了学生的情感表达能力和同理心。例如,在音乐课堂上,教师可以通过播放经典音乐作品和讲述音乐背后的故事和情感,激发学生的情感共鸣和审美体验。通过引导学生欣赏和表演音乐作品、表达自己的情感体验和观点,教师可以培养他们的音乐素养和审美能力,提高他们的艺术修养和人文素养。

第三节 师生共创新启示：平衡的艺术

"平衡的艺术"强调在创造性学习中，师生互动需找到自由与规范、引导与放手、评价与发展之间的平衡点，以激发学生的创造力和自主学习能力，促进其全面发展。

一、平衡自由与规范

1. 给予自由空间

创造性学习需要宽松、自由的学习环境。学校建设和重组了多处综合学习空间，给予了学生能够自由地思考、探索和创造的环境。这种空间不仅能够激发学生的创造力和想象力，还能培养他们的自主学习能力和问题解决能力。当然，自由并不意味着放任自流。教师在保证学生自由的同时，设定合理的规范，确保学习活动的有序进行也是非常必要的。

2. 制定明确规则

为了保障学习活动的顺利进行，教师应与学生共同制定明确的规则。这些规则包括学习纪律、合作要求、评价标准等。通过制定规则，学生能够更加清晰地了解自己的学习责任和义务，提高学习的自觉性和主动性。同时，规则也能为学生的学习提供指导和保障，确保他们在自由探索的过程中不偏离学习目标。

3. 灵活调整策略

在创造性学习实践中，学生的学习情况和需求是不断变化的。因此，灵活调整教学策略，根据学生的反馈和表现，教师及时调整教学内容、教学方法和教学进度，满足学生的学习需求。这种灵活调整不仅能够保持教学的针对性和有效性，还能激发学生的学习兴趣和积极性。

二、平衡引导与放手

1. 适时引导探索

在学生的学习过程中，教师的适时引导至关重要。通过帮助学生明确学习目标、理清学习思路和掌握学习方法，教师能够有效地促进学生进入创造性学习状态，从而显著提高学习效率，增强学习效果。从引导应逐步过渡到放手，让学生有机会自主探索、实践和发现，有助于培养学生的独立思考能力和解决问题的能力。

2. 鼓励自主探索

深度学习强调学生的主体地位和自主学习能力，教师鼓励学生自主探索，让他们在发现和解决问题的过程中，更深入地理解知识、掌握技能。自主探索不仅能激发学生的创新能力和实践能力，还能让他们体验到学习的乐趣和成就感，增强学习的动力和信心。

3. 培养反思习惯

自主学习能力的培养不仅涉及学习能力和实践能力，还包括反思能力。教师引导学生对自己的学习过程进行反思和总结，帮助他们发现自身的不足和进步，为后续学习提供明确的改进方向。通过培养反思习惯，学生更加自觉地管理自己的学习，提高学习的自主性和有效性，从而在学习过程中不断优化自己的学习策略，实现了持续的个人成长和进步。

以自然学科"探秘风向袋"项目为例，在项目初期，学生对于风向袋的原理和制作方法存在诸多困惑，教师通过讲解风向袋的科学原理，引导学生设计实验方案，帮助学生明确学习目标，理清制作思路。随着项目的推进，教师鼓励学生自主探索风向袋的制作过程，学生在动手实践中，不断尝试、调整，最终成功制作出能够准确指示风向的风向袋。通过实践，不仅加深了学生对气象知识的理解，还培养了他们的动手能力和创新思维。同时，教师还引导学生对制作过程进行反思，总结成功经验和不足之处，为后续的改进提供了方向。

三、平衡评价与发展

1. 多元化评价

创造性学习的评价注重多元化和全面性,教师采用多种评价方式,如自我评价、同伴评价、教师评价等,从多个角度对学生的学习进行评价。评价内容涵盖知识掌握、技能运用、创新能力、情感态度等多个方面,评价让学生能够更加全面地了解自己的学习情况和发展水平,为后续的学习提供了改进方向。

2. 关注发展过程

创造性学习是一个持续发展的过程,教师关注学生学习的过程,而不仅仅是最终的学习成果。通过观察、记录和分析学生在学习过程中的表现,教师能够更加深入地了解学生的学习特点和发展规律,为后续的教学提供有针对性的指导和帮助。同时,教师对学生学习过程的关注也能让学生感受到教师的情感支持,增强学习的动力和信心。

3. 促进全面发展

创造性学习的最终目标是促进学生的全面发展。教师将评价与发展相结合,重视对学生社交能力、情感态度和价值观等非认知因素的评价。此外,教师鼓励学生设定个人发展目标,并在学习过程中提供持续的反馈与支持,帮助他们实现目标,使得学生能够在知识技能、综合素养、情感态度等多方面得到全面提升。

以音乐学科"唱出我心中的母校"项目为例,教师在评价学生时不仅关注学生对音乐知识的掌握程度,如歌词创编、乐器编配的能力,还重视他们的创新能力和情感态度。在项目实施过程中,教师观察学生创作歌曲、编排节目的具体过程并及时给予反馈,帮助学生调整和改进。同时,鼓励学生设定发展目标,如创作一首能打动学校师生的校园歌曲,并在学生实现目标的过程中提供支持。

第四节　教师发展:专业与情感的深度之旅

在创造性学习的实践中,教师的专业发展与情感世界经历了一场蜕变,教师的教学方法焕然一新，从单一讲授的课堂转变成了具有一师附小特色的活力课堂，即学生思维活、教学方法活、学习领域活、能力发展活，教师通过设计项目式、问题驱动式学习，不断拓宽知识边界。通过深度学习设计的实践研究，增强了教师的问题意识和研究能力，帮助他们更加灵活地调整教学策略，创新教学方法。在这个过程中，以问题为中心的研究也促使专业共同体的交流与构建。通过教研共同体，借助数据支持的精准教研，开展基于证据的学习设计持续优化，在深度教研过程中，形成了团队公转带动教师个体自转的良性教研循环。教师在专业精进中，能够更好地站在学生的角度开展学习设计，形成了良好的共情能力，这种能力使得教师能够真正从学生立场出发考虑问题，感同身受地体会学生的想法，促进师生之间的情感交流，建立起关心、信任的情感关系，对增加教学效果和促进学生的全面发展起到了重要作用。

一、深度教研：基于证据的学习设计持续优化

在指向创造力培育的深度学习实践中，教师的专业发展很大程度上体现在深度教研的能力上，深度教研不仅是对教学内容的深入挖掘，更是基于证据的学习设计持续优化的过程。教师的科研素养和数字素养助力他们通过数据驱动来优化教学方法，不仅提高了教学的有效性，还能更好地促进学生创造力的发展。通过深度教研，教师能够更精准地识别学生的学习需求和难点，从而设计出更具针对性和创新性的教学活动。

（一）深度教研的内涵与特征

深度教研是一种以解决实际问题为导向、以证据支持为基础，具有系统性、持续性和合作性的高质量教育教学研究活动。深度教研强调以实证为基础，深度教研的实施，要对教研主题深入理解，研讨活动要规范、有效，致力于推动教师的专业发展，增强学生的学习效果。我校实施的"深度教研"是基于证据支持，通过系列化、深层次、持续性的研讨，形成贴合校情的研究成果，以推动教师专业素养和学校教学质量的提升。

教学问题的发掘精准且动态，依据实时与阶段性数据，准确追踪教学问题的

演变;教研流程严谨,以数据为基石,从问题诊断到改进实施,再到成效评估,全程数据驱动,确保改进举措有据可依;教研成效评价客观透明,通过数据可视化,直观展现教学改进的实际效果。

(二) 深度教研的实施路径

数据时代的到来,为我校深度教研的推进提供了有力的数据支撑与科学分析手段,从而助力教师更加精准地诊断教学问题,优化教研策略,实现教学质量的显著提升。经过实践和研究,学校形成了从"发现问题→确定教研主题→实施课堂活动→教研反思"的深度教研的一般运作路径。(见图 8 - 1)

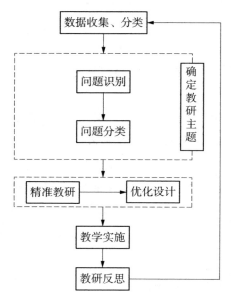

图 8 - 1 深度教研实施路径示意图

1. 数据收集和分类。为确保教研活动的针对性和实效性,我们首先利用诊断练习系统或云端平台及数据工具全面收集学生学习数据。然后,教师通过专业分析评估数据信度、效度和准确性,筛选出有价值的"证据"。接着,细致分类和深入研究这些数据,精准识别教学问题,为确立科学有效的教研主题奠定坚实基础。

2. 确定教研主题。在收集并细致分类研究数据后,教师应进行精准的归因分析,以明确问题所在。归因过程中,需严格依据数据的客观性,结合个人教学经验,准确识别与问题相关的知识点缺漏和学生能力短板。进而,将诊断出的问题转化为教研的核心主题,以确保教研活动的时效性和针对性。

3. 开展精准教研。依据确定的教研主题,推进精准教研活动。在此过程中,教研组成员秉承同伴互助的原则,依次进行深入交流,共同探寻教学中的同质性与差异性问题。基于"证据"支持,结合丰富的教学实践经验,我们对教学前的学情及学习目标进行全面而细致的分析,以确保精准定位教学设计的关键目标。根据这些教学目标,系统地优化和完善教学方案,力求达到教学活动的最大效能。

4. 课堂教学实施。执教教师结合组内研讨建议与经验交流,以及自身教学反思,针对初次教学设计中的不足,对教学方案进行调整或重构后进行课堂实践。教研组其他成员则负责听课观察并记录教学过程。

5. 经验总结与提炼。执教教师自我反思,教研组同伴互助,二者共同推动教学进步。二次教学后,教研组成员对比课堂与课后数据,分析教学成效,开展教研反思。执教者评价教学环节与效果,并在组内分享。同伴则依据听课记录,提出评价与建议。我们整合经验,基于数据发现问题,采取改进措施。持续循证优化教学设计,确保目标达成,并形成有效案例,助力未来教学质量提升。

二、行动研究:基于问题的实践探索灵活创新

行动研究是一种针对实际教学问题的实践探索方法,教师在日常教学中精准发现问题、深入分析问题,并通过实践—反思—再实践的循环过程,灵活创新教学方法,开展创造力导向的深度学习设计,通过教师深度的引领到学生主体的探索,进而有效增强学生的创造力。

(一)构建问题导向的研究框架

行动研究始于精准识别教学中的具体问题,这些问题可能源于学生学习困难、教学资源短缺、教学方法滞后等。教师需明确研究问题,设定可衡量的目标,设计干预措施,并实施应用于教学实践中,从而优化教学。这一过程涵盖了对问题的精准识别与深度剖析、研究目标与干预措施的合理设定以及具体研究计划的

分步骤制定,以此推动教学的优化发展。

1. 精细化问题识别。教师对教学实践中问题的精准识别是教师专业素养的重要体现,教师不仅要关注学生学习成效的表面现象,更要深入探究学习成效背后的原因,从多个维度,如学生的先验知识、学习动机、参与度以及教学内容的实施效果等方面全面分析和识别问题。这帮助教师更准确地把握学生在学习过程中的难点和需求,从而设计出更具针对性的教学改进措施。

2. 系统化实践计划。在识别教学实践中的关键问题后,教师通过制定一套系统化的实践计划来解决问题,包括明确改进目标、选择教学策略、规划实施步骤、预期效果评估等。以问题为导向的实践,使教师在实现教学目标的同时,也能够反思和优化自己的教学方法,实现持续的专业成长。此外,系统化实践计划的实施和评估过程,也为教师提供了宝贵的经验和数据,有助于他们在未来的教育教学中做出更加科学的决策。

3. 数据化评价优化。教师通过数据化评价来优化教学是教师数字素养的高度体现,通过收集和分析与教学相关的各种数据,如学生的考试成绩、课堂参与度、创新思维能力等,以量化的方式评估教学效果,这些数据帮助教师做出基于证据的教学决策,促进了教师对教学过程的深入理解和对学生学习进展的精准把握。

(二) 开启反思调整的优化之旅

1. 深度反思实践。深度反思实践不仅促进了教师对教学活动的内在理解,而且增强了教师对教学成效的自我评估能力。通过反思,教师能够识别并强化自己的教学优势,同时针对弱点制定改进措施。这种自我评估和自我改进的能力是教师专业发展的核心,是教师教学创造的助推力,并为教师提供了持续进步的动力。

2. 动态调整策略。教师基于反思结果进行的动态策略调整,体现了教师对教学的敏感度和适应性的提升。这种调整能够即时满足学生的学习需求,还能反作用于教师专业素养的持续提升。通过不断调整和优化教学策略,教师能够更有效地促进学生的深度学习,提高教学质量,并在实践中展示出更高的专业灵活性和创新能力。

3. 持续专业成长。行动研究过程中的持续专业成长,不仅体现在教学技能的提升上,还体现在教师对于教育的深层次理解和对学生学习发展的全面关注上。教师能够更加坦然地面对各类教学挑战,更有效地引导学生达成学习目标,实现个人价值和职业满足感。

(三) 持续创新与共享的专业影响

1. 创新教学实践。教师专业发展的显著成效之一在于教学方法和实践的不断革新,教师积极引入项目化学习、探究式学习等创新教学模式,有效激发了学生的创造力和批判性思维,极大地提升了学生的学习体验。这种教学实践的创新不仅促进了教师专业能力的增强,还为学生提供了更多元化、更具挑战性的学习机会,为激活学生创造力提供了有利条件。

2. 跨学科合作深化。在深度学习的实践中,跨学科融合已然成为提升教师专业能力的重要途径。教师通过行动研究,积极探索不同学科之间的内在联系和整合点,为学生打造了一个更全面、更深入的学习体系。这种跨学科的合作不仅拓宽了教师的教学视野,增强了教师教学的实践能力,还促进了教师之间的协作与交流,推动了教师在专业领域内的全面发展与成长。

3. 知识传播与影响。教师专业发展的成效还体现在知识的广泛传播和专业影响力的不断扩大上,教师将自己成功的案例、课例、论文、课题等研究成果和教学经验在一定范围内积极分享,不仅促进了个人专业成长,还对很多的同行产生了深远的积极影响。这种知识的共享和传播有助于构建一个开放、包容的学习型专业共同体,推动整个教育领域的持续进步与发展,同时也显著扩大了教师的专业影响力和社会认可度。

以"游国宝博物馆,做文化小使者"这一语文项目化学习案例为例,在项目初期,教师发现学生对中国传统文化有着浓厚兴趣,特别是对国宝文物充满好奇。然而,传统的讲授式教学方法难以满足学生深入探究的需求。因此,教师精准识别了这一问题,并设定了通过项目化学习提升学生历史文化素养和创造力的目标。接着教师设计了系统化的实践计划,首先,通过《一幅名扬中外的画》这篇课文引入,激发学生对国宝文物的兴趣。然后引导学生选择感兴趣的国宝,利用互联网和实地探访等多种渠道搜集资料,制作小报、明信片或视频进行介绍。在这个过程中,学生不仅学会了提取关键信息、整合资料,还通过多样化的表达方式传播了中华传统文化。在实施过程中,教师注重数据化评价,通过观察学生的参与度、作品质量以及反馈意见,不断优化教学策略。例如,教师发现学生在资料筛选和整合上存在困难,于是提供了更多的指导,如教授有效的信息检索技巧,帮助学生提高分析和判断水平。通过深度反思和动态调整策略,教师不断优化教学,使项目化学习更加贴近学生的实际需求。最终,学生不仅深入了解了国宝文物的历史文化价值,还通过实践锻炼了信息搜集、资料整合、创意表达和社交沟通等多方面的能力,有效提升了创造力。这一案例充分展示了行动研究在提升教学质量和促进学生创造力发展方面的重要作用。通过精准识别问题、设计系统化实践计划、数据化评价优化以及深度反思和动态调整策略,教师可以不断优化教学,为学生的全面发展提供有力支持。

三、共情修炼:基于情智的心灵感知精进提升

共情修炼是教师专业发展的情感维度,它要求教师具备高度的同理心,能够理解学生的情感需求,创造一个支持性、包容性的学习环境,激发学生的内在动机和创造力。教师的共情能力是连接教师与学生、知识与情感的重要桥梁,不仅涉及教师对学生的学习和情感需求的深刻理解,还包括教师自身情感的调节与管理能力,这有助于教师能够更好地建立与学生的信任关系,促进学生的全面发展,同时也提升自身的教学水平和职业幸福感。

(一) 情感认知与响应

1. 识别情感需求。共情的关键是教师能够准确地识别学生的情感需求,建立积极的师生情感连接,教师主动倾听学生的想法和感受,用非评判性的态度回应,能够让学生感受到被尊重和理解。在课堂上,通过小组讨论、角色扮演等活动,鼓励学生表达自己的观点和情感,教师可以参与其中,作为引导者而非评判者,并观察学生的行为与情绪反应,与学生积极互动,促进了与学生之间的情感交流和相互理解。

2. 建立信任关系。共情能力的增强有助于教师建立基于信任和尊重的师生关系,当教师能够从学生的角度出发,理解学生的需求和挑战时,学生更可能感到

被理解和接纳,从而愿意在课堂上自由表达自己的想法与情感,这为深度学习创造了一个积极的情感环境,对激发学生的创新思维,使他们在面对问题时能够从不同角度进行思考和探索提供了有利条件,这种信任关系的建立对于学生的积极参与和深入学习至关重要,使他们能够更好地适应未来社会对创新人才的需求。

3. 情感调节管理。教师自身的情绪调节能力对学生有着潜移默化的影响,教师能够识别并管理自己的情绪,避免将个人情绪带入课堂,保持积极、稳定的情绪状态,即使在压力或冲突的情况下也能做出合理的反应,这些表现都可以为学生树立榜样,潜移默化地影响学生自我识别和调节情绪的能力,帮助他们在面对挑战和失败时,能够保持冷静,这种能力有助于创造一个稳定和有序的学习环境,有利于学生的深度学习和情感发展。

(二) 共情沟通与教学实践

1. 创造共情文化。共情修炼要求教师能够理解和尊重不同文化背景学生的差异,包括语言、价值观、学习习惯等。在创造力培育的教学中,教师设计了包含多元文化元素的学习活动,鼓励学生从多元视角思考问题,促进文化的交流和融合。通过庆祝不同文化的节日、分享各自家庭的传统故事等方式,增强班级的凝聚力,让每个学生都感到被看见、被听见,从而激发了他们的创造潜能。

2. 情境化教学设计。情境化教学设计能够将抽象的知识点与学生熟悉的生活场景相结合,使学生在具体的情境中理解和掌握知识,增强他们的学习兴趣和参与度。这种设计不仅能够让学生感受到数学知识的实际应用价值,还能激发他们主动探索和学习的欲望,提高他们的学习动机,促进思维发展,培养创新思维和问题解决能力。在真实的情境中,学生需要运用所学知识进行分析、判断和决策,有助于他们将知识内化为自己的能力,为未来的学习和生活奠定坚实的基础。

3. 促进学生间的共情理解。教师的共情修炼不仅局限于与学生的个别互动,还包括培养学生之间的共情理解。通过小组讨论、合作学习和角色扮演等活动,引导学生在交流与合作的过程中学会倾听他人的意见,尊重他人的观点,有助于建立一个包容和协作的学习生态,从小培养他们的团队合作精神和沟通能力。

（三）情感智力与自我发展

1. 情感智力的培养。情感智力包括自我意识、自我管理、社交意识和关系管理四个方面。通过共情修炼，教师能够更深入地理解自己的情感反应，识别情绪的来源和影响，从而更好地管理自己的情绪，避免情绪对教学工作的负面影响。在与学生的互动中，教师能够展现出更高的情感智慧，理解学生的需求和感受，建立良好的师生关系，有助于教师更好地应对教学中的各种挑战，促进自身的专业成长，提升教学效果和学生的学习体验感。

2. 自我反思与成长。通过反思，教师能够更清晰地认识到自己在教学方法、课堂管理、学生沟通等方面的优势和不足，从而有针对性地进行改进和提升，通过调整教学策略，尝试新的教学方法和手段等，更好地满足学生的学习需求。同时，自我反思也促进了教师的个人专业成长和发展，使教师能够不断更新自己的教学理念和知识，提高教学水平，成为具有创造力的教师。

3. 职业满意度与幸福感。教师的共情修炼对提升职业满意度和幸福感具有重要作用，这反过来又能激发教师的创造力。当教师能够与学生建立深厚的情感联系，感受到教学工作的意义和价值时，他们的工作热情和职业价值会得到增强。一个充满幸福感的教师，能够在教学中更加自信和从容，并为学生营造一个充满活力和创造力的学习氛围。

以数学学科"守护眼健康，不做'小眼镜'"项目为例，五年级学生在学习"统计初步"时，关注到视力情况变化的统计图，引发了对近视问题的关注和讨论。教师通过引导学生进行深度学习的活动，如搜集视力数据、设计问卷调查、分析数据等，帮助学生理解近视的危害，并提出保护视力的有效方法。教师识别到学生对视力健康问题的关注和担忧，通过倾听学生的讨论和建议，理解他们的情感需求，建立基于信任和尊重的师生关系，鼓励学生自主探究，自由表达自己的想法和情感。在面对学生提出的问题和挑战时，教师保持积极、稳定的情绪状态，合理引导学生进行研究和讨论，帮助他们保持冷静，从情绪波动中快速恢复，创造了一个稳定和有序的学习环境，促进了学生的深度学习和情感发展。通过共情修炼，教师帮助学生在学习统计知识的同时，强化了数据意识和应用意识，培养了学生的数学思维和创新意识，使学生不仅学会了如何收集、整理、表达和分析数据，还增强了提出问题、分析问题和解决问题的能力。同时，教师在看到学生在自己的引导下取得进步和创新成果时,感受到了极大的成就感和满足感,提高了教师的职业满意度和幸福感,激发了教师在教学中不断尝试新的方法和策略,以更好地促进学生的创造力发挥。

案例 8-1

校园币设计:知识共创的美妙旅程

在教育的长河中,师生关系不应仅仅是知识的单向传递,更应是携手共进的伙伴关系,在共同探索中实现知识的共创与成长。学校的校园币设计项目,便是这一理念的生动实践,彰显了师生共创的魅力。

共创缘起:问题引发的携手探索

学校即将举行的"快乐集市活动",却因货币交易问题面临困境。单一集市币导致交易效率低下、计数易出错,礼仪币兑换集市币过程繁琐,而且不同老师发放礼仪币的标准不统一。在学生代表会上,学生代表敏锐地提出了推出统一校园币及使用规则的提案,教师们积极响应并与学生共同讨论,这一提案最终全票通过。由此,师生站在了同一起跑线上,为解决实际问题携手开启了这场知识共创之旅。

共创目标:共同勾勒的成长蓝图

师生共同确立了项目目标,这一过程融合了教师的专业考量与学生的成长需求。一方面,要设计一套适用于日常学习和校园活动的完整校园币系统;另一方面,希望学生能借此加深对货币知识的认识,形成量感。同时,在项目推进过程中,全面增强学生的创新意识、文化自信、团队协作等综合能力。这些目标的设定,体现了师生在教育与成长之间的巧妙平衡,共同勾勒出一幅充满希望的成长蓝图。

共创实施:探索路上的携手同行

了解人民币:数学组教师精心组织学生观察人民币,提出诸如"人民币面值设计中为何没有数字 3"等富有启发性的问题。学生以小组为单位,通过上网查资料等方式收集信息,并进行汇报交流。教师在这一过

程中适时引导，与学生一同总结人民币和校园币应具备的特征。 师生在互动中，既巩固了学生的知识，又让他们感悟到人民币背后的文化内涵。

确定设计元素：为了解学生对校园币设计元素的想法，教师组织学生设计调查问卷。 统计结果出炉后，师生围绕各个元素展开深入讨论。 在确定面值表示方法时，学生提出多种方案，教师与学生一起分析每种方法的利弊；编号设计上，师生共同挖掘数字背后的特殊含义，最终选用学校创立时间作为编码。 在讨论校名、校徽、图案等元素时，师生的思维不断碰撞，融入了诸多学校特色，校园币成为了学校文化的宣传名片。

绘画设计：学生们结合校园币的特征和功能，为其命名，最终确定为"快乐币"。 在设计环节，学生先独立完成草稿并在班级展示。 教师认真倾听每个学生的设计思路，给予肯定与建议。 学生在汲取同伴和教师的想法后，进行第二轮设计与调整。 这一过程中，师生相互启发，共同完善作品，学生的设计水平不断提升，作品也更加精致。

选择作品：班级内先推选优秀作品进行展示分享，学生讲述设计缘由，全班投票选出心仪的校园币。 随后，各班级推选作品参与年级评选，最终全校师生共同投票选出优秀作品。 这一过程中，学生不仅锻炼了表达能力，更在思维碰撞中收获成长，师生共同搭建起一个共享成果的成长舞台。

多元评价：项目评价阶段，师生共同参与。 过程性评价关注学生在资料搜集、交流合作等方面的表现，学生自评反思，教师客观评价并给予反馈；终结性评价从多个维度对学生的最终作品进行评价，师生共同制定评价标准，评价成为促进师生共同进步的有力工具。

共创成果：在师生的共同努力下，项目取得了丰硕成果。 七位"小设计师"的作品脱颖而出，在升旗仪式上获得表彰。 陈雪睿同学设计的围绕四季校园主题的校园币在快乐集市上得以使用，这是师生共创的最美结晶。

反思与展望：回顾项目，校园币的设计、获得和使用，对学生的成长产生了深远影响。在未来，师生计划将校园币的使用拓展到五育领域，完善校园币的获得、使用和管理机制。这场知识共创的美妙旅程，将在师生的携手努力下，继续书写精彩篇章。

（案例提供者：上海市第一师范学校附属小学　朱晓玲）

案例 8-2

奏响创造力的乐章：小学科学课堂的自制乐器之旅

作为一名致力于启发学生无限潜能的小学科学教师，我一直坚信，创造力是孩子们最宝贵的天赋，而科学课堂则是激发这份天赋的理想舞台。在学习"声音"这一单元时，我设计了一项"自制小乐器"的活动，让孩子们通过亲手制作乐器来探索声音的奥秘，点燃他们的创造激情。

那是一个阳光明媚的早晨，孩子们怀着对新知识的好奇与渴望走进教室。我站在讲台上，手中握着一个简单的玻璃杯，轻轻敲击了几下，清脆的声音在教室里回荡。孩子们的目光瞬间被吸引过来，他们睁大眼睛，充满好奇地注视着我。我微笑着问："同学们，你们听到了什么？""声音！"孩子们异口同声地回答。"那声音是从哪里来的呢？"我继续追问。一个小男孩自信地举起手说："是从杯子上传来的。""非常好！"我赞许道，"声音是由物体振动产生的。今天，我们将一起动手制作自己的小乐器，探索声音的奥秘，好吗？"孩子们欢呼雀跃，兴奋地鼓起掌来。

我展示了几种简易自制乐器，如用玻璃杯和水制成的"水琴"、塑料瓶与橡皮筋组成的"瓶弦琴"，以及吸管制作的"哨笛"。孩子们眼中闪烁着惊喜与好奇，纷纷摩拳擦掌，跃跃欲试。我宣布："现在每个小组可以选一种乐器进行制作，看看哪一组能做出最美妙的声音。"孩子们立刻行动起来，分工明确，有的负责准备材料，有的动手制作，还有的调试音调。

教室里充满了欢声笑语，孩子们脸上洋溢着兴奋与期待。

然而，在实际操作过程中，问题也随之而来。有一组选择了制作"瓶弦琴"，他们尝试用橡皮筋缠绕在塑料瓶上，试图拨动橡皮筋发出声音。但无论怎样努力，声音都十分微弱。小组成员开始感到焦虑，一个小女孩急得快要哭了："老师，我们的乐器怎么发不出声音呀？"我走过去，蹲下来轻声询问："你们觉得是什么原因导致声音太小了呢？"一个小男孩挠了挠头说："是不是橡皮筋太松了？""这个想法不错！"我鼓励道："试试把橡皮筋拉紧一些，看声音会不会变大。"孩子们按照我的建议调整后，果然，声音变得清晰了许多。他们高兴地欢呼起来，脸上洋溢着成功的喜悦。

另一组孩子则选择了制作"哨笛"，他们将吸管剪成不同长度并尝试吹出声音。然而，无论怎样尝试，吸管都发不出清脆的哨声。看到他们困惑的表情，我问道："你们认为是什么原因呢？"一个小男孩提出："是不是我们吹的方法不对？""这确实是一个可能的原因。"我点头道，"另一个原因是吸管的形状和长度。你们可以试着将一端剪成斜口，这样更容易发声。"孩子们按照建议调整后，哨声终于响起，他们兴奋地互相击掌庆祝，脸上满是成功的喜悦。

随着活动深入，孩子们的创造力得到了充分释放。不再满足于简单模仿，他们开始尝试各种创新方法。一个小组向我提问："老师，我们能不能用不同的材料，比如纸杯和橡皮筋来制作乐器，看看会有怎样的声音效果？"我被他们大胆的想法深深打动，鼓励道："当然可以，试试看吧，说不定会有意想不到的发现。"孩子们兴奋地行动起来，找来了纸杯和橡皮筋，开始了新的创作。他们发现，尽管纸杯和塑料杯形状相似，但由于材质不同，发出的声音也有所差异——纸杯的声音更加柔和，而塑料杯则更为清脆。通过对比实验，孩子们得出了结论：不同的材料会产生不同的声音效果。

另一组提出了更有趣的想法："老师，我们想制作一个能演奏多首歌曲的乐器，可以做到吗？"我被他们的创意震撼了，这不仅需要创造力，还需要一定的音乐知识和科学原理。我鼓励道："这是个极具挑战性的想法，值得尝试。看看能否通过调整乐器的结构或材料，使其发出不同的音调。"孩子们接受了挑战，研究了不同长度和粗细的吸管发出的声音差异。经过多次实验，他们发现通过调整吸管长度可以改变音调。于是，他们用多根不同长度的吸管制作了一个"哨笛组"，并通过吹奏不同的吸管成功演奏了一首简单的歌曲。孩子们脸上洋溢着自豪和成就感，创造力在这个过程中得到了充分发挥。

这次"自制小乐器"的活动让我深刻认识到，创造力并非天生，而是可以通过适宜的环境和有效的引导得以激发。课堂上，我为孩子们提供了自由探索的空间，让他们根据自己的想法去尝试和实践。我鼓励他们提出问题，并引导他们自己寻找答案。当遇到困难时，我没有直接给出答案，而是让他们思考和解决。这种以学生为中心的教学方式极大地激发了孩子们的创造力和探索精神。

同时，我也意识到，教师的角色不仅是知识的传授者，更是孩子们创造力的引导者和支持者。我们需要为孩子们创造一个充满挑战与乐趣的学习环境，让他们在实践中不断尝试和创新。我们要尊重孩子们的想法，鼓励他们大胆表达自己的观点，即使这些观点看起来幼稚或不切实际。因为正是这些看似幼稚的想法，往往成为孩子们创造力的源泉。

此外，我还发现小组合作是激发创造力的重要途径。通过小组合作，孩子们能够互相启发，共同解决问题。在这个过程中，他们学会了倾听他人的意见，学会了合作与分享。这种合作精神不仅有助于学生创造力的发展，也有助于他们未来的学习和生活。

总结这次教学经历，我认为有效激发学生创造力的关键策略包括：

1. 创设开放性问题情境，激发学生的探索欲望；

2. 提供丰富的材料和自由的探索空间，让学生根据自己的想法进行尝试；

3. 鼓励小组合作，促进思维碰撞，产生更多创意火花；

4. 引导学生自主解决问题，培养独立思考能力。

通过这次活动，我深刻体会到激发学生创造力的重要性在于为他们创造一个自由、开放、包容的学习环境，提供丰富的实践机会和多元化的学习资源，并通过引导和鼓励帮助他们自主思考和解决问题。 这些策略不仅在这次活动中取得了显著成效，也为今后的教学提供了宝贵的经验。 我将继续探索更多激发学生创造力的方法，为学生的成长和发展贡献自己的力量。

我相信，在未来的日子里，这些孩子们会带着他们在课堂上学到的创造力，去探索更广阔的世界，创造属于自己的美好未来。 而我，也将继续在这条充满挑战与乐趣的教学道路上前行，为孩子们的成长和发展贡献自己的力量。 这次"自制小乐器"的活动不仅是一次科学教学的实践，更是一次关于创造力的探索之旅，它让我看到了孩子们的潜力，坚定了作为教师的使命。 我期待着在未来的教学中，看到更多孩子们的奇思妙想和创新成果，让每一个孩子都能在科学与艺术的世界里自由翱翔，绽放属于自己的光彩。

（案例提供者：上海市第一师范学校附属小学　何晓）

第九章

创造性学习的生长旨趣

在创造性学习过程中，学生的蜕变，集中体现在从知识接受者迈向智慧创造者。高阶思维在批判性、创造性和元认知中升华；项目式学习、科技创新与艺术创作成为挑战与成长的舞台，学生展现出适应性、创新性和独立性。情感智力与自我效能感的提升，为全面发展筑牢根基；学习历程可视化、创造力量化追踪和个性化学习促进，助力学生实现从知识到智慧的飞跃，激发个体潜能，培养创新精神与实践能力。

第一节　高阶思维发展：从知识到智慧的飞跃

在创造性学习环境中,学生高阶思维能力的发展成效显著,学生不再局限于表面的记忆,而是能够深入理解学科核心概念和原理,将碎片化的知识整合为系统的知识体系。学生在解决问题的过程中,不再依赖现成的公式和套路,而是能运用批判性思维和创造性思维,提出自己新颖独特的解决方案,并在合作交流中积极倾听他人观点,进行理性的辩论和反思,提升沟通协作能力和团队意识。同时,学生的自我管理和元认知能力也得到发展,能自主规划学习路径,监控和调整学习过程,从而实现从知识到智慧的飞跃,更好地适应未来社会的发展需求。

一、深度知识内化,激活创造潜能

1. 构建知识体系,夯实创造基础

学生通过系统性整合知识,将零散信息转化为条理清晰、相互关联的知识网络。他们在面对实际问题时,能够快速、精准地定位所需知识,思维不再混乱无章,知识调取的高效性为创造性解决问题提供了有力支撑,极大缩短了解题的摸索时间,提升了解决复杂问题的成功率,让创新思维得以在扎实的知识根基上顺畅生长。

2. 洞察知识本质,突破思维定式

深入探究知识本质促使学生摆脱浅层次的机械记忆模式,培养深度思考习惯。当理解了现象背后的原理,他们不再受限于既有知识框架的束缚,能够从全新角度审视问题,这不仅有助于在学科实验、实践设计等活动中突破常规,构思出创新的方案,还能在日常学习与生活中,以创新视角看待各类挑战,不断挖掘自身创造力潜能。

3. 关联跨学科知识,拓宽创造视野

跨学科学习让学生融合不同学科思维方式,打破单一知识领域的狭隘边界。这种知识的多元融合使他们在面对综合性问题时,能多维度分析、多角度切入,视

野更加开阔。思维的丰富性与灵活性显著提升,进而能够创新性地提出涵盖多学科优势的解决方案,为应对复杂多变的现实世界储备充足的创新能量。

二、实践应用创新,收获创造硕果

1. 项目式学习,解决真实问题

作为创造性学习的方式之一,在项目式学习中,学生将理论知识与实际操作紧密结合。他们不断增强对知识的运用能力,面对真实场景下的复杂问题,学会灵活应变、自主决策。通过反复调整优化方案,实践动手能力与创新思维协同发展,不仅能有效解决当下问题,更积累了应对未来类似挑战的宝贵经验,为创造性地投身社会实践筑牢根基。

2. 科技创新实践,引领前沿探索

作为上海市科技实验校,学校为学生参与各类科技创新活动提供了很多有利条件,在参与这些活动的过程中,学生有更多的机会交叉运用多学科知识,并勇于尝试新技术、新算法、新材料,使得他们的创新思维被深度激发。持续的探索实践,让学生逐渐成长为敢于突破、富有科学探究精神的科技小能手,具备独立思考研究、优化创新作品、创意实践表达的综合能力。

3. 艺术创作表达,释放个性创意

作为全国艺术特色校,学校师生在艺术创作领域充分展现了卓越的创造力,将所学知识与多元艺术风格融合,运用丰富技巧,将内心情感和独特想象化为生动作品。他们的画作、舞台剧、舞蹈等,彰显个性,融入自身对作品的见解、情感表达,体现了良好的创新精神。在自由创作的氛围中,学生们塑造出了自信独立的人格,使艺术素养与创新水平同步提升。

三、协作沟通,汇聚创造合力

1. 小组研讨思维碰撞

创造性学习模式下,小组研讨营造了开放活跃的思维氛围,组员间分享观点、交流见解,这种积极的互动促使个体不断反思、开拓思维边界,从多角度看待问

题。频繁的思维碰撞让新想法在课堂上不断涌现,创造力在群体智慧的滋养下持续激发。小组研讨还培养了学生倾听他人、包容异见的良好品质。

2. 团队合作攻克挑战

在团队项目合作中,同学们分工协作发挥专长,高效整合各类资源。当他们面对复杂任务时,共同商讨、借鉴彼此经验是帮助他们快速攻克难题、优化项目方案的法宝。在团队中协同创新,将个人创造力融入集体智慧,实现团队与个人在创新能力、协作能力上的双重飞跃。这种团队合作模式,让每个人都能在集体中找到适合自己的位置,发挥潜能与创造力,同时从他人身上学习到不同的思考方式和解决问题的方法,也实现了自我价值的提升。

3. 跨文化理解拓宽视野

跨学科学习为学生的跨文化理解奠定了基础,让学生了解世界各地的多元文化与智慧结晶,帮助他们具备一定的国际理解力和跨文化视野,能够站在更多元的角度审视问题,思维更加包容、开放。这种拓宽性的视野为创造性活动提供了丰富素材,使学生有能力提出融合多元文化优势的创新方案,促进多元文化的交流合作,也为创造性地传播优秀的本土文化提供了机会。例如,在"挑选校园宠物"的英语项目式学习中,学生们系统掌握了动物知识及各国校园宠物文化,构建了扎实基础。他们深入调研,分析宠物适宜性,提出仓鼠、鹦鹉等作为优选的创新观点,展现出多角度审视问题的能力。进入实践环节,学生们设计宠物角、制定饲养方案,解决真实问题,增强知识运用与决策能力。在团队合作中,他们倾听他人意见,优化方案,展现出跨文化交流的开阔视野和包容心态。通过了解不同国家的宠物文化,学生们拓宽思维边界,提出融合多元文化优势的创新挑选方案,这一过程不仅增强了跨文化理解,还激发了创造潜能。学生们深度内化知识,实践创新,协作沟通,实现从知识到智慧的飞跃,高阶思维显著发展,展现出跨文化理解的深度与广度。

第二节 学习历程呈现:追踪记录创造力成长的足迹

在创造性学习的过程中,学生的学习历程不仅是知识积累的过程,更是创造力不断成长和发展的历程。学生们在探索未知、解决问题的过程中,不仅掌握了学科的核心概念和原理,更学会了如何将这些知识转化为解决问题的创新工具。通过学习过程的可视化,创造力发展的量化追踪和对学生个性化学习的促进,呈现了学生在深度学习过程中的发展与蜕变。

一、学习过程的可视化

1. 记录学习路径

在创造性学习中,学生的学习路径被详尽记录并以成果成效的形式展现,这为学生提供了清晰的学习轨迹视图。通过学习日志、项目报告和展示板等多样化的成果,学生不仅能够追溯从知识初探到创新成果产出的每一步,还能明确看到自己在每个阶段所取得的实质性进展。这种可视化的学习路径成果,不仅加深了学生对自身学习过程的认知,还为他们提供了宝贵的自我反思材料,使他们能够更有针对性地规划未来学习方向,从而显著提升学习的效率,增强学习效果。

2. 呈现学习成果

通过精心准备的作品集、引人入胜的展览以及条理清晰的演讲,学生的学习成果得到了全面且富有成效的呈现,他们不仅展示了在知识深度、技能广度以及创新思维方面的显著成长,还赢得了来自同伴、教师的高度赞扬,极大地提升了学生的自信心和成就感,也为学生提供了与他人交流学习心得的宝贵机会,激发了他们持续追求卓越、勇攀高峰的学习动力。

3. 反思学习过程

通过可视化学习历程中的成果与成效,学生能够深入反思自身的学习过程,回顾过程中遇到的难题与挑战,并自我评估学习方法和策略的有效性。这种反思能力使他们能够不断地调整自己的学习方法,提升学习质量和效率。反思的过程帮助学生形成了稳健、高效的学习习惯和思维模式。通过反思,学生能够更好地理解自己的学习方式,优化知识结构,增强解决问题的能力,使他们在面对新情境和新任务时表现出更强的适应性和创新能力。

二、创造力发展的追踪

1. 建立创造力指标

为了更好地追踪学生的创造力发展，学校建立了具体的创造力评估指标。这些指标涵盖了发散性思维、批判性思维、创新实践等多个维度，通过定期的评估和反馈，教师和学生都能够清晰地了解学生在创造力方面的进步和不足，这种系统的评估机制为学生的创造力发挥提供了有力的支持和保障。

2. 开发创造力发展日志

学校引入了"创造力发展日志"这一工具，使之成为每位学生的个性化成长档案，更细致地追踪每位学生的创造力发展。日志中详细记载了他们在深度学习旅程中的每一次创意想法和创新尝试。不同于传统的作品集或报告，创造力发展日志更注重过程的记录与反思，鼓励学生以日记、草图、视频日记等多种形式，记录下自己在参与项目、讨论等学习活动中的思考过程、遇到的挑战、解决策略以及最终的创意成果。这样的记录方式不仅丰富了学生的成长档案，更让他们能够在回顾时，直观地感受到自己在创造力方面的点滴进步。

3. 举办"创造力成长工坊"

学校定期举办的"创造力成长工坊"，为学生提供了一个深入反思与规划未来的平台，通过小组讨论、角色扮演、思维导图构建等活动，教师引导学生进行深入的自我对话，从不同角度审视自己的学习历程，分析自己在创造力提升过程中的成功经验和待改进之处。此外，工作坊还邀请了老师、同学和行业专家提供一对一指导，帮助学生明确学习目标，制定个性化的创造力提升计划。通过这些活动，学生的自我认知水平得到提升，成长动力更足，创造力发展迅速。

三、个性化学习的促进

1. 学习需求的精准识别

通过深入分析学生的学习历程和创造力发展情况，教师能够精准地识别出每个学生的学习需求和兴趣点，从而帮助教师为学生提供更加个性化的学习指导和支持,帮助他们在自己感兴趣的领域中深入学习和探索,从而更好地激发和培养学生的创造力。

2. 学习资源的个性化配置

根据学生的个性化学习需求,学校为学生提供了丰富的学习资源,包括图书、网络课程、实验材料、专家讲座等,涵盖了不同的学科领域和学习主题。学生可以根据自己的兴趣和需求,自主选择和利用这些资源进行学习,从而更好地满足他们的个性化学习需求,促进创造力的发挥。

3. 学习方式的多样化选择

创造性学习模式鼓励学生采用多样化的学习方式,以适应他们的个性化学习需求。学生可以选择自主学习、小组合作学习、项目式学习等多种学习方式,根据自己的学习风格和偏好进行学习。这种多样化的学习方式不仅提高了学生的学习积极性和主动性,还为他们的创造力发挥提供了更广阔的空间和更多的可能性。例如在"如何帮助升旗手准时地升起国旗"项目中,学生们历经多种学习路径,从问题提出到拆解、数据收集、设计、实践调整及反思,全程记录思考与行动。通过学习日志、报告及实地操作,他们清晰看见学习轨迹,深化理解并提供自我反思材料。在这个过程中,学生掌握数学核心概念,并创新应用于解决实际问题,设计测量旗杆高度方法,探究升旗速度与绳子长度的关系,提出可行方案,赢得认可并激发学习动力。学生根据个人兴趣和需求,自主选择学习资源与方式,深入探究并寻求解决方案,教师个性化指导提供有力保障,展现了学习方式的多样化选择。

第三节　个体潜能激发:情感智力与自我效能感互促

在创造性学习过程中,学生的个体潜能得到了显著激发,这不仅体现在学业上,更体现在情感智力和自我效能感的提升上。深度学习鼓励学生主动探索和解决问题,这种自主学习的过程有助于学生更好地管理情绪,理解他人情感,从而助力他们在团队合作中能够与他人有效沟通和协作。此外,完成挑战性任务的体验增强了学生的自我效能感,使他们相信自己有能力克服困难,实现目标。这种情感智力和自我效能感的相互促进形成良性循环,为学生的创造力激发和全面发展奠定了坚实基础。

一、情感智力的发展

1. 情绪认知与管理

在创造性学习中,学生能够更准确地识别和理解自己的情绪状态,从而在面对挑战和压力时保持冷静和专注,这种能力使学生能够更理性地分析问题、有效地解决问题、制定合理的应对措施。这不仅提高了他们的学习效率,也为他们在复杂多变的社会环境中保持心理健康奠定了坚实的基础。

2. 同理心与社交技能

创造性的学习环境促进了学生同理心的发展,使他们能够更好地从他人的角度理解和感受情绪,从而增强了学生的社交技能,使他们在与他人沟通和协作时更加包容和理解他人。在团队合作中,学生能够有效地协调和解决团队中产生的分歧或矛盾,建立更加和谐的人际关系,这种能力对于学生未来在社会中的发展至关重要。

3. 适应性与抗压能力

在创造性学习中,学生面对新环境和挑战,能够灵活调整情绪和行为,保持积极心态,从而在学习过程中激发创新思维,增加了学习效果。这种适应性使学生在面对学业上的困难、项目中需要攻克的难题或生活中的各种挑战时,能够保持冷静和自信,勇敢迎接挑战。他们能够将压力转化为动力,推动自己不断探索和尝试新的方法,从而实现自我价值和创造力的全面提升。

二、自我效能感的提升

1. 自我认知与自我效能

创造性学习鼓励学生深入探索知识,通过不断挑战和成功体验,学生对自己的认知能力和创造力有了更加清晰的认识,从而促进了自我效能感的提升。他们更加自信地面对学习中的困难和挑战,相信自己有能力解决复杂问题,发挥创造力。这种信心的增强使他们更愿意尝试新事物，探索未知领域，从而进一步激发了个体潜能的发挥。

2. 目标设定与自我激励

在创造力培育的过程中，学生学会了如何根据自己的兴趣和潜能设定合理的创造目标，并采取有效的学习策略去实现它们。这种目标导向的行为模式不仅有助于学生持续进步和成长，还增强了他们的自我控制力和毅力。当他们看到自己的创造成果时，会获得极大的成就感和满足感，进一步激励他们设定更高的目标，形成良性循环。

3. 成就动机与自我提升

创造性学习强调对知识的深层次理解和灵活应用，学生不再满足于简单的模仿和复制，而是追求独特的创意和卓越的表现，这种动机的提升促使他们不断挑战自我，通过不断的实践和探索，创造力和自我效能感得到了显著提升。同时，创造性学习还为学生提供了展示自己创造成果的平台，如作品展示、竞赛参与等，这些活动不仅增强了学生的自信心，还激发了他们持续学习和创造的动力。

三、创造力与创新能力的培育

1. 创新思维的深度激发

创造性学习通过引导学生深入探索未知领域，鼓励他们从不同角度审视问题，有效激发了学生的创新思维。他们学会了运用批判性思维，挑战传统观念，提出新颖见解，并将这些创新想法转化为切实可行的解决方案，不仅能够在现有知识基础上进行创新，还能够跨学科融合知识，创造出综合性的创新成果。创新思维的深度激发，为学生未来的创新活动奠定了坚实的基础，使他们能够在快速变化的社会中保持领先地位。

2. 实践能力的全面增强

创造性学习强调理论与实践的紧密结合，通过实际操作、实验验证和项目实施等活动，显著增强了学生的实践能力。在实验室、工作坊、创新大赛等实践平台上，学生亲手操作、亲身体验，将创新思维转化为各类成果，无论是提出新观点新设想、小发明小创作，还是社会服务，学生都展现出了良好的实践能力和问题解决能力。这些实践成果的落地,不仅验证了学生的创新想法,也为他们未来的创新实践奠定了坚实的基础。

3. 问题解决能力的增强

在创造性学习的创新实践中,学生不再畏惧失败,面对困难和挑战,学生能够保持冷静和乐观的态度,积极寻找解决方案。在解决问题的过程中,他们不断积累经验、提升技能,形成了自己的问题解决策略。这些创新实践帮助他们不仅在学业上取得了显著的提高,更在情感、社交、自我认知和创新能力上实现了全面的成长。

案例 9-1

从模仿到创新的成长叙事

中国传统节日是中华民族悠久历史文化的重要组成部分,形式多样、内容丰富,蕴含着深邃丰厚的文化内涵。在多元发展的时代背景下,课堂的创新实践教学是改革的主旋律,通过适当的主题选择,进行学科间的融会贯通,让学生们充分浸入式地"学中玩,玩中学",可以锻炼学生们的主动学习能力和创造性思维,这是信息技术教学的浪潮推动下呼唤的"创客教育"的特点,也是"一起'拍'佳节——探究拍摄技巧"这一主题综合实践活动根本宗旨所在,它见证了学生们从模仿到创新的成长历程。

活动初期,学生们对"拍摄佳节"这一概念还相对陌生。为了引导他们入门,笔者首先展示了一些优秀的节日摄影作品,这些作品精美的构图、生动的色彩和富有情感的画面,一下子吸引了学生们的目光。他们开始模仿这些作品,尝试用自己的相机或手机去捕捉节日的氛围。然而,模仿只是起点,而非终点。我深知,要让学生真正在摄影这条路上走得更远,就必须引导他们学会观察和思考,发掘自己的独特视角。于是,我开始鼓励学生们多观察身边的节日细节,那些平时被忽略的角落和瞬间,往往都蕴含着丰富的节日文化意义。我告诉他们,摄影不仅仅是记录,更是表达,是通过镜头去讲述一个关于节日的故事。

在这个过程中，学生们逐渐学会了用不同的角度去拍摄，比如蹲下身子拍孩子们嬉戏的场景，或者仰起头拍挂满灯笼的树枝。他们还学会了利用光线和阴影来营造氛围，让照片更有层次感。每一次看到学生们兴奋地分享自己的拍摄成果，我都能感受到他们对摄影的热爱和投入。但有些学生在尝试拍摄的过程中遇到了挫折，比如找不到合适的拍摄角度，或者拍出的照片效果不理想。这时，我会耐心地与他们沟通，引导他们分析问题所在，并鼓励他们不要放弃，要勇于尝试和创新。我告诉他们，每一次的失败都是一次宝贵的学习机会，只有不断尝试，才能找到属于自己的拍摄风格。慢慢地，学生们开始展现出自己的创新思维。他们不再满足于简单的模仿，而是开始尝试在作品中融入自己的思考和创意。比如，在中秋节那天，有学生没有像其他人那样拍摄圆圆的月亮或美味的月饼，而是选择了拍摄同学们一起制作灯笼、分享故事的温馨场景。这样的作品，不仅捕捉了节日的氛围，更传达了人与人之间的温暖和诗意。看到学生们的这些变化，我深感欣慰。我知道，他们已经学会了如何从模仿中走出来，勇敢地尝试和创新。这种成长，不仅仅是摄影技能的提升，更是他们个性和创造力的释放。

为了进一步激发学生的创新思维，我们还特别设置了定格动画拍摄环节。在这个环节中，学生们需要分组合作，从脚本设计、角色塑造、动画拍摄到后期制作，全程参与。这不仅考验了他们的团队合作能力，更让他们在实践中体验到了从模仿到创新的艰辛与快乐。在活动后期，我们还组织了一次摄影展览，让学生们的作品得以展示和交流。当看到自己的作品被挂在展览墙上，引来同学们的驻足欣赏和赞叹时，我看到了学生脸上的自信和满足。我知道，这一刻，他们不仅收获了知识和技能，更收获了成长和自信。

回顾整个活动过程，我深感教育的意义在于引导和激发。作为教师，我们不仅要传授知识，更要引导学生学会观察、思考和创新。而"一起'拍'佳节"这一主题活动，正是这样一个让学生们在实践中学习、在体验中成长的好例子。 它见证了学生们从模仿到创新的成长历程，也让我更加坚信教育的力量和价值。 在未来的日子里，我将继续秉承这一教育理念，为学生们提供更多实践和创新的机会，让他们在成长的道路上行稳致远。

（案例提供者：上海市第一师范学校附属小学　缪莹）

后记　点亮未来的创意星河

回溯本书的每一页，我们共同经历了一段探索创造性学习之旅。在这一旅途中，我们不仅深化了对创造性学习的理解，更见证了其带来的深刻变革——一种将愉悦与深度完美结合的学习方式。站在旅程的终点，让我们一同回顾这段非凡的探索，并展望通向未来的无限可能。

我们深切地感受到，每个人都是创造者，每个人都可以点亮创造力的璀璨星空。本书揭示了一个重要的理念：创造力并非少数人的特权，而是每个人内在固有的潜能。通过正确的引导和环境营造，每个学习者都能成为自己生活中的创造者。教育的责任不仅是传授知识，更重要的是激发每一个孩子心中的那颗创造之星，使其闪耀出独特的光芒。在这个过程中，教师的角色从传统的知识传递者转变为学习伙伴和启发者，帮助学生激发自己的兴趣，挖掘潜力，鼓励他们勇敢地追求梦想。

我们深切地体会到，愉悦与深度共舞是构建新学习生态的重要前提。本书强调了愉快教育与创造性学习的紧密结合。当这两者相互交融时，学习就不再是一场单向的知识灌输，而变成了一个充满活力、互动性强且富有成就感的过程。在这种新的学习生态系统中，学生能够主动参与到知识的构建中，通过实践、反思和合作来加深理解。同时，这种学习方式也促进了批判性思维、创造性思维的发展，使学生具备创新解决复杂问题的能力，为未来社会的需求做好准备。

我们深切地理解了这样一个道理，开启未来之门的关键在厚植创造力。随着科技的进步和社会的变化，创造力的培养也需要与时俱进。虚拟现实、增强现实以及人工智能等新兴技术正在重塑我们的学习环境，提供前所未有的个性化学习体验。这些工具不仅可以根据个体差异定制化教学内容，还能模拟真实世界的问题情境，让学生在实践中锻炼创新能力。此外，跨学科的合作项目也为学生提供了广阔的舞台,让他们能够在不同领域之间建立联系,创造出更加综合性的解决方案。

此刻,我们站在一个新的起点上,面对着一片由无数可能性构成的星空。创造力的光辉正照亮这片未知的领域,等待着每一位勇毅前行的探索者去发掘。让我们携手努力,继续探索如何更好地支持和挖掘每个学生的创造性潜能,共同书写属于这个时代的辉煌篇章。这不仅是对过去成就的总结,更是对未来无限可能性的美好愿景——让每一位学生都能找到属于自己的星星,在创造性的天空中绽放光彩。

这不是旅程的结束,而是新航程的开始。创造力的故事,将永远延续下去。